AQUIETANDO A MENTE

AQUIETANDO A MENTE

ENSINAMENTOS SOBRE SHAMATHA, SEGUNDO A *ESSÊNCIA VAJRA* DE DÜDJOM LINGPA

B. ALAN WALLACE

Tradução de Jeanne Pilli e Marcelo Nicolodi
Original editado por Brian Hodel

3ª tiragem

Teresópolis, 2016

© 2011 B. Alan Wallace

Direitos desta edição:
© 2014 Editora Lúcida Letra

Título Original: Stilling the mind: shamatha teachings from Dudjom Lingpa's Vajra essense, originalmente publicado por Wisdom Publications.

Editor: Vítor Barreto
Tradução: Jeanne Pilli e Marcelo Nicolodi
Projeto Gráfico (miolo): Studio Creamcrackers
Projeto Gráfico (capa): Phil Pascuzzo
Ilustração: Winfield Klein
Revisão: Vinícius Melo, Thaís Lopes, Fabio Rocha

Impresso no Brasil. Printed in Brazil
1ª edição (12/2014), 2ª tiragem (01/2016), 3ª tiragem (08/2018)

Dados Internacionais de Catalogação na Publicação (CIP)

W187a   Wallace, B. Alan.

Aquietando a mente : ensinamentos sobre shamatha, segundo a Essência Vajra de Düdjom Lingpa / B. Alan Wallace ; editado por Brian Hodel ; tradução de Jeanne Pilli e Marcelo Nicolodi; desenho de Winfield Klein. – Teresópolis, RJ : Lúcida Letra, 2014.

208 p. : il. ; 23 cm.
Inclui glossário.
ISBN 978-85-66864-12-0 (papel)
ISBN 978-85-66864-13-7 (e-book)

1. Meditação - Budismo. 2. Shamatha (Budismo). 3. Consciência. I. Hodel, Brian. II. Pilli, Jeanne. III. Nicolodi, Marcelo. IV. Klein, Winfield. VI. Título.

CDU 294.3
CDD 294.34

Índice para catálogo sistemático:
1. Meditação : Budismo   294.3
(Bibliotecária responsável: Sabrina Leal Araujo – CRB 10/1507)

Düdjom Lingpa (1835-1904)
Ilustração de Winfield Klein

 # Sumário

Prefácio	10
O desenvolvimento deste livro	16
Agradecimentos	18
Introdução	20
Düdjom Lingpa e a Essência Vajra	23
A visão de Düdjom Lingpa	36
Mestre e assembleia em diálogo	39
As questões de Faculdade da Sabedoria	42
O surgimento dos Mestres	46
As perguntas de Grande Vacuidade Ilimitada	52
O caminho veloz – a Grande Perfeição	54
As qualificações de um aluno da Grande Perfeição	59
Dificuldades inerentes em outros veículos	65
O momento de praticar o Vajrayana	70
Bodicita	71
Tomando a mente como caminho	78
A primazia da mente	83
A vacuidade da mente	90
A natureza essencial da mente	103
A fonte das aparências	111
Os frutos da prática	118
As instruções explícitas	122
Obstruções psicofísicas	126
Estabelecendo a mente em seu estado natural	131
Nyam – Sinais da experiência meditativa	136
Sinais de progresso	146
Nyam surgindo de diferentes constituições psicofísicas	155
Realizando a prática	156

A REALIZAÇÃO DE SHAMATHA	160
ARMADILHAS	168
Riscos nos estágios avançados da prática de shamatha	169
O papel e o significado de shamatha	179
Experienciando a consciência substrato	181
Possibilidades mais profundas da prática de shamatha	188
GLOSSÁRIO	192
NOTAS	202
SOBRE O AUTOR	206

 # Prefácio

Os estudantes do budismo tibetano no Ocidente têm sido extremamente afortunados nas últimas décadas, por receberem ensinamentos de grandes lamas treinados no Tibete antes da ocupação chinesa comunista. Entre esses professores soberbos, incluem-se o Dalai Lama, o 16º Karmapa, Düdjom Rinpoche, Sakya Trizin Rinpoche e muitos outros grandes mestres. Houve também um aumento gradativo no número de textos dessa tradição disponíveis em idiomas ocidentais, à medida que um número cada vez maior de estudantes aprenderam a arte da tradução. O resultado é que vemos, agora, um número significativo de ocidentais que se tornaram eles mesmos professores qualificados do budismo tibetano, bem como uma geração mais jovem de lamas tibetanos que foram educados na Índia e em outras regiões da diáspora tibetana.

A despeito dessas circunstâncias excepcionalmente favoráveis, permanece difícil para nós contextualizarmos de modo apropriado os ensinamentos que recebemos e colocá-los em prática de forma efetiva. Professores tibetanos, ainda que sábios, experientes e entusiasmados como o são com frequência, e estudantes ocidentais – muitos deles dispostos a fazer grandes sacrifícios para praticar o Darma – ainda estão, culturalmente falando, muito distantes uns dos outros. É bom ter em mente que o budismo tibetano começou a se desenvolver no século VIII e é uma ramificação do budismo indiano, que teve início com o Buda Shakyamuni, por volta de 500 a.C. As qualidades distintivas dessas tradicionais culturas asiáticas são bastante diferentes das qualidades do mundo moderno em que vivemos hoje. Levou cerca de 400 anos para o budismo indiano transformar-se em budismo tibetano. Agora, a introdução do budismo tibetano no cenário global de hoje – a primeira globalização do budismo, em toda sua história de 2.500 anos – ocorre em um ritmo de tirar o fôlego.

Os textos e comentários budistas apresentados às pessoas hoje em dia foram, inicialmente, elaborados para a vida e, especialmente, também a psique dos antigos estudantes asiáticos do Darma. O contexto cultural de um indiano do século II ou mesmo de um tibetano do século XIX tem pouca coisa em comum com o nosso mundo globalizado, de aviões a jato, telefones celulares e internet. Com certeza, podemos ganhar muito com a leitura de clássicos atemporais como o *A guide to the bodhisattva way of life**, de Shantideva, ou *Palavras do meu professor perfeito*, de Patrül Rinpoche. Grandes verdades humanas e universais estão expressas nessas obras, e se aplicam a todas as culturas humanas. Entretanto, no nível dos detalhes, Shantideva e Patrül Rinpoche estavam falando primariamente para estudantes com visões, valores e estilos de vida radicalmente diferentes dos nossos.

Portanto, como um professor ocidental do Darma que teve a grande sorte de, por mais de 40 anos, estudar com uma série de eminentes professores budistas tibetanos, tentei moldar o meu comentário sobre a *Essência Vajra* à psique ocidental. Afinal, foi isso que eu mesmo tive que fazer a fim de obter algum entendimento sobre o budismo tibetano. Abordei uma série de assuntos que, com frequência, causam confusão entre estudantes ocidentais, indo da terminologia (com termos às vezes definidos de forma diferente, no contexto de diferentes tradições e ensinamentos) à significância de técnicas específicas dentro de sequências importantes de práticas de meditação. Minha esperança é que, como um ocidental com muita coisa em comum com outros budistas ocidentais, eu seja capaz de proporcionar uma ponte entre os dois mundos. Afinal de contas, sou alguém que cresceu basicamente no sul da Califórnia, foi para a faculdade, sonhou com tornar-se um biólogo da vida selvagem, tocou piano e – depois de ser monge por 14 anos – reingressou na sociedade ocidental, interessado tanto em ciência quanto em religião. Sou fluente em tibetano, mas também sou fascinado por cosmologia quântica, ciências cognitivas e as maravilhas da tecnologia moderna.

O texto aqui apresentado, a *Essência Vajra*, de Düdjom Lingpa, um mestre do século XIX da ordem Nyingma do budismo tibetano, é conhecido como *Nelug Rangjung* em tibetano, significando "o natural surgimento da natureza da existência".[1] É um ensinamento ideal para solucionar alguns dos mal-entendidos comuns do budismo tibetano, visto que é uma prática abrangente que pode levar uma pessoa desde os passos iniciais até a iluminação em uma só vida. Este livro explica a seção inicial sobre *shamatha* (ou "quiescência meditativa"), cerca de 9% de todo o texto-raiz da *Essência Vajra*. Shamatha é apresentada na *Essência Vajra* como uma prática fundamental no caminho Dzogchen. Dzogchen, com frequência traduzido como "a Grande Perfeição", é o mais elevado dos nove veículos (*yanas*) da tradição Nyingma do budismo tibetano. Em termos clássicos, após realizar shamatha, o iogue usará seus poderes recém-ad-

---

* N. do Editor: Uma edição dessa obra em português, intitulada *O caminho do bodisatva*, foi lançada pela editora Makara, embora baseada em uma tradução diferente da usada pelo autor neste livro.

quiridos de concentração para praticar o *insight* sobre a natureza da vacuidade (*vipashyana*), seguido das práticas de *tregchö* ("atravessar" ou "*breakthrough*") e *tögal* ("travessia direta") do Dzogchen. Essas quatro práticas compreendem o caminho essencial para a iluminação, do ponto de vista Nyingma. A prática do Dzogchen leva ao contato direto com a realidade, sem interposição da personalidade individual ou da sociedade.

Em suas várias apresentações, shamatha é usada para tornar a mente flexível e preparada para práticas mais avançadas. Shamatha não é algo encontrado apenas no budismo. A prática de aprimorar as habilidades de atenção existe em contextos religiosos tão distintos quanto hinduísmo, taoismo, cristianismo antigo e escolas sufis do islã. Dentro do budismo tibetano, a prática de shamatha mapeia os nove estágios de desenvolvimento da atenção, nos quais os pensamentos arrefecem gradativamente enquanto o poder de concentração é ampliado a ponto de se conseguir manter a atenção unifocada sobre um determinado objeto sem esforço por, no mínimo, quatro horas. A realização de shamatha é acompanhada por uma poderosa experiência de bem-aventurança, luminosidade e quietude.

Shamatha requer condições mais adequadas do que a maioria dos outros tipos de meditação. Você pode praticar *tonglen* (receber o sofrimento dos outros e oferecer a sua felicidade a eles) muito bem, enquanto assiste ao noticiário. As quatro incomensuráveis: bondade amorosa, compaixão e as demais, podem ser praticadas mesmo em uma avenida movimentada. Você pode cultivar *vipashyana* em qualquer lugar. De fato, muitas outras práticas podem ser feitas sob circunstâncias variadas. Entretanto, se você deseja aprofundar shamatha até chegar à sua base, isso requer um ambiente favorável e sereno, uma boa dieta, exercícios adequados e poucas preocupações. As condições internas necessárias são um mínimo de desejos, poucas atividades e interesses, contentamento, disciplina ética pura, e estar livre de pensamentos obsessivos e compulsivos. Acredito que, hoje em dia, a realização de shamatha é tão rara porque essas circunstâncias também são muito raras. É difícil encontrar um ambiente propício para praticar por um longo tempo e sem interferência – e é ainda mais difícil ter isso e acesso a amigos espirituais adequados para apoio e orientação. Portanto, se é difícil reunir as causas, o resultado (shamatha) também é raro. Apresentei um guia detalhado para a prática geral de shamatha em um livro anterior, *A revolução da atenção* (Vozes, 2008).

Düdjom Lingpa era um praticante leigo, casado e pai de oito filhos renomados, incluindo Jigmé Tenpai Nyima, o terceiro Dodrupchen Rinpoche, amplamente reverenciado por lamas de todas as ordens budistas. Ao longo de sua vida, Düdjom Lingpa realizou muitos milagres e alcançou os mais altos níveis de realização do tantra, bem como da Grande Perfeição. Treze de seus discípulos atingiram o corpo de arco-íris – a dissolução do corpo em luz durante a morte – e mil deles tornaram-se mestres tântricos *vidyadhara*, ao alcançarem o *insight* da natureza essencial da consciência. Em resumo, ele foi um dos mais realizados e aclamados lamas tibetanos de seu tempo.

A *Essência Vajra* foi essencialmente "baixada" do *dharmakaya* - a mente de buda que é essencialmente coincidente com a base última da realidade -, tendo sido trazida ao nosso mundo em 1862, quando Düdjom Lingpa tinha 27 anos de idade. Ele a recebeu em uma visão, como um *terma* da mente.[2] Contudo, embora o ano de 1862 tenha sido o momento apropriado para ele recebê-la, apenas treze anos mais tarde chegou a hora de torná-la pública. Desde a abertura, fica claro que o texto não é de natureza escolástica, mas designado àqueles que se dedicam à prática.

Na seção inicial sobre shamatha, a *Essência Vajra* conduz o praticante a tomar a mente como caminho, usando a abordagem de "tomar as aparências e a consciência como caminho", também conhecida como "estabelecer a mente em seu estado natural". Para resumir, isso consiste em observar todos os fenômenos mentais que surgem sem se fixar a eles. Os seus pensamentos, emoções, imagens e assim por diante são observados de perto, com atenção plena, mas você não os encoraja ou desencoraja nem se envolve de modo algum com os fenômenos mentais que surgem. A meta desse estágio é estabelecer a mente na consciência substrato (*alayavijñana*) – a base da mente comum. O texto também comenta as muitas experiências de meditação (*nyam*) que podem ser encontradas e como se comportar quando elas aparecem. São descritas as armadilhas, juntamente com algumas das possibilidades mais profundas dessa fase da prática.

Um dos temas centrais da seção de abertura da *Essência Vajra* é o quanto shamatha é crucial para o sucesso em práticas mais avançadas, como a meditação sobre a vacuidade, práticas tântricas da geração e da consumação, e Dzogchen. Visto que o próprio Buda enfatizou intensamente a importância de desenvolver shamatha e de uni-la com *vipashyana*, é impressionante como essa prática-chave fundamental é inteiramente marginalizada ou negligenciada em todas as escolas budistas de hoje. Parece que quase todo o mundo está em uma corrida maluca para ascender a formas mais avançadas de meditação, sem notar que a mente da qual depende para isso é fortemente propensa a alternar entre lassidão e excitação. Nos textos budistas tradicionais, essa mente desequilibrada em termos de atenção é considerada disfuncional, e é insensato pensar que essa mente possa efetivamente entrar em meditações concebidas para cortar aflições mentais pela raiz. Embora possa praticar meditações mais avançadas sem antes atingir shamatha, você está fadado a atingir um nível elevado e então estagnar em sua prática, sem reconhecer que ela está fracassando devido à preparação preliminar insuficiente do refinamento da atenção.

O tratado de Düdjom Lingpa explica uma série de práticas integradas, dando-me a oportunidade de fornecer algumas comparações detalhadas entre técnicas de meditação e as suas metas – algo que pode facilmente passar despercebido para aqueles que não têm condições de permanecer por longos períodos em contato íntimo com os seus professores. Esses problemas logísticos, comuns para ocidentais que têm de manter carreiras e relacionamentos enquanto estudam e praticam o Darma, com frequência resultam em uma falta de entendimento pleno das relações entre a ampla variedade de elementos do Darma. A diferença de idioma e base cultural entre professor e aluno apenas exacerba o problema. Tentei usar aqui da minha experiência pessoal para preencher algumas dessas lacunas.

Meu comentário volta-se repetidamente para um dilema particular, apresentado na seção inicial da *Essência Vajra*: em determinado ponto de suas descrições dos estados de meditação, a linguagem se refere à consciência substrato – *alayavijñana* – ou ao *dharmakaya*, isto é, à consciência prístina, *rigpa*? A consciência substrato é a fundação e a fonte da psique de um indivíduo. Acessá-la é o resultado correto da prática de shamatha. Por outro lado, o *dharmakaya* (ou "mente de buda") é muito mais profundo do que a mente do indivíduo e é realizado através da prática do Dzogchen. A resposta à pergunta sobre qual "base" da consciência é indicada em determinada passagem depende tanto do contexto em que termos semelhantes são apresentados quanto da natureza das experiências descritas. É extremamente importante que essa distinção seja entendida com clareza, pois aponta para um grande mal-entendido, do qual o praticante desinformado pode facilmente tornar-se vítima. Desse modo, essa pergunta ("Ele está falando sobre a consciência substrato ou sobre o *dharmakaya*?") corre como um fio ao longo do comentário.

Eu abordo várias das armadilhas específicas destacadas no texto-raiz, junto com temas obscuros e às vezes controversos, como os *siddhis* (ou "capacidades paranormais") que adquirimos ao avançar pelo caminho. Esses temas incluem clarividência e atravessar paredes, poderes que a maioria dos ocidentais – com sua formação científica e muitas vezes secular – pode achar inacreditáveis. Como devemos enxergar isso? São metáforas, mitos ou realidade? Existem muitos pontos complexos em traduzir plenamente um documento como esse, esotérico e sutil até mesmo para tibetanos, utilizando um vernáculo que possa ser absorvido por um público contemporâneo que não cresceu imerso nessa tradição.

Uma área crucial a se examinar, no início de qualquer estudo de textos budistas, é a motivação que anima o nosso esforço. Existem muitas motivações para se entrar no Darma. Um exemplo que considero bastante prevalente, em especial no Ocidente, é usar o Darma para tornar o *samsara* (ou "existência cíclica") mais confortável. Essa motivação é bastante compreensível – a vida possui muitas arestas. Hoje em dia, há o medo do terrorismo e, como sempre, experienciamos a doença, os conflitos entre casais, a infelicidade pela perda do emprego – tensão, depressão, ansiedade. Como consequência disso, muitas pessoas praticam o Darma a fim de lidarem melhor com a vida moderna e se sentirem um pouquinho mais confortáveis. Não há nada de errado nisso. Mas, se o Darma é inteiramente reduzido a uma espécie de terapia, perde-se a sua essência. A *Essência Vajra* é um ensinamento que pode capacitá-lo a alcançar a iluminação em uma única vida. Já fez isso por muitos praticantes. Portanto, seu valor vai muito além de suavizar os pontos ásperos do *samsara*. O verdadeiro valor do Darma está em ser um veículo para o estado iluminado, a fim de gerar o maior benefício possível para o mundo.

Para beneficiar-se plenamente dos ensinamentos aqui contidos, é importante respeitar os ensinamentos fundamentais, comuns a todas as escolas de budismo; em outras palavras, não se entregar à sensação de que você é, de algum modo, superior aos ensinamentos mais básicos – as quatro nobres verdades, as quatro aplicações da atenção plena, as quatro incomensuráveis e assim por diante. Nem uma única sílaba proferida pelo Buda é básica demais. Todas as palavras do Buda têm o mesmo sabor e podem ser colocadas em prática como meio de liberação. Também é melhor reverenciar o Mahayana, não pensando que a abordagem que requer três incontáveis éons para trilhar o caminho da iluminação – o cultivo das seis perfeições, os *insights* apresentados nas visões Yogachara e Madhyamaka e assim por diante – está abaixo de você. Embora você possa praticar o Dzogchen, o veículo mais elevado, não deve desprezar os ensinamentos Yogachara e Madhyamaka. Por fim, um receptor ideal para esses ensinamentos valoriza os tantras das três classes – externa, interna e secreta – e possui um desejo genuíno de praticar *tregchö* e *tögal*, os dois estágios do Dzogchen. Em outras palavras, esse aluno anseia por colocá-los realmente em prática nesta vida.

Outra atitude equivocada e comumente nutrida em relação ao Darma é: "Ah, mas isso é muito elevado para mim. Eu deveria me manter sempre no básico." Não é preciso muita experiência tentando pacificar a mente para concluir que não se é talhado para a iluminação e que se deve simplesmente abaixar as expectativas, deixando os estados mais elevados para os mais talentosos. Mas isso seria um equívoco. Não pense que o Dzogchen está além do seu alcance. É preciso coragem para acreditar que tais ensinamentos estão ao seu alcance, mas, na realidade, eles foram projetados para gente como nós. Você pode fazê-lo.

O DESENVOLVIMENTO DESTE LIVRO

A Essência Vajra é uma das grandes joias do Darma – unificada em sua fidelidade à verdade central da realidade iluminada que tudo permeia, ao mesmo tempo em que reflete um brilhante arranjo de ensinamentos e realizações interpenetrantes. Minha sincera intenção, tanto na tradução quanto no comentário, foi tornar esse grande ensinamento claro e acessível aos estudantes modernos do Darma. Se esta obra for fiel à intenção original de Düdjom Lingpa e, ao mesmo tempo, inteiramente contemporânea em sua apresentação, terei atingido a minha aspiração.

A *Essência Vajra* possui especial relevância para nós, no Ocidente de hoje: em um dos sonhos de Düdjom Lingpa, um *devaputra*, um ser celestial chamado Dungi Zurphu profetizou que o benefício de seus tesouros ocultos profundos, seus *termas*, chegaria ao Ocidente, dizendo: "Aqueles que merecem ser domados por você residem em cidades no oeste." Com o desejo de ajudar a cumprir essa profecia, a presente tradução desse tesouro oculto da *Essência Vajra* foi feita sob a orientação do Venerável Gyatrul Rinpoche, que ensina no Ocidente desde 1972. Gyatrul Rinpoche recebeu a transmissão oral desse texto três vezes, de três das emanações de Düdjom Lingpa: no Tibete, ele recebeu-a de Jamyang Natsog Rangdröl e de Tulku Künzang Nyima; mais tarde, no Nepal, recebeu-a de Sua Santidade Düdjom Rinpoche, Jigdral Yeshe Dorje, o líder supremo da ordem Nyingma do budismo tibetano.

Do outono de 1995 ao verão de 1998, de modo intermitente, repassei esse texto duas vezes com Gyatrul Rinpoche, esclarecendo com ele muitos pontos. Enquanto trabalhava no primeiro rascunho da tradução, ele percorreu o texto linha por linha com um pequeno grupo de discípulos, incluindo eu mesmo, corrigindo cuidadosamente erros em minha tradução e elucidando dúvidas persistentes em minha compreensão do texto. A maioria das anotações ao longo da tradução baseia-se em seu comentário oral.

O excerto apresentado neste volume, que está integrado a meu comentário, é virtualmente idêntico àquele contido em uma nova tradução completa publicada pela Vimala Publications, o braço editorial da organização de Gyatrul Rinpoche. O acesso à *Essência Vajra* é tradicionalmente reservado apenas àqueles que tiveram as iniciações e permissões apropriadas de seus professores, e o seu segredo tem sido cuidadosamente preservado pela linhagem. Entretanto, a seção sobre shamatha deste livro e a seção subsequente sobre *vipashyana*, a ser publicada em uma obra posterior, não são consideradas material restrito, e a sua publicação para o grande público foi autorizada por Gyatrul Rinpoche.

O desenvolvimento de meu comentário teve início quando terminei a tradução da *Essência Vajra*, ocasião em que Gyatrul Rinpoche autorizou-me a ensinar todo o texto. Senti que jamais havia encontrado um tratado mais precioso descrevendo o caminho completo para a iluminação e, então, guardei suas palavras profundamente em meu coração, desejando compartilhar esse tesouro da mente da forma mais significativa que me fosse possível. Descobri que a prática do budismo Vajrayana, inclusive a prática da Grande Perfeição, é inadequada sem que haja uma sólida base teórica e experiencial dos ensinamentos mais fundamentais do budismo. Negligenciando os ensinamentos fundamentais e as práticas das meditações *shamata*, *vipashyana* e da mente altruística de *bodicita* (ou "a mente do despertar"), os *insights* e transformações resultantes dessas práticas não são realizados. E, por negligenciar a fundação, a própria prática do Vajrayana falhará em produzir realizações Vajrayana autênticas.

Decidi, portanto, ministrar uma série de retiros para uns poucos alunos experientes no Darma, enfocando a sequência de shamatha, as quatro aplicações da atenção plena, as quatro incomensuráveis, a abordagem Madhyamaka da prática de *vipashyana*, incluindo a ioga dos sonhos e, finalmente, uma introdução à Grande Perfeição. Após ter ministrado, durante dois anos, toda essa série de retiros de uma semana, conduzi mais quatro retiros de uma semana sobre trechos selecionados da *Essência Vajra*, enfocando shamatha, *vipashyana*, *tregchö* e *tögal*. Um dos meus alunos ofereceu-se para transcrever os meus comentários orais sobre essas extensas passagens do texto. Compartilhei as transcrições com outros alunos, que relataram tê-las achado muito úteis e inspiradoras. Foi quando me ocorreu disponibilizar o primeiro desses dois comentários, editado em formato de livro. Então, perguntei a Gyatrul Rinpoche se ele permitiria que eu publicasse os meus comentários para o público em geral, apenas sobre as seções da *Essência Vajra* que tratam de shamatha e *vipashyana*. Ele concordou e, com a ajuda das pessoas mencionadas abaixo, o primeiro desses dois comentários agora é uma realidade.

Agradecimentos

Sou profundamente grato ao Venerável Gyatrul Rinpoche, por revelar esse tesouro em benefício de todos que possam ler a nossa tradução. Também sou grato ao Dr. Yeshi Dhonden, ao Khenpo Tsewang Gyatso e ao Tulku Pema Wangyal, por elucidarem alguns pontos do texto, e a Sangye Khandro, por repassar todo o manuscrito e fazer muitas sugestões úteis.

Gostaria de expressar os meus agradecimentos aos seguintes alunos de Gyatrul Rinpoche, por seus inestimáveis comentários e correções na preparação da tradução: Deborah Borin, Ana Carreon, Les Collins, Scott Globus, Steve Goodman, Mimi Hohenberg, Willie Korman, Naomi Mattis e Lindy Steele. Muito obrigado também a Elissa Mannheimer, que editou toda a tradução. Quando ela terminou, repassei cuidadosamente a tradução editada mais duas vezes, fazendo correções e mudanças adicionais, de modo que erros remanescentes na tradução são unicamente de minha responsabilidade. Espero que eruditos e meditantes mais instruídos que eu tragam esses possíveis erros à minha atenção.

Por seu inestimável trabalho neste comentário, agradecimentos especiais ao editor sênior da Wisdom Publications, David Kittelstrom, e à editora de texto Lea Groth-Wilson, assim como a Carol Levy, que transcreveu o meu comentário oral, Dion Blundell, editor da nova edição do texto-raiz pela Vimala, e Brian Hodel, que preparou o projeto original deste livro e o conduziu ao longo de seu desenvolvimento editorial.

 # Introdução

Ao contrário da vasta maioria dos textos tibetanos, a *Essência Vajra* não é subdividida em seções e subseções. Em vez disso, foi escrita como um fluxo de consciência, que flui desimpedido por cerca de 400 páginas. Minha tradução, porém, divide-o em capítulos com subseções, a fim de ajudar o leitor a percorrer o material.

Começamos com a introdução, que em muitos textos do Darma possui duas partes. Primeiro, vem a homenagem e, em segundo lugar, a promessa do autor de redigir o texto, de levá-lo a término. Esse texto não é exceção à regra, embora nesse caso naturalmente o autor não tenha tanto "redigido", mas simplesmente manifestado o texto – um ato muito de acordo com o espírito do Dzogchen.

> Homenagem à face manifesta do próprio Samantabhadra, o Soberano Onipresente, a base original, primordial!
>
> A linhagem da consciência iluminada dos budas é assim designada porque as mentes de todos os budas dos três tempos têm apenas um sabor no espaço absoluto dos fenômenos. A linhagem simbólica dos *vidyadharas* é assim designada porque os sinais simbólicos da realidade última, o tesouro do espaço, emergem espontaneamente, sem depender dos estágios do treinamento espiritual e da prática. A linhagem oral dos indivíduos comuns é assim designada porque estas instruções práticas surgem naturalmente em transmissões verbais como um acesso para os caminhos dos discípulos, como preencher um vaso.

A homenagem – a Samantabhadra, o Buda Primordial, o Buda Atemporal, o Buda a partir do qual todos os outros budas se manifestam – é bastante concisa. Segue-se uma referência às três linhagens da tradição Dzogchen, das quais a primeira traduzo como "a linhagem da consciência iluminada dos budas". Essa linhagem é assim identificada porque as mentes dos budas são indistinguíveis e da mesma natureza. Assim sendo, não existe transmissão de tal forma.

Esse parágrafo inicial introduz alguns termos cruciais, que eu disponibilizarei em sânscrito, visto que recebem diferentes traduções para o inglês. O "espaço absoluto dos fenômenos" é minha tradução para *dharmadhatu*. Nesse contexto, "*dharma*" significa "fenômenos". "*Dhatu*" significa "domínio", "elemento", "espaço" ou "reino". "Espaço absoluto" aqui significa o espaço a partir do qual o espaço, tempo, mente e matéria relativos, e todas as outras dualidades e todos os outros fenômenos emergem. É a base do ser, a base primordial. Sua relação com a consciência primordial (*jñana*) é não dual.

A consciência primordial, *rigpa*, ou consciência prístina, é aquela de onde emergem todos os estados relativos de consciência e é não dual em relação ao espaço absoluto dos fenômenos. Nessa realidade última, as mentes de todos os budas – passados, presentes e futuros – são todas do mesmo sabor no espaço absoluto dos fenômenos. São indiferenciadas. Essa é, portanto, a linhagem última – se é que de fato podemos rotular algo que transcende o tempo e que é inconcebível como "linhagem".

A segunda das três linhagens do Dzogchen é a "linhagem simbólica dos *vidyadharas*". "*Vidya*" é *rigpa* em sânscrito, "consciência prístina", "*dhara*" é "aquele que detém". Desse modo, um *vidyadhara* é literalmente "aquele que detém a consciência prístina". Um significado mais preciso é "aquele que obteve uma realização não dual, sem interposição conceitual, de *rigpa*, da natureza de buda". Essa é uma linhagem transmitida de *vidyadhara* para *vidyadhara*. Não de um *vidyadhara* para um ser senciente comum, nem de um *vidyadhara* para um buda, mas sim para uma comunidade de *vidyadharas*, semelhante ao significado clássico de *sanga*, composta exclusivamente de *aryas* – aqueles que obtiveram uma realização não-conceitual e direta da vacuidade. Nesse caso, é uma *sanga* de *vidyadharas*, e eles têm uma forma de comunicar, de transmitir o Darma horizontalmente – não para baixo até nós, nem para cima até os budas. Seu método é simbólico e, como tal, não é verbal no sentido ordinário do termo.

"A linhagem simbólica dos *vidyadharas* é assim designada porque os sinais simbólicos da realidade última..." Eis aqui outro termo crucial. Em sânscrito, "realidade última" é *dharmata*. "*Dharma*", outra vez, significa "fenômenos", "*ta*" é como "dade", formando "darma-dade" ou "fenômeno-dade", este que é um nome abstrato. Isso refere-se à própria natureza de serem darmas, de serem fenômenos. *Dharmata* é um sinônimo para "vacuidade", para "talidade": apenas isso – a realidade em si.

Os "sinais simbólicos", as manifestações simbólicas, os símbolos arquetípicos da "realidade última, o tesouro do espaço" – este último termo é usado de modo intercambiável com realidade última, sendo o espaço vazio, é claro, e um tesouro – "emergem espontaneamente", apenas aparecem, como bolhas surgindo na água, "sem depender dos estágios do treinamento espiritual e da prática". Em outras palavras, é descoberta pura. Aparece espontaneamente. Não é o resultado de esforço diligente ao longo do caminho do treinamento ou da prática – uma abordagem de desenvolvimento. Até nos tornarmos *vidyadharas*, não precisamos nos preocupar muito com isso. Basicamente, estamos sendo informados de que os *vidyadharas* têm um jeito de se comunicar simbolicamente uns com os outros.

A terceira linhagem é a mais pertinente para nós: a "linhagem oral dos indivíduos comuns" – gente como nós. Notem que não é "verbal", mas "oral". Em tibetano, linhagem oral é *nyengyü*. *Nyen* significa "escutar", no sentido de que alguma coisa está chegando aos ouvidos. Como recebemos a transmissão do Dzogchen? Por meio da linhagem oral dos indivíduos comuns. Ela é "assim designada porque essas instruções práticas..." – a palavra tibetana significa "ensinamentos que são sintetizados em prática a partir do vasto corpo de ensinamentos budistas" – "surgem naturalmente na transmissão verbal", em palavras, "como um acesso para os caminhos dos discípulos, como preencher um vaso".

As instruções práticas dizem o que você realmente precisa fazer, em oposição à assimilação de um grande volume de contexto teórico, conceitos de base e coisas do gênero. As palavras transmitidas da boca para o ouvido – preenchendo o seu coração e mente, como preencher um vaso com ambrosia, abrindo a via para o seu próprio caminho para a iluminação – são a entrada, o acesso.

Assim, dependendo do contexto, a transmissão do Dzogchen pode ser mente a mente, simbólica ou verbal.

Düdjom Lingpa e a Essência Vajra

> Essas instruções se revelaram por si mesmas, não por seres humanos, como uma exibição mágica da consciência primordial. Possa eu, o mentor espiritual do mundo, corporificando essas três linhagens, e sendo abençoado com as rodas ornamentais inesgotáveis dos três segredos dos budas e bodisatvas, e possuindo a permissão das Três Raízes e dos guardiões atados por juramento, semelhantes ao oceano, levar isto à perfeição.

Qual é a fonte desses ensinamentos? A fonte última, a base dos ensinamentos, não é um ser humano. Eles surgem espontaneamente de *dharmata* – o professor é o Buda. Nesse ponto, devemos tomar cuidado, porque as apresentações e comentários de ensinamentos como esses são feitos por professores humanos. Eles não são infalíveis. Não importa o quão elevada é a realização do professor, a nossa tarefa como alunos não é simplesmente absorver as palavras do ensinamento e, então, aplicá-las sem questionar, como soldados agindo sob ordens. No budismo, com frequência encontramos a metáfora do receptáculo vazio, que é apropriado para ser preenchido pelos ensinamentos, e podemos vir a crer que toda a sabedoria vem do professor e que nós alunos devemos absorvê-la de forma acrítica.

Embora o professor não deva ser visto, cegamente, como infalível em sentido literal, cada palavra está ali para estimular a nossa inteligência, despertar o nosso coração, fazer surgir a nossa natureza de buda. Como Sua Santidade, o Dalai Lama, tão frequentemente comenta em relação ao Budadarma como um todo, um dos elementos centrais do amadurecimento espiritual, que é absolutamente antifundamentalista, é desenvolver a nossa sabedoria discriminativa, a nossa inteligência discriminativa. Se ignoramos esse conselho, corremos o risco de ser incapazes de determinar quais significados são definitivos e quais devem ser interpretados. Isso pode nos levar, por exemplo, a enfatizar a realidade absoluta, ignorando por completo a realidade convencional. Somos advertidos por Padmasambhava e por todos os professores realizados de que isso é um grande erro. Existem duas verdades para um buda – a absoluta e a convencional. Nenhuma suprime a outra. Elas possuem um só sabor.

"Possa eu, o mentor espiritual do mundo..." Aqui o autor, Düdjom Lingpa, está usando o verdadeiro referente da palavra "eu"; não está se referindo a um tibetano do século XIX. Ele sabe que é um *vidyadhara*. Diz isso sem pretensão, sem arrogância, está apenas nos concedendo a verdade. Ele nos diz que corporifica as três linhagens supracitadas e que é "abençoado com as rodas ornamentais inesgotáveis dos três segredos dos budas e bodisatvas". "Rodas ornamentais" é uma tradução bastante literal. Gyatrul Rinpoche comenta: "Os atributos dos budas e bodisatvas são ornamentos inesgotáveis da realidade, que seguem para sempre como rodas em movimento. Por isso são chamados de 'rodas ornamentais inesgotáveis.'" Os "três segredos" são os três mistérios – corpo, fala e mente. Cada um contém um elemento de mistério. Qual é a verdadeira natureza do corpo de um buda, da fala de um buda, da mente de um buda? Isso é muito profundo. As Três Raízes são o lama (ou mentor espiritual), seu *yidam* (ou "deidade pessoal" – Tara, Padmasambhava, Manjushri ou quem quer que seja) e a *dakini* (o princípio feminino iluminado).

Düdjom Lingpa nos diz que foi plenamente autorizado a revelar, a manifestar esse texto. Ele foi abençoado pelas qualidades do Buda. Ele possui a permissão das Três Raízes e dos "guardiões atados por juramento, semelhantes ao oceano". Pelas bênçãos de todos eles, "possa eu... levar isto à perfeição". Ele não diz "compor", mas sim que levará à perfeição, manifestará de modo perfeito. E faz isso com a permissão das Três Raízes – lama, *yidam* e *dakini* – e dos guardiões atados por juramento, semelhantes ao oceano. Estes são os *dharmapalas*, os protetores do Darma que prestaram um juramento de guardar e preservar o Darma. Portanto, Düdjom Lingpa dispõe de um grande apoio para manifestar esse texto, apoio que faz parte de seu compromisso de oferecê-lo: possa eu levar isto à perfeição, possa eu revelá-lo de forma perfeita.

> A natureza da existência primordial, originalmente pura, que é a grandiosa realidade última, transcendendo o intelecto, é obscurecida pela concepção de uma essência e pela fixação na dualidade. Devido a isso, os indivíduos são aprisionados ao se fixarem à existência real dos três reinos delusórios do *samsara*.[3] Entretanto, há aqueles que acumularam vastos méritos ao longo de muitos éons e que têm o poder das aspirações puras. Então, para o bem daqueles que têm a boa fortuna para alcançar maestria sobre a realidade última, o tesouro do espaço – através do despertar das forças cármicas do engajamento na ação do não-agir na grandiosa consciência primordial auto-originada – eu apresentarei este fundamental rei dos tantras, espontaneamente surgido da natureza da existência do *sugatagarbha*.

"Primordial" é um termo técnico intimamente associado à qualidade de ser "originalmente puro" (*kadag*). "*Ka*", sendo a primeira sílaba do alfabeto tibetano, sugere "primordial", "original", e "*dag*" significa "puro". Entretanto, Gyatrul Rinpoche explica: "*ka*" refere-se ao início do tempo e "*dag*" significa "puro" no sentido de transcender – em outras palavras, "atemporal". Assim, embora "originalmente puro" seja uma tradução muito comum para *kadag*, o termo também carrega a conotação de transcender o tempo, de estar além do passado, presente e futuro.

Buscando enriquecer cada declaração, esse texto em geral oferece adjetivo após adjetivo, como em "grandiosa, transcendendo o intelecto" (além da fixação conceitual), "realidade última" (*Dharmata*) e "livre de elaboração conceitual". "Elaboração conceitual" é a matriz completa de "isso e aquilo", "em cima e embaixo" – todos os nossos contextos e designações mentais.

Assim, essa natureza da existência originalmente pura, essa realidade última que é livre de conceituações, é obscurecida pelo conceito de uma essência, pela noção de "eu sou" e pela fixação na dualidade. Se "eu sou", então, "você é" e tudo lá fora "é". Assumindo essa visão, reajo ao que acontece comigo como se todos esses fenômenos fossem absolutamente reais.

Recebemos uma frase elegante e bastante carregada de conteúdo. A esta altura, poderíamos dizer: "Ok, acabamos. Isso resume tudo." Um aluno que entende o pleno significado dessa frase poderia simplesmente ir para casa e praticar. No entanto, vamos investigar um pouco mais a fundo. Será que essa frase não é nada além de uma forma elaborada de dizer que a natureza da mente é obscurecida pelo pensamento? Você poderia dizer isso, mas seria correto apenas em parte. Lembre-se de que, na prática do tantra e do Dzogchen, todos os pensamentos são considerados emanações do *dharmakaya*. Nessas práticas, portanto, simplesmente dar um fim nos pensamentos não seria apropriado.

Vamos enfocar algo mais sutil: a fixação aos pensamentos. Aqui, devemos usar a linguagem com muito cuidado, pois a prática a que estamos sendo introduzidos não é elaborada nem complicada, mas muito simples. Assim sendo, os poucos conceitos que usamos para descrevê-la devem ser aplicados com grande precisão. Caso contrário, os nossos termos serão confundidos e todo o entendimento estará perdido. O que significa fixar-se a um pensamento? Qual é a natureza da fixação? O sânscrito *graha* significa "segurar", "agarrar". É exatamente isso. Quando dizemos "você 'pegou' o que estou tentando dizer?", isso significa "você entendeu?", mas também significa: você "agarrou", você "apreendeu"? E, tão logo tenha feito isso, a fixação está envolvida.

Podemos ver o fenômeno da fixação em uma gradação do grosseiro ao sutil. O nível mais grosseiro de fixação, que obscurece a natureza da realidade descaradamente, seria dizer algo do tipo: "Como ousa me dizer isso?! Você não sabe quem *sou eu*." Nesse caso, eu – o falante – estou me agarrando a meu grande, denso e robusto ego e, visto que você o invadiu, estou reagindo com agressividade. Podemos nos agarrar a posses assim como à identidade pessoal, como em: "Essa xícara não é minha. Por que me trouxe essa, quando a *minha* xícara está na minha sala?" Mas a fixação não precisa ser tão grosseira. Quando lhe perguntam "o que estou segurando em minha mão?" e você responde "uma xícara", você acabou de se fixar à existência da xícara. Você identificou um objeto dentro do contexto de uma estrutura conceitual – uma palavra, um signo. Assim, a mente que se prende a um signo – aqui uma imagem comumente designada como "xícara" – o faz por meio da fixação. Embora você esteja meramente identificando "é uma xícara", isso também é uma forma de fixação. Pode não ser o tipo de fixação que nos levará à desgraça infindável, mas é uma forma sutil de fixação.

Assim, a realidade última é obscurecida pelo conceito de essências. Não é apenas o conceito que obscurece a realidade última, mas sim a sua reificação, a fixação ao conceito, que cria o obscurecimento. O termo tibetano para reificação (*dendzin*) significa fixar-se à existência inerente, fixar-se à existência verdadeira. Você descontextualiza, você se fixa a algo como existindo de modo independente, por sua própria natureza. Um exemplo é acreditar que realmente há uma pessoa existindo de modo inerente – você, eu ou qualquer um – que pode ser elogiada ou insultada. Além do mais, qualquer coisa que se acredite existir por si mesma é um produto da reificação. Esta reificação é a raiz do *samsara*, a existência cíclica. Por outro lado, "fixação" é um termo mais amplo. Quando eu pego uma xícara e pergunto "o que é isso?", sua resposta de que é uma xícara não significa necessariamente que você vá se fixar a ela como verdadeiramente existente. Ainda é fixação, porque você está se fixando ao conceito de existência da xícara, mas, ao designá-la como xícara, você não está necessariamente a reificando ao se fixar a ela como inerentemente real. É possível usar a linguagem sem se deixar prender por ela, embora em geral sejamos incapazes de evitá-lo. Para resumir: a fixação pode ser mais ou menos sutil e a reificação é uma forma de fixação, a fixação à existência inerente.

No contexto adequado, a fixação pode ser muito útil. As práticas Madhyamaka de *insight* podem empregar a fixação para livrá-lo da fixação. A fixação sutil também é utilizada no estágio tântrico de geração, que é saturado de fixações. Ali, visualizando o seu ambiente como uma terra pura e se imaginando como uma deidade, você desenvolve certo entendimento de que a sua noção normal de identidade é apenas uma construção, que ela é conceitualmente designada. Nessas práticas, você remove a construção e a substitui por outra identidade, que está muito mais próxima da realidade do que a sua identidade comum. Ver todos os seus pensamentos como expressões do *dharmakaya*, todos os sons como *sambhogakaya* e todas as aparências como *nirmanakaya* é fixação. Você os está vendo *como* alguma coisa, encobrindo-os com uma interpretação. Todavia, no budismo Vajrayana essa é uma fixação muito útil.

Tenha em mente, porém, que, de uma perspectiva budista, você não usa consciente e deliberadamente a fixação à existência verdadeira – a reificação – como parte do caminho. Evita-se isso especialmente no Vajrayana. Quando você gera orgulho divino, visão pura e assim por diante, não pensa "sou realmente um buda" ou "esse realmente é Padmasambhava" e se fixa à visão, como se possuísse existência inerente. O ponto central do Vajrayana é manter simultaneamente a percepção da vacuidade do eu, do outro, do ambiente e assim por diante junto com o orgulho divino e a visão pura. Tudo isso é mantido em um delicado equilíbrio. Na mesma respiração, você gera a deidade, o orgulho divino e a visão pura, sabendo que tudo isso é imaginado. A fixação, portanto, é uma ferramenta a ser utilizada no caminho, mas a reificação não o é. A fixação também tem aplicação no Dzogchen. Na maioria dos casos, não podemos simplesmente ir direto para a simplicidade absoluta, precisamos de ensinamentos e métodos que nos ajudem a chegar lá.

Devido à reificação do conceito de essências, a fixação à dualidade, "os indivíduos são aprisionados ao se fixarem à existência real" – termo que significa existindo por sua própria natureza, independente da designação conceitual – "dos três reinos delusórios do *samsara*". "Delusório" é uma boa tradução para o tibetano *trülpa*. Fenômenos, aparências, não são deludidos: somos nós, seres sencientes, que estamos deludidos a respeito deles. Por exemplo, a cor do cabelo de uma pessoa não é deludida, mas é um convite para a delusão dos seres sencientes. Por quê? Porque nos parece verdadeiramente existente por si mesma – um fenômeno externo que existe de modo independente de minha percepção interna. Parece que sou apenas uma testemunha passiva do fenômeno verdadeiramente existente e, nesse sentido, as aparências são delusórias ou enganadoras. Essa delusão nos prende ao *samsara*.

Em uma metáfora impressionante, uma das mais poderosas que vi em todo o budismo, Tsongkhapa refere-se à existência no *samsara* como estar em uma gaiola de ferro, algemado, cego em um rio – uma torrente, na verdade – no meio da noite negra como breu. Você pode imaginar o quanto isso seria aterrorizante? Em uma noite sem estrelas, dentro de uma gaiola de ferro, levado aos trancos rio abaixo. Pânico total! Se você estivesse na margem com uma lanterna e visse alguém nessa situação, como poderia reagir de alguma outra forma senão com um fluxo enorme e espontâneo de compaixão – "Como posso ajudá-lo?" Tsongkhapa usa a metáfora da gaiola desgovernada para dizer: "É isso aí, pessoal – estar no *samsara* é assim."

Embora estejamos presos e engaiolados, "entretanto, há aqueles que acumularam vastos méritos ao longo de muitos éons e que têm o poder das aspirações puras. Então, para o bem daqueles que têm a boa fortuna", que possuem o mérito, "de alcançar a maestria", de alcançar o conhecimento, "sobre a realidade última, o tesouro do espaço – através do despertar das forças cármicas do engajamento na ação do não-agir na grandiosa consciência primordial auto-originada – eu apresentarei este fundamental rei dos tantras, espontaneamente surgido da natureza da existência do *sugatagarbha*".

Até aqui, Düdjom Lingpa escreveu a homenagem e prometeu manifestar o texto. Agora, descreve a quem esse texto é destinado. Embora a grande maioria dos seres sencientes esteja completamente presa à existência cíclica, vagando às cegas, existem, entre essa miríade de seres, alguns que possuem um tremendo mérito, que fizeram preces puras ao longo de muitas vidas e, como isso pode vir a beneficiá-los, Düdjom Lingpa está manifestando o texto para eles. Essas pessoas afortunadas possuem algo que poderia ser descrito como força cármica ou *momentum* cármico. O termo tibetano é *"létro"*. *"Lé"* é "carma", *"tro"* é "algo que resta", um resíduo. Poderíamos usar a metáfora de uma xícara d'água, cheia até transbordar, da qual uma parte, algo que resta, derrama-se pela borda. O termo conota *momentum* no sentido de que a nossa dedicação à prática espiritual, o *momentum* cármico de vidas passadas, está transbordando. Ele não se esgotou em nossas vidas passadas, de modo que está transbordando para essa.

Os pais percebem que os seus filhos trazem algo consigo, em termos de personalidade, de padrões de comportamento e assim por diante. Se eles chegam com uma aptidão cármica para o Darma, oriunda de atividades das vidas anteriores, como isso pode ser estimulado, ativado? Afinal de contas, a criança pode ter nascido em um ambiente onde não há nada que catalise essa aptidão, em uma família que não tem qualquer interesse em religião ou em uma família profundamente religiosa, cujas crenças estão longe das crenças do budismo. Existem muitas possibilidades. Sei de pessoas cujo interesse pelo Darma só foi acionado tarde na vida. É por isso que os lamas tibetanos interessam-se em identificar *tulkus*, aqueles que possuem um forte *momentum* cármico para o Darma, oriundo de vidas passadas, quando foram lamas. É melhor catalisá-los o quanto antes, ao invés de correr o risco de que eles esgotem as propensões cármicas positivas na torrente da existência cíclica. No caso de Düdjom Lingpa, seu *létro*, seu transbordamento cármico, foi assistido por *dakinis* nos primeiros três anos de sua vida.

"Para o bem daqueles que têm a boa fortuna", esse texto designa-se a despertar, a estimular essa "força cármica". Encontramos nessa sentença um paradoxo maravilhoso: "ação do não-agir". E o não-agir ocorre "na grandiosa consciência primordial auto-originada", automanifestada. Para aqueles que têm a boa fortuna de seguir esse caminho, o texto pretende estimular as suas propensões cármicas de se engajarem no Dzogchen, no não-agir. O que é especificamente o não-agir? O que está inativo? Isso significa que o estado de buda ou iluminação é completamente estagnado, estático? Claro que não. Que farsa seria declarar "vou me tornar iluminado para o bem de todos os seres sencientes" e, então, não fazer absolutamente nada.

Quando repousa em *rigpa*, você está inativo. Mesmo com intenções positivas como "vou fazer algo de bom para o mundo, vou ajudar", com frequência existe o subtexto "eu vou, eu vou", que é fazer – atividade dirigida pelo ego. Em *rigpa*, entretanto, o seu ego – a sua noção reificada de "eu sou" – não se dedica a fazer nada. Ao repousar em *rigpa*, você libera espaço para outro modo de atividade manifestar-se, um modo que não surge dos limites estreitos de um ego que pensa "eu quero isso, eu não quero aquilo". Ao invés disso, provém do esplendor natural da *bodicita* última – a expressão sem esforço, espontânea, presente, auto-originada do *dharmakaya*. Para que isso apareça em primeiro plano, devemos silenciar o ego através da não-ação. Do contrário, o ego levará o crédito por tudo.

Ao apresentar "este fundamental rei dos tantras, surgido espontaneamente", Düdjom Lingpa está dizendo que não é algo que ele tenha evocado; não é um tratado que ele concebeu e redigiu. Em vez disso, ele surgiu espontaneamente "da natureza da existência do *sugatagarbha*". Aqui, encontramos outro termo técnico. "*Sugata*" é um epíteto do Buda, como *Tathagata*. "*Su*" é "bom", "bem", e "*gata*" é "ido", formando "bem ido". "*Sugata*", "aquele que se foi bem para a felicidade genuína", é seguido de "*garbha*", que, em sânscrito, tem a conotação de "ventre" ou, como os tibetanos traduzem, de "essência". *Sugatagarbha* é o ventre do qual todos os *sugatas* surgiram, que não é outro senão *rigpa*, a nossa natureza de buda.

> Eis aqui como este tantra surgiu pela primeira vez: na noite do décimo quinto dia do primeiro mês do ano do cão macho de água, pelo poder do profundo caminho veloz da travessia direta, a visão da percepção direta da realidade última surgiu. Por eu ter praticado um pouco o caminho dos meios hábeis do estágio da geração, eu atingi a base de um *vidyadhara* amadurecido. Através desse poder, todas as aparências e estados mentais se dissolveram na originalmente pura realidade última, o espaço da consciência livre de elaborações conceituais. Então, a própria face do *dharmakaya* se manifestou.

Este tantra, a *Essência Vajra*, apareceu para Düdjom Lingpa em 1862, em fevereiro ou março de nosso calendário, no dia da lua cheia, "pelo poder do profundo caminho veloz da travessia direta". "Travessia direta" é a tradução para *tögal*, a segunda fase principal da prática do Dzogchen. É bastante visionária – envolve uma série de imagens – e surge espontaneamente de *rigpa*.

A frase seguinte, "a visão da percepção direta da realidade última surgiu", é prenhe de significado. O estágio do *tögal* da prática do Dzogchen tem quatro fases principais de realização, cada uma delas com uma quantidade de experiências e transformações correlacionadas. Enquanto nas práticas avançadas de *samadhi* você se engaja em técnicas específicas, para desenvolver *siddhis* particulares (habilidades paranormais), na prática do *tögal* esses mesmos *siddhis* emergem espontaneamente. São exatamente as mesmas habilidades – caminhar sobre a água, voar pelos ares e assim por diante –, só que no tögal elas surgem diretamente de *rigpa*, como a nata que surge do leite. Eis aqui uma pista sobre o quão poderosas podem ser essas práticas: a fase final, culminante da realização do *tögal*, é a "extinção de todos os fenômenos na realidade última". Nessa experiência, o universo se dissolve no espaço absoluto dos fenômenos. A primeira fase do *tögal* é chamada de "percepção direta da realidade última". Düdjom Lingpa teve essa realização aos 27 anos de idade.

A linha seguinte, "por eu ter praticado um pouco o caminho dos meios hábeis do estágio da geração", é um belo eufemismo. Refere-se ao estágio da geração e ao estágio da consumação, as duas facetas principais da prática Vajrayana da ioga mais elevada. Parece uma afirmação muito casual, mas é qualquer coisa menos isso. Aqui ele insinua algo que fica explícito mais adiante no texto. No caminho do Dzogchen não é necessário para todos os indivíduos praticar o estágio da geração até a realização plena, nem, tendo isso como base, desenvolver completamente e de forma linear o estágio da consumação, prosseguir para o primeiro estágio do Dzogchen (*tregchö*) e, depois de aperfeiçoá-lo, realizar o *tögal*. Isso seria seguir um modelo de desenvolvimento – algo muito linear e sequencial.

Tsongkhapa é magnífico ao expor essa sequência superior de práticas. O *Lamrim* ("estágios do caminho", em tibetano), utilizando uma abordagem gradual, é o modelo de desenvolvimento quintessencial e um complemento perfeito para a *Essência Vajra*, a qual enfatiza vigorosamente a abordagem da descoberta. O Dzogchen, seguindo o modelo da descoberta, não é tão linear. Existem fases, mas fica muito claro que, se a sua paixão, o seu chamado, é o Dzogchen, então algumas dessas práticas sequenciais de desenvolvimento podem ser usadas essencialmente para "esquentar o motor". São um auxílio para facilitar a prática. No Dzogchen, recorrer a todo o conjunto de práticas tântricas – estágio da geração, práticas de deidade e assim por diante – pode ser muito útil, mas você não necessariamente precisa seguir cada uma até a culminância.

Düdjom Linga refere-se a isso quando diz "por eu ter praticado um pouco o caminho dos meios hábeis" – o aspecto de *upaya* em contraposição ao aspecto de *prajña*, isto é, meios hábeis em contraposição à sabedoria. Ele obteve uma percepção direta da realidade última, porque praticou o caminho dos meios hábeis do estágio da geração "um pouco", o que significa "o suficiente", e desse modo, tendo atingido a visão da percepção direta da realidade última, ele atingiu "a base de um *vidyadhara* amadurecido". Esse é o primeiro dos quatro níveis dos *vidyadharas*, sendo os outros três o de *vidyadhara* com domínio sobre a vida, o de *vidyadhara* Mahamudra e o de *vidyadhara* espontaneamente realizado.

Ele nos conta mais sobre essa experiência: "Através desse poder, todas as aparências e estados mentais se dissolveram na originalmente pura realidade última, o espaço absoluto livre de elaborações conceituais" – em outras palavras, dissolveram-se na vacuidade. Então, sendo um praticante Vajrayana, um adepto do Dzogchen, ele não só realizou a vacuidade, como, naquela espacialidade aberta, "a própria face do *dharmakaya* se manifestou". Ele realizou a natureza de buda. Há mais aspectos na experiência da natureza de buda que a realização da vacuidade. A realização da vacuidade prepara o caminho para você reconhecer a sua própria face, a sua própria natureza, como *dharmakaya*.

> Depois de um tempo, as seguintes aparências surgiram espontaneamente na forma de uma terra pura de buda:
>
> Naquela ocasião de grandiosa bem-aventurança auto-originada e originalmente pura, o ambiente ao meu redor surgiu como a própria Akanishta...

Antes de prosseguirmos para essa visão extraordinária, vamos examinar a mente para a qual tais aparências podem surgir, a fim de termos clareza quanto à sua natureza. Podemos estabelecer um modelo tridimensional da mente. Primeiro, existe a psique, tipificada pelo pensamento dualista, pela imaginação, pela história pessoal e assim por diante – tema da psicologia. A psique também é chamada de "mente comum" e, em sânscrito, *chitta*. A psique emerge do que Sogyal Rinpoche chama de "base da mente comum".

O termo sânscrito para esta segunda camada, a base da mente comum, é *alayavijñana*, que é traduzido como "consciência substrato". (Corresponde, aproximadamente, ao termo *bhavanga* do budismo Theravada, "base do vir a ser".) Essa base da qual emerge a nossa psique individual não é o cérebro. A consciência substrato segue de uma vida para outra, de modo que sua existência não depende do cérebro que você tem nesta ou em qualquer outra vida. A sua psique individual se extinguirá quando você morrer, mas deixará marcas em sua consciência substrato. É ali que o seu carma, os seus talentos, as suas tendências e tudo o mais são armazenados, algo bastante parecido com o modo como a informação é armazenada em campos eletromagnéticos, quando se envia e-mails de um computador para outro usando internet sem fio. Assim, a consciência substrato é mais profunda do que a psique, mas ainda não é a natureza de buda, que é o terceiro e mais profundo nível de nosso modelo em três camadas.

Em alguns momentos acessamos a consciência substrato com bastante naturalidade, sem esforço, sem precisarmos ser grandes iogues. Isso acontece, por exemplo, no sono sem sonhos, que, em geral ocorre várias vezes a cada 24 horas. No estado de sono profundo sem sonhos, as atividades mentais ficam dormentes e deslizamos para a consciência substrato. Como a nossa consciência está embotada ao invés de luminosa, não obtemos muitos benefícios, exceto uma boa noite de sono. Também experienciamos a consciência substrato na hora da morte. Aqui, precisamos esclarecer: essa não é a "clara luz da morte". A base da mente comum, a consciência substrato, não é a "consciência fundamental" – sinônimo de natureza de buda, *rigpa* e *dharmakaya*. A base da mente comum é individual, condicionada e linear no tempo – está dentro do nexo causal.

No processo da morte, os sentidos cessam um por um. Retraem-se. Os tentáculos da consciência recuam dos cinco sentidos físicos para a consciência mental, onde você ainda possui imaginação, pensamentos, sentimentos e tudo o mais. E então, enquanto você está recuando, os processos mentais derivados de sentimento, discernimento, memória, imaginação, reconhecimento e assim por diante também recuam. A pessoa que está morrendo experiencia imagens de luz – luz branca e luz vermelha – então, surgem algumas imagens mentais que depois também se vão. Depois disso, você literalmente perde a sua mente quando experiencia a "quase-realização negra", que é uma espécie de apagamento. É uma experiência semelhante a receber anestesia geral. Aqui, a mente não está completamente extinta, simplesmente desaparecendo no nada. Ao invés disso, a mente grosseira se tornou totalmente dormente ao se dissolver na base da mente comum, sem deixar vestígios de imagens mentais, história pessoal ou ego.

Ao entrar nessa fase do processo de morte, a maioria das pessoas simplesmente apaga – não reconhecendo nada. A seguir, saem desse apagamento direto para a clara luz da morte, que é a base primordial subjacente à base da mente ordinária. Todos passam por isso. Então, uma vez que a clara luz passe, acabou – "você" se foi – e o corpo começa a se decompor.

Comparando as duas – a base comum da mente (*alayavijñana*) e a clara luz da morte (*rigpa, dharmakaya*) –, eu caracterizaria a primeira como um estado de vácuo relativo de consciência e a última como um estado de vácuo absoluto de consciência. Não são iguais, são qualitativamente diferentes e precisam ser diferenciadas. Como você alcança a primeira a não ser caindo no sono ou morrendo? Como você adquire acesso de forma deliberada à base da mente comum? Por meio da quiescência meditativa – shamatha. É para isso que shamatha serve.

A consciência substrato, um estado de vácuo relativo de consciência, é implicitamente estruturada por conceitos, mas possui um enorme potencial. Esse potencial – em termos de criatividade – é revelado em hipnose profunda, que é uma outra situação em que você fica muito próximo do estado básico da mente comum. Sabemos que a hipnose pode ser usada para romper hábitos arraigados, como o hábito de fumar. Além disso, uma pessoa pode ser convencida de que uma cebola tem gosto de maçã ou pode ser levada a crer que é algum tipo de animal. (Lembro de ter visto uma demonstração na televisão em que um homem foi convencido de que era um canguru e saltitou pelo palco com um sorriso satisfeito no rosto.) Em tais circunstâncias, a mente é extraordinariamente flexível, porque está em um modo de grande potencialidade, em contraposição a seu estado normal de manifestação.

De modo semelhante, se você deseja desenvolver *siddhis* mundanos – habilidades paranormais, percepção extrassensorial –, shamatha é a base para gerar, para manifestar esse potencial. Atingir essas habilidades pode ser extremamente benéfico, como o grande *mahasiddha* Atisha, do século XI, deixou claro, dizendo: "O mérito adquirido em um único dia por alguém com percepção extrassensorial não pode ser obtido sequer em uma centena de vidas por alguém sem percepção extrassensorial."[4] No mesmo comentário, ele diz que, ao atingir shamatha, você pode obter percepção extrassensorial. Portanto, se você quer acessar o potencial pleno de seu fluxo mental individual, treine-se em shamatha. Claro que podemos enxergar um perigo nisso. Alguém de constituição ética medíocre que atingisse shamatha poderia desenvolver shamatha e mais nada, acessando assim algo muito profundo e muito poderoso. É possível que essa pessoa se torne narcisista, megalomaníaca, um "viciado em *siddhis*", impressionando pessoas com habilidades paranormais, exibindo um gigantesco orgulho pseudodivino, baseado na crença de "eu sou o melhor"? Será que essa pessoa poderia mergulhar em magia negra e envolver-se em atividades malignas? Felizmente, há uma armadilha.

De fato, você não pode desenvolver ou manter shamatha com uma motivação maliciosa. Para atingir shamatha, você deve superar os cinco tipos de obscurecimentos, um dos quais é a má vontade, animosidade ou malícia. Você não pode levar essa bagagem para shamatha, porque ela é completamente antagônica à prática. Tais obscurecimentos têm que sumir, porque a plena realização de shamatha é, por definição, um estado sublime que traz consigo um excepcional equilíbrio mental. É o epítome da saúde mental.

Tendo em mente que nossas aflições mentais não foram permanentemente eliminadas por shamatha, o que aconteceria se, tendo atingido shamatha, você fosse vítima de alguma aflição, como o ciúme? Tão logo isso venha à tona, seu *samadhi* diminui. Isso está embutido na natureza da mente – você não pode ter malícia e o desejo de aplicar os *siddhis* provenientes de shamatha, usando-os de forma maldosa.

O grande exemplo histórico é Devadatta, primo do Buda. Devadatta havia atingido não apenas shamatha, que é o acesso à primeira *dhyana*; havia exibido *siddhis* que surgem ao atingir todas as quatro *dhyanas*.[5] Entretanto, ele não tinha um *insight* profundo em *vipashyana*, que purifica a mente em caráter irreversível de todas as aflições, como desejo intenso, hostilidade e delusão. Com inveja dos patronos reais do Buda, Devadatta decidiu impressionar o rei, usando os seus *siddhis* para chamar sua atenção. Ele foi bem-sucedido, mas o Buda tinha um séquito de seguidores bem maior e Devadatta não conseguia suportar isso. Então, fez uma tramoia com o igualmente invejoso príncipe – filho do rei. O príncipe mataria o pai e Devadatta daria cabo do Buda, tornando-se, assim, o líder da *sanga* (a congregação budista). Assim, o príncipe se tornaria rei e eles trabalhariam juntos. Porém, tão logo Devadatta seguiu nessa direção, seus *siddhis* desapareceram.

Menciono isso para demonstrar que existe uma enorme criatividade, um enorme potencial na base da mente comum, a consciência substrato. Existe um potencial infinitamente maior se você chegar a essa base e, tomando-a por base, praticar *vipashyana*, o estágio da geração, o atravessar (*tregchö*) e a travessia direta (*tögal*). Ali, o potencial criativo é simplesmente ilimitado e é isso que está sendo descrito neste ponto. Ao invés de um estado hipnótico, de um sonho ou mesmo de um sonho lúcido manifestando-se a partir da base da mente comum, essa "base de um *vidyadhara* amadurecido" está acessando o estado fundamental mais profundo. O que, então, manifestou-se, especificamente, do repouso de Düdjom Lingpa na mente *rigpa* de um *vidyadhara*?

Existem muitas terras puras com suas deidades correspondentes – Tara, Avalokiteshvara e assim por diante. Akanishta é o reino puro, a terra pura de buda associada a Samantabhadra, o Buda Primordial. Além disso, é a terra pura em que todos os seres finalmente atingem o estado de buda. Quer seu corpo comum esteja em Bodhgaya ou em Hollywood, essa terra pura de buda é onde você fará sua meditação final, antes de atingir a iluminação. Você está em Akanishta, da perspectiva em primeira pessoa. Eis aqui como Akanishta parecerá, o tanto quanto palavras podem retratá-la para pessoas que não estão iluminadas. Visualizem-na. Usem a sua imaginação.

> Essa terra pura de buda magicamente manifestada era vasta e espaçosa, e a sua superfície era suave e plana, e flexível ao toque. Montanhas cobertas de ervas medicinais eram perfumadas por névoas de aromas agradáveis. Todo o chão era completamente coberto com adoráveis flores radiantes, luminosas, claras, cintilantes, tremeluzentes, em tons de branco, amarelo, vermelho, verde, azul e múltiplos matizes. Nas quatro direções havia quatro oceanos de ambrosia dotados com as oito excelentes qualidades. Nas margens desses grandes oceanos havia pedras de joias, areias de ouro, prados de turquesa e halos completos de arco-íris.

Existem oito qualidades da ambrosia, que são as oito qualidades da água excelente. Até onde é possível capturar em palavras, a água pura, ou ambrosia, com as oito qualidades, é: fresca, doce, leve, macia, clara, tranquilizadora, prazerosa e saudável. Com a visão pura, em contraste à nossa visão comum, a água pura e até mesmo a água comum são ambrosia. A relatividade das qualidades da água reflete-se na explicação clássica de que um copo d'água aparece como um copo de pus para um fantasma faminto, como água comum para um ser humano e é visto como ambrosia por um deus.

> Florestas de árvores que realizam desejos cresciam nas quatro direções cardeais, das quais ondulavam nuvens de oferendas sensoriais. Vários tipos de lindos pássaros emanados manifestavam os sons do Darma com cantos tranquilizadores e gentis. Vários e adoráveis animais emanados brincavam e pareciam estar alegremente ouvindo o Darma. Todo o céu estava coberto por redes com padrões entrelaçados de luz de arco-íris. Todas as partes do céu estavam preenchidas por *viras* e *virahs* cantando e dançando, enquanto muitas deusas faziam oferendas sensoriais e expressavam sua devoção.

Viras são do sexo masculino e *virahs* do feminino. A etimologia é "heroico" ou "herói", de modo que, aqui, o sânscrito se refere a seres heroicos masculinos e femininos. Gyatrul Rinpoche comenta que *viras* e *virahs* são bodisatvas masculinos e femininos, manifestando-se no mundo a fim de servir os outros seres. Eles possuem a coragem para encarar, confrontar e subjugar as aflições mentais.

> No centro dessa região, em um formidável e encantador jardim, encostado em uma árvore coberta por folhagem e flores, havia um grande e sublime trono repleto de joias sustentado por oito leões. Os galhos da árvore estavam drapejados com diversas cortinas de seda, redes de joias, e muitos pequeninos sinos tilintantes soavam os sons naturais do Darma sagrado.
>
> Sobre esse trono sustentado por leões estava um assento composto de um lótus, sol e lua, sobre o qual estava o verdadeiro Mestre, Samantabhadra, o Vajra Nascido no Lago, surgindo naturalmente com a radiância da base da realidade. Seu corpo era da cor azul escuro, tendo as características de um jovem de oito anos de idade. Sua mão direita estava no mudra da exposição do Darma e sua mão esquerda estava no mudra da meditação equânime. Ele estava adornado com os sinais e símbolos da iluminação e todas as vestes do *sambhogakaya*. No interior do reino de seu corpo transparente, radiante, semelhante ao oceano, todos os budas pacíficos e irados e miríades de terras puras búdicas e emanações surgiam naturalmente, como planetas e estrelas refletidos com brilho num lago. Raios incontáveis de luz resplandecente emanavam dele e das pontas desses raios surgiam várias letras simbólicas.

"O Vajra Nascido no Lago" refere-se a Samantabhadra emanando-se como Padmasambhava. "A radiância da base da realidade" é a luminosidade da própria natureza de buda. "Os sinais e símbolos da iluminação" são os 32 sinais maiores e os 80 símbolos menores no corpo, característicos de um ser plenamente iluminado. Essa é uma visão pura acessível apenas a *arya-bodisatvas*, significando que a pessoa que a experiencia é um *vidyadhara* e possui a percepção direta da realidade última. Estes seres têm acesso direto ao *sambhogakaya*. Ali, o universo com suas múltiplas terras puras e budas – emanações vastas como o oceano – é visto dentro do corpo do verdadeiro Mestre. Montado o cenário, Düdjom Lingpa descreve agora a assembleia:

> Reunida em torno do Mestre, encontrava-se a assembleia de um séquito magicamente manifestado de 84.000 discípulos, incluindo o Bodisatva Vajra da Consciência, Bodisatva Faculdade da Sabedoria, Bodisatva Vajra da Consciência Primordial, Bodisatva Grande Vacuidade Ilimitada, Bodisatva Faculdade da Luminosidade que Tudo Permeia, Bodisatva Manifestação Espontânea, Bodisatva Senhor das Aparências Externas, Bodisatva Faculdade da Visão, Bodisatva Faculdade da Audição, Bodisatva Faculdade do Olfato, Bodisatva Faculdade do Paladar, Bodisatva Faculdade do Tato entre outros. Estavam todos olhando para o Mestre e, enquanto sentados silenciosamente, curvaram-se em reverência. O Mestre estava também em silêncio, enquanto fitava a vastidão do céu. Naquele momento, o som natural da realidade última emergiu do domínio absoluto do espaço prístino:
>
> Ah!
> Todo o samsara e o nirvana são desprovidos de base e sem raízes.
> A Rainha Vajra é o espaço grandioso.
> A grande vacuidade do espaço é a Grande Mãe.
> Todos os fenômenos são manifestações
> da realidade última e da natureza única da existência.
> Tudo se origina do não nascido.
> As manifestações que emergem, cessam.
> Causas e condições são extintas exatamente onde estão.
> Portanto, na realidade última, o Mestre e os ensinamentos,
> o caminho e sua fruição são destituídos de sinais e

> palavras.
> As muitas possibilidades de meios hábeis e sabedoria surgem como a grande ocorrência natural e um surgimento natural.
> O espaço da não-objetividade e grande abertura é límpido, claro e livre de contaminação.
> Todas as aparências da terra pura de buda, Mestre, e do séquito
> são não-existentes, mas da não-existência eles aparecem como existentes.
> Como louvamos a isto com grande admiração!

O séquito magicamente exibido está reunido em volta do Mestre, Samantabhadra. "*Ah*" é o símbolo da vacuidade. Portanto, "desprovidos de base e sem raiz", a totalidade do *samsara* e do nirvana é fantasmagórica, não se baseia em nada existente de modo inerente. Pode ser comparada a um arco-íris ou a uma exibição mágica – não há nada ali realmente. A totalidade do *samsara* e do nirvana não está realmente em lugar algum. "Todas as aparências da terra pura de buda, Mestre, e do séquito são não-existentes" no sentido de serem "não inerentemente existentes".

Mestre e assembleia em diálogo

> Assim que esse som surgiu, todo o séquito reunido disse a uma só voz ao Bhagavan: "Ó Mestre, Bhagavan, Senhor Onipresente e Soberano Imutável, por favor nos ouça e considere nossas palavras! Por favor, Mestre, explique por que esta terra pura de buda completa, com Mestre e discípulos em assembleia, está aqui, e diga-nos como isso surgiu."

Bhagavan é um epíteto em sânscrito do Buda. O termo sugere "Senhor", denotando alguém com qualidades supremas de liberdade dos obscurecimentos, perfeição de virtudes e transcendência do *samsara*.

> O Mestre replicou: "Ó aparições de discípulos que magicamente surgiram e aqui se reuniram, ouçam:

vocês perguntam por que essas aparições mágicas da consciência primordial – terra pura de buda, Mestre, e discípulos – surgiram. É com o propósito de revelar um acesso à consciência primordial não-conceitual das mentes de todos os *sugatas* dos três tempos, que se manifestam de acordo com as faculdades de todos os seres que vagueiam pelos três reinos do *samsara*. Pelo grande poder da sabedoria e da consciência primordial, a emergência natural da verdadeira Akanishta como terra pura de buda é revelada na grande visão da realidade última. Com relação a mim mesmo, o Mestre é a base primordial, que da radiância inata do *sugatagarbha*, naturalmente surge para si próprio. A radiância natural da consciência vazia, livre de elaborações conceituais, aparece como o Bodisatva Vajra da Consciência. A radiância natural da sabedoria da ausência de identidades aparece como o Bodisatva Faculdade da Sabedoria. A radiância natural dos oito tipos de consciência, em conjunto com os fatores mentais, surgem como o séquito em assembleia."

A experiência visionária – a manifestação da terra pura de buda de Akanishta – é um meio de revelar a realidade última, que está além de toda forma física comum. O Bodisatva Vajra da Consciência, um dos indivíduos no séquito, é uma expressão da radiância natural da consciência vazia assumindo simbolicamente uma forma arquetípica como uma pessoa. Ouviremos mais adiante sobre ele. O Bodisatva Faculdade da Sabedoria é outro personagem da grande assembleia que fará perguntas ao Buda, o Mestre, Samantabhadra.

Quais são os "oito tipos de consciência" mencionados na última frase? Com mais frequência ouvimos falar de seis tipos de consciência – os cincos modos sensoriais de consciência mais a consciência mental. No Dzogchen, são adicionados mais dois à lista. O sétimo, chamado de "cognição aflitiva", é o potencial natural da mente para a escuridão da ignorância e delusão. Dentro do contexto do Dzogchen, esse modo – fixar-se ao "eu sou" e, então, fixar-se à aversão, ao desejo intenso e assim por diante – é considerado tão importante que ele tem uma categoria própria. O oitavo, que vimos antes, é a consciência substrato, a base de onde a psique e todas as manifestações comuns da mente surgem e onde se dissolvem.

A radiância natural dos oito tipos de consciência, junto com os fatores mentais, aparece como o "séquito em assembleia". Isso faz lembrar um termo da sociologia moderna: a sociedade da mente.[6] O séquito é uma sociedade da mente verdadeiramente nobre. Ali, encontramos todos os 84.000 componentes da mente (de acordo com a formulação clássica budista) manifestando-se como bodisatvas, cada um possuindo a sua própria voz, a sua própria perspectiva, e tudo isso está ocorrendo no reino do *dharmakaya*, com Samantabhadra, também conhecido como Padmasambhava, presidindo. Esses bodisatvas, essas manifestações purificadas de nossa mente comum, fazem, então, perguntas à sua própria natureza de buda: "Ó Mestre, Bhagavan, por favor explique isso", às vezes debatendo, às vezes interrogando, outras vezes discordando. A mente comum está lutando com a natureza de buda! Esse drama surge espontaneamente do *dharmakaya*.

"A radiância natural dos oito tipos de consciência, em conjunto com os fatores mentais, surgem como o séquito em assembleia." Essa frase conclui o que é chamado de seções preparatórias do texto, que são classicamente: a homenagem, o compromisso de compor ou revelar o texto e uma designação dos discípulos ou alunos aos quais o texto é destinado. Além disso, como se trata de um *terma* da mente, Düdjom Lingpa descreveu a forma como ele surgiu. Isso, como vimos, é diferente da maioria dos casos, quando alguém solicita um texto e o autor o escreve.

As questões de Faculdade da Sabedoria

O cenário agora está montado para a parte principal da *Essência Vajra*. A primeira seção refere-se às perguntas levantadas pelo Bodisatva Faculdade da Sabedoria. Como os seus nomes sugerem, os Bodisatvas que dialogam com Samantabhadra neste texto são corporificações dos diferentes fatores mentais e habilidades dos seres humanos.

> Então, o Bodisatva Faculdade da Sabedoria levantou-se de seu assento e perguntou ao Bhagavan: "Ó Mestre, Bhagavan, você surge como a natural radiância do *sugatagarbha*. Eu, Faculdade da Sabedoria, surjo como a natural radiância da sabedoria. Vajra da Consciência surge como a natural radiância da consciência. A assembleia de bodisatvas masculinos e femininos surge a partir dos oito tipos de consciência, em conjunto com os fatores mentais. Mas, sendo assim, nós deveríamos surgir dessa forma para todos os seres dos três reinos. Então, por que eles continuam em meio às aparências delusórias de alegrias e tristezas, amigos e inimigos nos três reinos da existência, onde ocorrem tormentos e não as manifestações puras? Mestre, explique, por favor!"

Sugatagarbha – o "ventre de todos os budas", por assim dizer – é algo absolutamente central, primordial e cósmico. O Mestre Samantabhadra surge como a radiância natural do *sugatagarbha*, ao passo que Faculdade da Sabedoria reconhece a si mesma como uma emanação ou corporificação da sabedoria. Deve ser feita aqui uma distinção entre "consciência primordial" (*jñana*), com frequência traduzida como "sabedoria primordial", e "sabedoria" (*prajña*). Esta última é algo cultivado. Você medita de forma diligente, pratica *vipashyana*, estágio da geração e assim por diante, e então a sabedoria é estimulada ou gerada. Neste contexto, sabedoria é algo que se desenvolve – você possui um pouco agora e, mais adiante, possuirá mais.

Por outro lado, você nunca possui mais ou menos consciência primordial, porque a sua natureza é primordial, de forma semelhante à intuição. Você não gera intuição de fato. Você pode torná-la nítida, aprender a distinguir intuição genuína de sobreposições conceituais, preferências, esperanças, medos e expectativas – coisas que podem ser muito facilmente misturadas à intuição. Quando a sua verdadeira intuição fala, ela fala com clareza e nitidez, como um sino, e não como uma cacofonia de múltiplas vozes, que fazem com que você se pergunte qual delas era a intuição e quais eram apenas processos mentais agitando-se a partir das preferências habituais.

Vajra da Consciência refere-se à consciência primordial, prístina, que é imutável, indestrutível, inalterável, como o diamante – a natureza de um *vajra*. Neste contexto, em que não há um adjetivo associado, como "prístina", "pura" ou "original", "consciência" significa *rigpa*. Assim, Vajra da Consciência surge como a natural radiância de *rigpa*.

Toda a assembleia de bodisatvas masculinos e femininos surge ou é uma manifestação dos oito tipos de consciência (que, como vimos antes, são as cinco consciências sensoriais, a consciência mental, a consciência aflitiva e a consciência substrato) "em conjunto com os fatores mentais". Existem 51 fatores mentais, processos que ocorrem na mente de um indivíduo, tais como sentimento, discriminação e intenção.

Usando a visão pura, o Bodisatva Faculdade da Sabedoria vê de forma direta através da exibição exterior desses diferentes discípulos, emanados do séquito de Samantabhadra, o que eles simbolizam. Então, ele pergunta: se essa é a sua real natureza, se esses bodisatvas são simplesmente a natural radiância das propriedades da consciência, não deveriam surgir assim para todos os seres dos três reinos? Por que todos não os veem dessa forma? Por que os seres continuam "em meio às aparências delusórias de alegrias e tristezas, amigos e inimigos nos três reinos da existência, onde ocorrem tormentos e não as manifestações puras"? Se essas aparências são "delusórias", por que os seres dos três reinos não veem isso? O que há de errado aqui? "Mestre, explique, por favor!"

> Ele replicou: "Ó nobre ser, os seres que caíram na base eticamente neutra não veem as aparências puras. Estados mentais impuros, delusórios e aparências de amigos, inimigos, alegrias e tristezas são característicos dos seres sencientes ordinários."

A "base eticamente neutra" é uma dimensão da consciência que não é virtuosa nem não-virtuosa, e por isso é chamada de *eticamente neutra*. Além disso, como se trata do fluxo sutil de consciência mental a partir do qual a psique emerge, é chamado de *base*. O termo tibetano traduzido como "eticamente neutra" (*lung ma ten*) refere-se a algo que não é nem meritório, nem prejudicial – algo inespecífico e neutro. Em si e por si, ações eticamente neutras não criam virtualmente nenhuma marca cármica. Não levam a um nascimento afortunado nem a um nascimento miserável, não o conduzem à iluminação nem o afastam dela. Essa é a natureza de *alayavijñana*. Desse modo, "base eticamente neutra" é outro termo para *alayavijñana*, a base da mente comum, a consciência substrato mencionada antes. Quando você repousa em *Alayavijñana*, ela se mostra radiantemente clara, mas não é um estado de mente virtuoso em si.

A maioria dos seres desliza periodicamente para dentro e para fora dessa base eticamente neutra: para dentro de *alayavijñana* – como no caso do sono profundo, do período de apagamento ao morrer ou quando realizamos shamatha –, depois para fora – onde podemos causar vários danos ou fazer o bem. Essa é toda a natureza de nossa existência. É isso que significa "revolver continuamente no *samsara*", seja de um momento para o outro, seja de uma vida para outra. Quando você acessa a base eticamente neutra, o ego fica adormecido. Portanto, nenhuma virtude é criada, tampouco qualquer maldade. Você atingiu a base da mente comum, mas não penetrou na base última, a consciência primordial.

Em contraste, o que seres altamente realizados como os *vidyadharas* fazem é deslizar para dentro e para fora dessa experiência luminosa e autoconhecedora da consciência primordial. Eles não apenas acessam *alayavijñana*, mas atravessam toda a estruturação reificada, pré-consciente – o resíduo cármico da base eticamente neutra. Eles irrompem através dela e acessam a vasta expansão. Os *vidyadharas* verificam periodicamente essa base da consciência – a virtude última de onde brotam todas as virtudes relativas – e, então, manifestam-se no mundo com visão pura, com orgulho divino e depois se dissolvem novamente na consciência primordial. A sua prática é simplesmente uma alternância entre consciência primordial e visão pura, até atingirem o estado búdico, quando alcançam um estado de iluminação livre de fixações, significando que não mais permanecem na dualidade de *samsara* e nirvana.

"Os seres que caíram na base eticamente neutra" podem imaginar aparências puras, mas não as veem realmente. Em vez disso, experienciam "estados mentais delusórios, impuros" – "impuros" significando maculados por aflições mentais, como aversão, anseio, delusão e assim por diante, que levam a mais delusão, criando um círculo vicioso – "e aparências de amigos, inimigos" (que indicam uma demarcação, nossos seres sencientes companheiros sendo categorizados) e "alegrias e tristezas". Essa é a vida no *samsara*: oscilamos entre alegrias e tristezas, encontrando amigos e inimigos, e inúmeros outros seres que pouco nos importam.

O surgimento dos Mestres

> "Pelo grande poder da sabedoria e da consciência primordial, aparências inconcebivelmente puras surgem para aqueles indivíduos que, no passado, sentaram-se na presença do Mestre naturalmente surgido, não humano, o perfeito Buda, Orgyen Vajra Nascido no Lago. Essas pessoas atingiram o *siddhi* supremo após ingressarem pelo portão do Darma Vajrayana e se dedicarem diligentemente à sua prática. Desse momento em diante, até que as miríades de reinos de seres se esvaziem, pelo poder de suas aspirações puras, eles repetidamente surgirão como Mestres para benefício do mundo, ensinando conforme as necessidades individuais dos discípulos."

As aparências inconcebivelmente puras surgem pelo grande poder da *sabedoria* (ou seja, *prajña*) que é cultivada e da consciência primordial que é descoberta ou revelada. Essas aparências surgem para indivíduos que se sentaram na presença do "Mestre naturalmente surgido, não humano, o perfeito Buda Orgyen Vajra Nascido no Lago".

No cânone páli, os primeiros ensinamentos registrados do Buda Shakyamuni, o Buda realmente disse: "Eu não sou humano." Ser um buda, ainda que você entre em nosso mundo com um corpo humano, é transcender as espécies. Um buda não apenas transcende as espécies, como também transcende os três reinos – do desejo, da forma e da não-forma. Um ser desperto não pertence mais a nenhuma dessas categorias. Assim, o séquito está sentado diante do "Mestre naturalmente surgido, não humano, o perfeito Buda Orgyen Vajra Nascido no Lago", que é uma manifestação de Padmasambhava. O séquito vê com visão pura, vê as coisas como elas realmente são.

Após terem ingressado no Darma Vajrayana e se aplicado diligentemente, essas pessoas atingiram o "*siddhi* supremo", isto é, a iluminação. Então, "até que as miríades de reinos de seres se esvaziem" e, "pelo poder de suas aspirações puras", eles retornam como Mestres, "ensinando conforme as necessidades individuais", capacidades, índole e assim por diante dos discípulos. Isto faz lembrar a prece com que Sua Santidade o Dalai Lama muitas vezes conclui seus ensinamentos, no *Guia do modo de vida do bodisatva*, de Shantideva: "Enquanto o espaço perdurar, enquanto os seres sencientes permanecerem, possa eu permanecer para aliviar o sofrimento do mundo."[7]

> "Quando as suas predisposições cármicas anteriores forem ativadas, eles verão diretamente a verdade da realidade última e emergirão do reino da sabedoria. As aparências puras surgem para eles, mas estas não são nem a mente nem os processos mentais. Na verdade, essas aparências são por natureza o jogo do espaço absoluto, manifesto. Não são os oitos tipos de consciência, mas também não são outra coisa e por isso são chamadas por esses nomes. Essas aparências surgem de numerosas formas a partir do Mestre e séquito não-duais. Aqueles conhecidos como bodisatvas foram muito além da existência mundana, ainda que não tenham se tornado budas; é por isso que são assim conhecidos."

As "predisposições cármicas prévias" que são ativadas ou se manifestam são as de alunos que ficaram sob a orientação desses seres iluminados que aparecem conforme as necessidades de seus alunos. Então, os alunos veem "a verdade da realidade última", ou seja, são elevados, tornando-se eles mesmos *vidyadharas*, "e emergem do reino da sabedoria". Tendo mergulhado e estando imerso na realização da vacuidade, você emerge como um ser ilusório, sabendo que jamais foi outra coisa senão uma expressão do *dharmakaya*, a mente do Buda. "As aparências puras surgem para eles" espontaneamente, uma vez que tenham penetrado na base última e visto de forma direta. As aparências puras, surgidas para aqueles que foram conduzidos ao estado de *vidyadhara*, emergem quando eles se engajam na realidade convencional, mas não são nem a mente comum nem os processos mentais comuns. Não são equivalentes a estes, pois agora eles têm acesso a algo bem mais profundo.

Para esclarecer, vamos relembrar o modelo da mente em três camadas, apresentado anteriormente. O primeiro e mais superficial dos níveis é a psique, na qual surgem pensamentos, fantasias, imagens e assim por diante. Se você se senta em silêncio e observa a sua mente, os fenômenos que você observa manifestam-se em sua psique. Acessamos o segundo nível, a consciência substrato, em sono profundo, no período de apagamento da morte e na prática de shamatha. Durante a meditação shamatha, os fenômenos observados não emanam, necessariamente, apenas da psique encapsulada nesta vida. Quando a consciência substrato é acessada, existe o potencial de acessar memórias de vidas passadas, fenômenos emaranhados dentro de uma vasta rede de experiências. Eles podem aparecer na forma de sonhos, visões, desejos ou medos cuja origem não se encontra nessa vida. No caso do medo, por exemplo, a ansiedade pode ser muito real e, no entanto, sua origem pode ser uma experiência de vida passada. Esse medo é a expressão de marcas armazenadas na consciência substrato.

Então, tendo penetrado até a terceira camada da mente – a consciência primordial –, aquilo que emerge, os fenômenos que aparecem, não são manifestações da mente e dos processos mentais. Desse ponto de observação mais profundo, as manifestações e processos mentais que abrangem a psique são fenômenos superficiais. Pelo mesmo motivo, seria enganoso descrever essas experiências primordiais como manifestações da consciência substrato. Aparências originadas na consciência primordial são a radiância natural e espontânea da consciência prístina. Não sendo nem a mente e nem os processos mentais, "essas aparências são por natureza o jogo do espaço absoluto, manifesto" – o *darmadhatu*.

Como podem essas aparências puras não serem os oito tipos de consciência e, ao mesmo tempo, não serem "outra coisa"? Seria inexato descrever os oito tipos de consciência como estando "aqui", enquanto as aparências puras estão "ali", porque, do ponto de vista da consciência primordial, elas são não-duais. Por exemplo, se você compreende verdadeiramente a natureza da raiva quando ela surge – mesmo que ela seja tênue como uma leve irritação –, é vista como não sendo nada além de uma expressão da consciência prístina. Claro que normalmente não fazemos isso. Nós nos fixamos à raiva, nós a reificamos e, então, agimos a partir dessa esfera da psique e das aparências comuns, sendo que, nesse caso, a raiva é uma emoção aflitiva. Portanto, se você compreender a natureza dos processos mentais – os oito tipos de consciência –, verá que eles nunca foram outra coisa senão expressões da consciência primordial. Entretanto, sem compreender a sua natureza, eles são vistos como expressões da consciência substrato ou da psique, indicando que você está aprisionado no *samsara*.

Ainda assim, deve ser aplicada alguma terminologia para se falar das aparências, "por isso elas são chamadas por esses nomes" – os "oito tipos de consciência". Algo semelhante acontece na física. Essas aparências, o jogo do espaço manifesto da consciência, que "surgem de numerosas formas a partir do Mestre e séquito não-duais", são aparências da visão pura.

A última frase desse parágrafo explica a diferença entre bodisatvas e budas. Um bodisatva – embora já tenha ido "muito além da existência mundana" – é alguém que ainda está no caminho para o estado búdico. "É por isso que são assim conhecidos" como bodisatvas, e não ainda como budas. Uma vez que atinja a culminância do caminho, você tem a liberdade, se assim escolher, de se manifestar como um bodisatva.

Novamente, o Bodisatva Faculdade da Sabedoria falou: "Sim, ó Mestre, Baghavan. Se o Mestre misticamente manifesto e todo o séquito são não-duais e indiferenciados, como você disse, não há sentido em todo o ensinar e o escutar por parte do Mestre e dos discípulos em assembleia. Já que não há diferença na qualidade da consciência primordial de cada um, qual o sentido do surgimento do ensinar e do ouvir? Mestre, explique, por favor!"

Ele replicou: "Ó Faculdade da Sabedoria, o Mestre naturalmente surgido, conhecido por Shakyamuni, surgiu como uma emanação para discípulos no passado, como os raios de luz a partir do sol. O Mestre, aqueles que solicitaram os seus ensinamentos e o séquito, representando os ouvintes, pareciam estar ensinando e ouvindo tipos individuais de caminhos espirituais, e veículos para treinar os discípulos. Embora o Mestre e o séquito fossem não-duais, para benefício dos discípulos surgiram várias expressões de meios hábeis, como um mágico e as suas magias."

A pergunta de Faculdade da Sabedoria faz sentido. Se ambas as partes são da mesma natureza, "uma vez que não existe diferença na qualidade da consciência primordial de cada um", qual o sentido de todo o ensinar e o escutar? Em resposta, o Bhagavan apresenta um precedente histórico. Os ensinamentos de Shakyamuni ocorreram, em geral, no contexto do Buda e de alguém que o abordou, ou com uma pergunta, ou com um pedido sobre um certo tipo de ensinamento ou orientação. Às vezes, ele se dirigia a um só indivíduo, em outras ocasiões ensinava um pequeno círculo de discípulos ou grupos maiores de dezenas, centenas e até milhares de discípulos. Em muitos casos, os papéis eram: Mestre, solicitante e aqueles que ouviam o ensinamento, os discípulos. O Mestre e o séquito eram não-duais da perspectiva do Buda, da perspectiva de um ser iluminado. Vistos a partir da consciência primordial, todos eram não-duais, nenhum entre eles era menos iluminado que qualquer um dos outros.

Esse cenário de Mestre e discípulos exemplifica a interseção entre realidade última e realidade convencional. Da perspectiva do *dharmakaya*, o Buda e seus discípulos, seus alunos, sempre foram iluminados, todos eles são simplesmente manifestações da mente búdica. Esta é a verdade última. A perspectiva dos alunos, porém, está baseada na verdade convencional.

Existe uma tendência, que verifiquei frequentemente como professor, de os alunos exagerarem quando se deparam com o modelo de descoberta, com a perspectiva da natureza de buda, consciência primordial, e com os ensinamentos Dzogchen. Parece tão fácil, espontâneo e revigorante que eles se apaixonam. Em contraste, o modelo do desenvolvimento parece mecânico, linear e dualista, e por isso os alunos tendem a se afastar dele. Ao agirem assim, rejeitam a realidade convencional e as muitas técnicas para transformar a mente. Podemos ver essa propensão nas palavras de Faculdade da Sabedoria. Na verdade, ele está dizendo: "Está certo, se somos todos não-duais, se somos todos da mesma natureza, para que se incomodar com ensinamentos e práticas? Uma vez que tudo é da natureza do *dharmakaya*, não há sentido em fazer coisa alguma, porque todo mundo já está iluminado."

O Mestre, então, oferece uma perspectiva mais equilibrada. Visto a partir do *dharmakaya* – da realidade absoluta – o Buda nunca foi outra coisa senão um buda, e seus discípulos são merely manifestações da mente do buda. Por outro lado, da perspectiva dos seres sencientes e da verdade convencional, "para benefício dos discípulos, surgiram várias expressões de meios hábeis, como um mágico e as suas magias". Assim, realidade última e realidade convencional são da mesma natureza – não-duais –, dois aspectos da mesma realidade vista a partir de perspectivas diferentes.

As perguntas de Grande Vacuidade Ilimitada

Agora, o Bodisatva Vacuidade Ilimitada questiona o Mestre. Em sânscrito, Vacuidade Ilimitada é *"Mahashunyananta"*. *"Maha"* é "grande", *"shunya"* é "vazio", *"ananta"* é "ilimitado", "infinito". Portanto, o nome desse Bodisatva significa "grande vacuidade, vasta e ilimitada".

> Então, o Bodisatva Vacuidade Ilimitada curvou-se reverentemente ao Bhagavan e, com as mãos em prece, perguntou: "Ó Mestre, Bhagavan, para que todos os seres possam ser liberados do oceano de misérias da existência mundana e atinjam o estado de liberação, por favor, conceda-nos as instruções essenciais profundas, para que possamos alcançar de fato o estado de perfeição completa do Buda Samantabhadra em uma vida e em um corpo."

Em primeiro lugar, por que precisamos de qualquer ensinamento? Precisamos deles porque nem todos sabem que são budas. Portanto, esses ensinamentos são dados para que meios hábeis possam ser empregados para nos revelar nossa própria natureza de buda. Desnecessário dizer que as atividades de alguém como Düdjom Lingpa, que é a 15ª encarnação de Shariputra, discípulo do Buda, podem estar um pouco além de nosso alcance. Sabendo disso, Düdjom Lingpa apresenta, então, as práticas que ele quer que foquemos, deixando claro que tais práticas não estão além de nossa capacidade.

Aqui, o Bodisatva está solicitando os ensinamentos mais eficientes, que levem mais rapidamente à realização do perfeito estado de buda. Toda a *Essência Vajra* é basicamente uma resposta a essa pergunta inicial colocada pelo Bodisatva Grande Vacuidade Ilimitada. No final, o autor, Düdjom Lingpa, diz que se o seu objetivo é atingir o estado de buda, você não precisa buscar nada além deste texto. A *Essência Vajra* tem toda a informação de que você necessita. Ele não diz que você não deve buscar nada além deste texto – claro que você pode. Mas este texto contém todo o conhecimento, toda a orientação necessária. É claro que ter um Mestre para guiá-lo através dessas práticas ajudaria.

O caminho veloz – a Grande Perfeição

> O Mestre respondeu: "Ó Grande Vacuidade Ilimitada e demais reunidos aqui em assembleia, ouçam! O excelente, sublime caminho que leva todos os seres sencientes aos estágios e caminhos da liberação é chamado de caminho veloz da Grande Perfeição da clara luz."

Aqui, a palavra "Mestre" significa "revelador", aquele que revela, que mostra o que precisa ser conhecido. "Estágios" e "caminhos" são termos técnicos com significados precisos e detalhados. O termo sânscrito traduzido como "estágio" é "*bhumi*", que significa literalmente "base". Nos ensinamentos Mahayana, existem cinco caminhos – o caminho da acumulação, o caminho da preparação, o caminho da visão, o caminho da meditação e o caminho do não mais treinar. Eles são sequenciais e oferecem um mapa geral para a iluminação, mas requerem três incontáveis éons para serem completados.[8] O caminho Mahayana da acumulação começa quando a *bodicita* surge espontaneamente em seu fluxo mental e, com isso, você se torna um bodisatva. O caminho da preparação é caracterizado por um gradual aprofundamento do *insight* sobre a vacuidade. O caminho Mahayana da visão começa com a realização inicial não dual e não conceitual da vacuidade pelo bodisatva. No caminho da meditação, você oscila entre um estado de completa absorção na meditação sobre a vacuidade e um estado em que se manifesta como um ser ilusório, realizando a natureza semelhante ao sonho de todos os fenômenos. Isso é semelhante a mergulhar as roupas na água e depois retirá-las repetidamente, um processo para remover até mesmo as manchas mais sutis. Tendo chegado ao fim do caminho da meditação, você prossegue para alcançar o caminho do não mais treinar.

Existem diferentes abordagens para esses cinco caminhos. Você pode seguir o caminho do *shravaka*, conforme ensinado no cânone páli e em muitos sutras em sânscrito. Na culminância dos cinco caminhos você atinge o nirvana, tornando-se um *arhat*. Outra abordagem é o caminho dos realizadores solitários, os *pratyekabudas*. Embora recebam ensinamentos em algumas ocasiões, durante as muitas vidas no caminho para a liberação, eles chegam à culminância de seu caminho por si mesmos. Durante períodos espiritualmente estéreis, movidos por sua compaixão e interesse pelo mundo, os *pratyekabudas* se manifestam para inspirar os outros no caminho da liberação. Nesses períodos degenerados, as pessoas simplesmente não podem ser tocadas por ensinamentos orais, seus ouvidos e coração estão fechados. Entretanto, esses Mestres podem sacudir a gaiola do aprisionamento autoconceitual das pessoas, pela exibição de *siddhis*. Então, os *pratyekabudas* seguem cinco caminhos, de certa forma distintos dos cinco caminhos dos *shravakas*, e levam mais tempo para avançar ao longo desse trajeto.

Por fim, existem os cinco caminhos dos bodisatvas, incluindo os dez *bhumis*, os estágios dos *arya-bodisatvas* que começam no caminho Mahayana da visão, quando a realização direta da vacuidade é experienciada pela primeira vez. Assim, quando se torna um bodisatva pela primeira vez, você embarca no caminho Mahayana da acumulação, este seguido pelo caminho da preparação, que acarreta um *insight* e uma *bodicita* mais profundos. A seguir, vem o caminho da visão. Como um bodisatva, ao atingir pela primeira vez a realização não dual da vacuidade, da realidade absoluta, você se torna um *arya-bodisatva*. Possuindo essa realização e entrando no caminho da visão, você alcança o primeiro *bhumi*. Os nove *bhumis* seguintes são estágios de crescimento exponencial, culminando na realização da iluminação perfeita.

Os sete primeiros *bhumis* são chamados de "impuros", porque a mente ainda é maculada por aflições mentais (*kleshas*). Embora nesse ponto os obscurecimentos sejam muito tênues, eles não foram completamente eliminados. O formato geral da prática nesse estágio é alternar – primeiro, mergulhando a sua consciência na realização direta da vacuidade e, depois, saindo e se engajando nas ações virtuosas e generosas de um bodisatva. Em meditação você experiencia *prajña*, sabedoria, e depois emerge praticando *upaya*, meios hábeis, acumulando uma vasta quantidade de méritos que carregam o sabor de sua realização da vacuidade. Desse ponto em diante, tendo experienciado uma realização direta da realidade absoluta, você jamais será compelido a renascer em qualquer reino inferior e não acumulará mais carma propulsor – do tipo que empurra os seres sencientes comuns de uma vida para a próxima. Você pode escolher seus renascimentos de forma voluntária. Ainda é necessário retornar ao *samsara*, porque existe um trabalho inacabado, mas a escolha de renascer é guiada pela sabedoria e pela compaixão: "Onde eu posso ser de maior benefício? Onde posso encontrar Mestres adequados que me orientem para seguir avançando no caminho?"

Nos sete primeiros *bhumis* impuros, a mente é gradualmente purificada, com os obscurecimentos aflitivos tornando-se mais e mais sutis, até você chegar ao oitavo *bhumi*. Esse é o primeiro *bhumi* puro e, nesse ponto, os *kleshas* foram eliminados. Agora, você cortou a raiz do *samsara* e experiencia a mesma liberdade de um *arhat*, mas a sua sabedoria, compaixão e outras virtudes são muito maiores. Nesse ponto, seria impossível para você sentir raiva ou experienciar qualquer um dos outros obscurecimentos aflitivos. Não importam as coisas terríveis que as pessoas possam fazer para você ou os objetos desejáveis que possa ver, todas as tendências de delusão, hostilidade, desejo intenso, orgulho e inveja desapareceram. O que ainda permanece são os obscurecimentos extremamente sutis, os obscurecimentos cognitivos, que são tudo o que há entre você e a consciência completamente desimpedida de um buda.

Você começa a superar esses obscurecimentos extremamente sutis no oitavo *bhumi*, um processo de purificação que continua no nono e no décimo *bhumis*. Então, você entra no caminho do não mais treinar, no qual alcançará o *samadhi vajra* e atingirá o estado de buda. Você parte da mente inimaginavelmente vasta de um bodisatva de décimo *bhumi*, até a bolha dos obscurecimentos mais sutis finalmente estourar e o potencial ilimitado da consciência primordial ser revelado. Nesse ponto, não há mais nada para você fazer em termos de purificação pessoal. Resumindo: para o bodisatva, existem os caminhos da acumulação, preparação, visão e, então, os nove *bhumis* do caminho da meditação, todos culminando no caminho do não mais treinar, que no caminho Mahayana é o estado de buda.

É dito que seguir o caminho do bodisatva de acordo com o Sutrayana, o caminho comum em contraste com o caminho incomum do Vajrayana, requer três incontáveis éons ou até mais tempo! A partir do momento em que você se torna um bodisatva, sua mente é a *bodicita*, que surge espontaneamente como um fluxo constante. Você acumula méritos não importa o que esteja fazendo. É necessário um incontável éon, dali – do caminho da acumulação – até o primeiro estágio dos bodisatvas, correspondente ao caminho da visão. Depois, é necessário um segundo incontável éon para ir do primeiro ao oitavo estágio dos bodisatvas. Do oitavo estágio, avançando pelo nono e décimo até a sua culminância, até o estado de buda, é necessário outro incontável éon. Podem ser necessários até sete éons, de acordo com Sua Santidade o Dalai Lama. Essas vastas estruturas de tempo demonstram o quanto é difícil erradicar os nossos obscurecimentos mais sutis. Porém, a *Essência Vajra* nos diz como realizar tudo isso em uma só vida. Esse caminho direto é o tema central de nosso texto.

Cada um dos caminhos – dos *shravakas*, *pratyekabudas* e bodisatvas – tem as suas próprias características distintas e culmina em diferentes graus de realização. Os *shravakas* veem que tudo que surge como indivíduo, que é a base da fixação a "eu" e "meu", é destituído de natureza inerente. Os *pratyekabudas* percebem todos os fenômenos internos e externos como aparências ilusórias relacionadas de modo dependente. Para os bodisatvas, o poder da realização da vacuidade surge na natureza da compaixão, incluindo sem esforço todos os aspectos dos meios hábeis e da sabedoria. Todas essas realizações, obtidas ao longo dos caminhos de desenvolvimento dos *shravakas*, *pratyekabudas* e bodisatvas, estão incluídas no caminho da descoberta da Grande Perfeição. Entretanto, visto que atingir shamatha é um pré-requisito para a prática plenamente efetiva de *vipashyana*, todos – seja no Theravada, Mahayana ou Vajrayana – precisam passar pelos nove graus de desenvolvimento da atenção que precedem a realização de shamatha. Ninguém pode se esquivar disso. De modo semelhante, quer esteja seguindo o Sutrayana ou o Vajrayana, você deve percorrer os cinco caminhos. Você pode fazer tudo muito rapidamente, mas não há caminho para o estado de buda além dos cinco caminhos e dos dez estágios dos bodisatvas.

É claro que o Dzogchen difere das outras escolas. Porém, quando eu o vejo dentro do contexto mais amplo do Budadarma, ele me parece ter uma qualidade todo-abrangente – incluindo todos os outros ensinamentos que já ouvi no budismo. Tem um lugar para eles e os engloba. De fato, existe uma variante na tradução do termo *Dzogchen* (uma condensação de *dzogpa chenpo*, normalmente traduzido como "Grande Perfeição"), que é "Grande Abrangência". *Dzogpa* pode significar algo que "inclui", "envolve", é "completo". De modo que a Grande Perfeição abrange todas essas outras tradições.

> "Este [o caminho veloz da Grande Perfeição da clara luz] é o mais sublime de todos os Darmas. É uma síntese geral de todos os caminhos, a meta de todos os veículos espirituais e um tesouro expansivo de todos os mantras secretos. Apenas aqueles que armazenaram vastas coleções de méritos de muitas maneiras, ao longo de éons incalculáveis, o encontrarão. Eles terão aspirado repetida e extensivamente a atingir o estado da iluminação perfeita, e terão buscado o caminho anteriormente por meio de outros veículos, estabelecendo propensões para alcançá-lo. Outras pessoas não encontrarão este caminho. Por que não? Embora as pessoas que careçam de tal fortuna possam estar presentes onde esse veículo é explicado e ouvido, como elas estão sob a influência de suas ações negativas, e do poder dos poderosos e enganosos *maras* das aflições mentais, suas mentes estarão em um local deserto, a quatro mil quilômetros de distância. Esses servos desafortunados dos *maras*, com suas aspirações perversas, agem de modo contrário a este Darma profundo e reagem a ele com abuso, conjecturas falsas, repúdio, inveja e assim por diante."

Embora tenhamos a esperança de que todos os seres sencientes, cedo ou tarde, avançarão ao longo desses estágios e caminhos de liberação, a passagem acima diz algo a você, leitor, sobre as suas próprias circunstâncias. Você deveria tomar essas palavras como algo pessoal. As pessoas que encontraram esse caminho "terão aspirado repetida e extensivamente a atingir o estado da iluminação perfeita, e terão buscado o caminho anteriormente por meio de outros veículos, estabelecendo propensões" – *momentum* cármico – "para alcançá-lo. Outras pessoas não encontrarão este caminho".

O motivo para os outros não o encontrarem se deve aos *maras*, uma metáfora para as aflições mentais. Elas fazem um trabalho diabólico sobre nós, atormentando-nos. Como essas pessoas ainda estão sob o domínio das aflições mentais, embora possam estar fisicamente presentes quando estes ensinamentos são dados, "suas mentes estarão em um local deserto, a quatro mil quilômetros de distância". Elas estão de corpo presente nos ensinamentos, mas não de espírito presente – como uma criancinha presente em uma palestra do físico Stephen Hawkings sobre mecânica quântica, em Cambridge. A criancinha não tem como participar da palestra de nenhuma forma significativa.

Como outro exemplo, lembro-me de um sermão que certa vez ouvi de um pastor cristão. Ele levantou a questão: "Como podem algumas pessoas entrar em uma tradição religiosa e, depois de algum tempo, afastar-se e perdê-la?" Ele fez uma analogia com um rebanho de 500 ovelhas. Como pode uma das ovelhas se perder, quando tem 499 companheiras lá fazendo "béé, béé"? Afinal, isso equivale a um coro bradando: "Estamos aqui!" A resposta é: "Grama por grama." É a mesma coisa para a ovelha perdida e para as pessoas no Darma, depois de um tempo elas não têm mais Darma nenhum. Como se perderam? Bem, havia aquele videogame muito bacana... e então aquele ótimo filme entrou em cartaz... e então os amigos as convidaram para ir tomar uma cerveja e elas disseram: "Por que não?"... e então perderam o emprego – e essa foi uma folha de grama bem grande... e então conseguiram outro emprego... e então se envolveram em um relacionamento realmente interessante... e então, e então... e então a vida delas chega ao fim.

Agora, naturalmente surge a pergunta: "Sou como a criancinha ou a ovelha perdida – ou sou um dos seres afortunados?" A resposta não é tão misteriosa. Pela sua própria experiência, você saberá se a sua mente está a quatro mil quilômetros de distância ou se você realmente tem a boa fortuna de estar presente e receber ensinamentos deste tipo.

Observe a mente e se tornará claro que, quando está dominado por aflições mentais, você de fato é um servo dos *maras*. Ninguém jamais decide fazer isso de modo voluntário – simplesmente ficar furioso, ser apanhado pelos desejos intensos, repentinamente ficar com ciúme sem razão alguma. Isso acontece sempre de forma involuntária, o que significa que você está em servidão. A aflição mental surge, nos captura e aprisiona. O Darma existe para nos libertar desse tipo de escravidão. As "aspirações perversas" daqueles que servem aos *maras* ressoam a afirmação de Shantideva, em seu *Guia para o modo de vida do bodisatva*: "Aqueles que desejam escapar do sofrimento se lançam rumo ao sofrimento. Mesmo com o desejo de felicidade, movidos pela delusão eles destroem a sua própria felicidade como se fosse uma inimiga."[9]

> "Por outro lado, aqueles que ingressam pelo portal deste Darma e implementam o seu significado serão tão raros quanto as estrelas à luz do dia. Alguns, ao entrarem no caminho, ouvirão e entenderão um pouco, e então abandonarão o caminho e se desviarão negligentemente. Não se engajando na prática espiritual, eles encontrarão a morte como seres comuns e não atingirão a liberação."

Em contraste com as pessoas cuja mente está a quatro mil quilômetros de distância, "aqueles que ingressam pelo portal deste Darma", o "caminho veloz da Grande Perfeição da clara luz" – o Dzogchen – "e implementam o seu significado", colocam-no em prática, são tão raros quanto as estrelas à luz do dia. Cabe registrar que é verdade que, em raras ocasiões, podem aparecer estrelas à luz do dia, como supernovas. Esta parte do texto lembra a metáfora bíblica de Jesus, na qual ele fala sobre a semeadura – algumas sementes caíram em solo seco, algumas sobre pedras e algumas em lugares onde tiveram condições de germinar plenamente. "Alguns, ao entrarem no caminho, ouvirão e entenderão um pouco, e então abandonarão o caminho e se desviarão negligentemente", como uma semente lançada em um solo sem profundidade, que germina, mas depois morre.

As qualificações de um aluno da Grande Perfeição

> "Em geral, para ingressar neste veículo e colocá-lo em prática, você deve possuir todas as seguintes características:

- crença no Darma e no seu guru;
- confiança inabalável no caminho;
- atenção plena e sincera sobre a morte, e convicção de que todos os fenômenos compostos são impermanentes, de modo que você sente pouca atração pelas atividades mundanas;
- contentamento a respeito de alimentação, riqueza e divertimentos;
- insaciabilidade pelo Darma devido a grande entusiasmo e determinação;
- integração da vida com a prática espiritual, sem reclamações.

Ao distinguir as coisas que devem ser tomadas literalmente daquilo que é provisório, descobrimos os temas centrais do Darma. Eles surgem de forma bastante clara neste texto. Os temas incluem *bodicita*, a realização da vacuidade, a natureza de buda e a possibilidade de superar as aflições mentais. De outro ângulo, podemos observar a estrutura ampla do Darma baseado em coisas como ética, *samadhi*,[10] sabedoria e as seis perfeições.

No que diz respeito à "crença no Darma", existe o perigo de que a ênfase excessiva na fé apenas possa levar à indolência espiritual. Vi isso ocorrer tanto com estudantes ocidentais quanto tibetanos. Uma armadilha é a indolência espiritual da modéstia. Existem tibetanos que são muito firmes quando se trata da crença no Darma, mas que assumem a seguinte atitude: "Não sou um *tulku*, por que eu deveria meditar? Meditação é para os grandes seres, não para uma pessoa comum como eu." Essa é a desvantagem das hagiografias maravilhosas de grandes seres, como Milarepa, Tsongkhapa, Jigmé Lingpa e Düdjom Lingpa. Elas podem inspirar, mas também podem ser intimidadoras.

A fim de evitar a noção de fé, pode ser mais proveitoso pensar na abordagem da hipótese de trabalho. Em outras palavras, podemos adotar certas visões e viver de acordo com elas provisoriamente, enquanto fazemos o máximo para testá-las em nossas experiências, de modo que possamos descobrir por nós mesmos se são verdadeiras. Podemos utilizar as hipóteses de que shamatha foi elaborada para pessoas como nós; de que a ética foi elaborada para nós; de que a *bodicita* é algo a ser cultivado por pessoas como nós. Trabalhamos com a hipótese de que podemos realizar todas essas coisas. De acordo com Sua Santidade o Dalai Lama, se praticarmos como os grandes seres do passado, alcançaremos as mesmas realizações.

Então, essa é uma abordagem pragmática da crença. Começamos de onde estamos, ao invés de nos envolvermos com pensamentos de desejo, exageros e especulações. Não estamos tomando a atitude de que, simplesmente porque acreditamos em alguma coisa, isso garantirá algum resultado, tal como sermos "salvos" ou irmos para algum destino agradável depois da morte. Em vez disso, devemos estar dispostos a reavaliar as nossas crenças enquanto avançamos, mantendo uma mente aberta. Assim, quando alguém diz "Padmasambhava está aqui, agora", o que isso realmente significa? Se você acredita que possui a natureza de buda, o que isso significa? O que significa acreditar que existe continuidade de consciência de uma vida para outra? A hipótese deve ser explorada, testada. Por exemplo, por algum tempo você pode ter tido a crença de que as marcas cármicas são carregadas de uma vida para a outra. Mas, ao reavaliar essa velha hipótese, você pode descobrir que essa é uma formulação um tanto grosseira em comparação com um novo conhecimento mais sutil que você adquiriu. Assim, você revê e reavalia tais hipóteses de tempos em tempos, dando maior significado a elas. A base para essa abordagem é manter uma mente aberta, que é o que nos foi solicitado desde o princípio.

E quanto à "crença... no seu guru"? Aqui de novo podemos usar uma hipótese de trabalho. O professor não precisa ser um bodisatva, mas deve ter uma motivação altruística e um sólido entendimento do assunto. Podemos perder muito tempo indagando: "Será que o lama X ou o professor Y atingiu A?" Tendo em mente que lamas, professores e estudantes sérios do Darma estão em constante fluxo, tentar definir com exatidão suas realizações é inútil. É mais importante para nós termos fé em Samantabhadra, em Padmasambhava, no Buda. Eles não são meras figuras históricas, eles estão conosco neste exato momento. As qualidades necessárias para recebermos ensinamentos de Padmashambava são a abertura de coração, receptividade ao ouvir e fé na presença de Padmasambhava. Então, se Padmasambhava ou o Buda Shakyamuni forem nossos verdadeiros gurus, qualquer professor qualificado pode nos trazer as bênçãos e a sabedoria deles. Portanto, verifique as qualificações e a motivação do professor. Avalie se o professor tem um conhecimento que você não tem ou possui uma realização que você ainda não atingiu. É claro que, se você não acredita que a motivação do professor é altruística, então deveria encontrar outro professor.

Adicionalmente às duas qualidades básicas que um professor deve possuir – intenção altruística e um conhecimento sólido do Darma –, são necessárias três qualidades da parte do discípulo. A primeira é perceptividade – acompanhar cuidadosamente, com atenção clara. "O que está acontecendo em minha mente, em minha fala, na fala das outras pessoas? Estou acompanhando o que está se passando?" Um aluno que não é perceptivo não é um discípulo adequado e não alcançará a iluminação. A segunda qualidade é a aspiração de colocar os ensinamentos em prática. Você não está recebendo ensinamentos apenas para acumular conhecimento, porque o lama é carismático, porque seus amigos estão indo ou por outros desses motivos. Você veio porque realmente quer praticar. Do contrário estará desperdiçando o tempo do professor, o que é uma coisa grave. A terceira qualidade é assistir aos ensinamentos sem preconceito, principalmente o preconceito de acreditar que as suas ideias são verdadeiras sem questioná-las, ao passo que qualquer asserção diferente de suas crenças é vista como suspeita. Em outras palavras, é imperativo ter uma mente aberta, disposta a reavaliar criticamente até mesmo suas pressuposições mais queridas. Essas três qualidades, assim como as necessárias em um professor, são cruciais.

Para entrar nesse caminho, nesse veículo, no "caminho veloz da Grande Perfeição da clara luz", você não só precisa dessas qualidades como deve afiá-las, aguçá-las. Então, dê um passo adiante: uma vez que Düdjom Linga está dizendo que, se você tem essas qualidades, está em condições de seguir esse caminho, adote a autoconfiança de que você é um vaso verdadeiramente adequado para os ensinamentos. A seguir examine-os e veja se você tem pontos fracos, áreas que poderiam ser melhoradas. Aprimore-as e retorne à afirmação: esses ensinamentos são para mim. São ensinamentos que posso praticar, que posso seguir, assim como os grandes mestres Dzogchen do passado fizeram.

O que é "atenção plena e sincera quanto à morte" e qual é o valor disso? Essa virtude é posta em prática ao se viver com a morte como pano de fundo mental e, às vezes, em primeiro plano, ficando-se muito à vontade com isso. Esse reconhecimento coloca as coisas em foco preciso – nos dá "a convicção de que todos os fenômenos compostos são impermanentes, de modo que você tem pouca atração pelas atividades mundanas". À luz de nossa morte, nossos desejos mundanos são vistos pelo que valem. Por exemplo, sinto desejo por meu pão favorito, pego um pedaço e como. Em circunstâncias normais, convencionais, isso pode ser significativo. Diante da morte, isto é completamente irrelevante. O quanto eu comi de pão de massa azeda nesta vida não será algo com que eu vá me importar quando estiver morrendo. A partir dessa perspectiva, todas as preocupações mundanas são igualmente destituídas de valor. Se nossos desejos de riqueza, luxo, boa comida, elogios, reputação, afeto, aceitação por outras pessoas e assim por diante, não valem nada diante da morte, então, o seu valor absoluto é exatamente esse. Além disso, qualquer coisa prejudicial que tenhamos feito na busca de interesses mundanos terá um impacto negativo. Mantenha essa perspectiva.

Existe, porém, o outro lado da moeda. Assim como podemos nos exceder em interesses mundanos, também podemos ir para o outro extremo, excedendo-nos em austeridade. Se estabelecemos metas ascéticas excessivamente elevadas para a nossa prática, podemos criar obstáculos e até mesmo nos ferir física e mentalmente.

De fato, confortos materiais podem ser um auxílio para a prática. É bom ter uma casa confortável onde você se sente à vontade, onde a sua mente se expande, onde você pode se acomodar e praticar o Darma. Se precisa ir daqui para lá, o que há de errado em ter um automóvel confiável? Também pode haver lugar para luxos. Às vezes, você fica cansado e precisa de uma pausa – alguma distração, ouvir um pouco de música –, porque não? O mesmo é válido para os prazeres da amizade, da natureza e também do sexo. A menos que tenha feito votos monásticos, não há nada de errado nisso. Não se pode negar a beleza da intimidade, do calor humano e do amor que podem ser compartilhados nesse contexto. Ficar agitado sobre a quantidade de sexo que você anda fazendo é um excesso, mas, se o sexo faz parte da intimidade de um relacionamento amoroso, especialmente de um relacionamento no Darma, não há nada de errado nisso.

Seguindo a mesma linha, não precisamos ficar demasiadamente preocupados com elogios. Se elogios fossem inteiramente ruins, jamais deveríamos elogiar uns aos outros ou reconhecer as boas qualidades e ações de alguém, porque estaríamos envenenando essa pessoa. Mas, pelo contrário, elogios podem ser muito úteis – receber o reconhecimento, o afeto, a aceitação, o respeito daqueles ao nosso redor. Os interesses mundanos têm o seu lugar, contanto que a nossa motivação central seja a prática do Darma. É só quando invertemos as coisas – quando, por exemplo, praticamos o Darma para que as pessoas gostem mais de nós ou para melhorar a nossa situação material – que desvalorizamos a nossa prática e transformamos o Darma em chacota.

Todavia, a atenção plena e sincera da morte coloca tudo em perspectiva. Alinha as nossas prioridades, o que é, afinal, o objetivo do Darma. A consciência da morte nos ajuda a reconhecer que tudo em que nos fixamos – incluindo professores, ícones, altares, textos, tradições, ensinamentos, ambientes do Darma, o tempo que dedicamos à nossa almofada, sem contar todos os nossos interesses mundanos – tudo isso está sujeito à impermanência. Tudo passa. Portanto, "todos os fenômenos compostos são impermanentes... você sente pouca atração pelas atividades mundanas". Ele não disse *nenhuma* atração. Ele está dizendo "pouca atração". Desse modo, quando eu pegar o prato de pão de massa azeda e ele cair no chão, não ficarei terrivelmente perturbado.

"Contentamento a respeito de alimentação, riqueza e divertimentos": o ideal monástico é ficar contente com o que é adequado. Assim, de um lado contentamento em relação à alimentação – a comida é "boa o bastante" – e à riqueza – "ter o bastante". E, quanto aos divertimentos: mais uma vez, é bom ter alguma distração de vez em quando, talvez uma caminhada ou ocasionalmente alguma música. Assim, por um lado você tem contentamento em relação ao mundano, mas "insaciabilidade" – o exato oposto do contentamento – pelo Darma. Com grande zelo e determinação, você simplesmente não se dá por contente em relação ao Darma. Até alcançar a iluminação, você é insaciável.

Por fim, chegamos à "integração da vida com a prática espiritual sem reclamações": você quer ter integração total. Por exemplo, se está alternando uma semana de retiro com três semanas vivendo sua vida normal, então, passaria uma semana apenas focando de modo conjunto as práticas formais específicas, seguidas da integração total dessas práticas à sua vida nas semanas seguintes. Você segue dessa forma, mergulhando talvez de forma um pouco mais profunda na prática formal e, então, efetuando novamente a integração completa na vida cotidiana. É claro que a ideia é que a sua prática e a sua vida sejam coextensivas. Como o óleo que penetra o papel: não há uma parte do papel que não seja tocada pelo óleo. E, seja o que for que a vida lhe apresente em termos de dificuldades e desafios, você encara tudo com compostura, sem reclamar.

São apenas seis pontos, conforme listados acima. Nenhum deles é desanimador, nenhum é intimidante, tampouco impossível. Em todos eles, existe a oportunidade de maior crescimento, de convicção mais profunda no Darma, de confiança mais profunda no guru, de confiança mais profunda no caminho, de uma consciência mais clara, vigilante e aguda da morte, de maior contentamento. Basicamente, surge uma insaciabilidade crescente pelo Darma. Por quê? Porque você o ama muito. Isso é entusiasmo. Não é apenas amor, também há uma firmeza por trás dele – sabendo-se que a prática do Darma nem sempre será divertida. É aí que entra a determinação. É como estar dirigindo em quarta marcha e de repente encontrar buracos em uma subida íngreme. É hora de reduzir para a segunda. A segunda marcha é a determinação. Você só cruza a subida esburacada com uma determinação pura e com fé no significado do Darma. Mais cedo ou mais tarde, a situação se alivia e o entusiasmo retorna. Nem sempre você estará praticando alegremente; simplesmente, não é assim que funciona. Todavia, o fundamental é que você siga voltando ao entusiasmo jubiloso como seu estado básico.

Os seres sencientes sofrem de uma miríade de formas. Sofremos por depressão, ansiedade, aflição, tristeza, desespero. No caminho do Darma o sofrimento pode ser magnificamente significativo. Ao invés de avançar desviando de todos os buracos da vida, você toma todos os sofrimentos que surjam em seu caminho – alguns até mesmo catalisados pela prática do Darma – e os transmuta em prática do Darma. Desse modo, mesmo em meio ao sofrimento, mesmo quando a desgraça, o conflito, a luta interna ou as aflições mentais parecem dominar a sua mente – preenchendo o espaço da mente, capturando-o e escravizando-o –, mesmo assim, a sua mente é maior do que tudo isso. Eu amo essa frase e a considero muito significativa. O espaço de sua consciência é maior do que o espaço de sua mente complicada. Isso não significa que a mente não esteja aflita. Você apenas a enxerga de um ângulo mais amplo, onde uma voz dentro de você consegue dizer: "Ah, estou vendo, minha mente está aflita; ah, estou vendo, isso é tristeza, isso é desespero", e assim por diante.

Isso aconteceu comigo em diversas ocasiões. De vez em quando, eu tinha algumas horas de depressão enquanto estava em retiro. Eu me indagava sobre o quanto aquilo poderia durar. Sentava, observava e via: "Isso foi depressão. Agora está diminuindo." Tão logo diminuía, diminuía muito rapidamente. Às vezes, a depressão era grande como um rinoceronte. Preenchia uma grande parte de minha mente, mas nunca ela toda. Então, eu dizia: "Ah, isso é depressão." Ou: "Ah, isso é euforia." Ou: "Ah, isso é esperança; ah, isso é medo." Somado a isso, havia um enorme bicho-papão que passei a reconhecer muito bem: "Quão rápido estou progredindo?" Essa é a versão espiritual do "já chegamos, papai?" "Quão rápido estou progredindo? Estou andando?", esse é um dos empecilhos mais perniciosos. Então, eu olhava para isso e apenas sorria.

Dificuldades inerentes em outros veículos

> "Quando tais pessoas de mentes estáveis – sem se vangloriar sobre o mero número de meses ou anos que passaram praticando em retiro – enxergarem a entrada e empreenderem a prática, definitivamente alcançarão o estado supremo do Buda Vajradhara nesta mesma vida. Em outros veículos é dito que, depois de reunir as acumulações e purificar os obscurecimentos por três incontáveis éons, você finalmente se torna perfeitamente iluminado. Porém, devido ao carma, aflições mentais e propensões habituais reunidos ao longo de éons, no decorrer de muitas vidas, as influências de vários pensamentos e ações tornam difícil encontrar o caminho da acumulação e da purificação. Pense com cuidado sobre essa situação, e alcançará clareza e certeza quanto a isso."

Tenha em mente que, quando Düdjom Lingpa afirma que aqueles de mentes estáveis que entram e empreendem a prática "definitivamente alcançarão o estado supremo do Buda Vajradhara nesta mesma vida", treze de seus discípulos de fato realizaram isso, o que é assombroso.

Em outros veículos como o Shravakayana, o Pratyekabudayana e assim por diante, existem dois tipos de acumulação que podem ser reunidas. Existe a acumulação de mérito relativa a *upaya*, meios hábeis – métodos hábeis de generosidade, ética, paciência, entusiasmo e mesmo *samadhi*. E existe a acumulação de conhecimento, que culmina na realização do *dharmakaya*, a onisciência. A acumulação de mérito, por fim, leva à realização dos corpos da forma – *nirmanakaya* e *sambhogakaya* – de um buda.

"Purificação" refere-se especificamente a eliminar os obscurecimentos resultantes de ações negativas executadas no passado e os obscurecimentos das aflições mentais. A grande dificuldade reside no poderoso impulso de nosso carma e no simples hábito. Os profundos sulcos de nosso pensamento e comportamento habituais foram acumulados ao longo de muitos éons de vidas anteriores. Desse modo, na tradição Mahayana, você pratica as seis perfeições por três incontáveis éons, até finalmente estar perfeitamente iluminado – um buda – com as 32 marcas maiores e as oitenta marcas menores. Esse é o tempo necessário – três incontáveis éons. É finito, mas não prenda a respiração. Você estará praticando ao longo de contrações e expansões do universo – basicamente, grandes explosões e grandes dissoluções.

Considere a ampla variedade de carma que acumulamos no passado. Mesmo nesta vida atual – se você está aqui há algum tempo –, você pode ter feito alguma coisa bem maldosa de vez em quando. Como saber quando aquele carma específico se catalisará e nos jogará em algum lugar aonde não fazemos questão de ir? Podemos purificar, mas enquanto estivermos propensos às aflições mentais, como saber quando a próxima aparecerá, sem falar das propensões habituais – o hábito puro e simples do *samsara*? Simplesmente, não sabemos. Devido às ações maldosas e aos estados mentais aflitos "reunidos ao longo de éons, no decorrer de muitas vidas, as influências de vários pensamentos e ações tornam difícil encontrar o caminho da acumulação e da purificação". Eu posso ter total confiança de que, em cada vida sucessiva, encontrarei professores qualificados, ambientes propícios, de que sempre terei a aspiração de praticar e sempre me devotarei à prática? É duvidoso.

Portanto, uma vez que é difícil encontrarmos o caminho da acumulação e da purificação – e progredirmos ao longo dele –, o Mestre nos aconselha a "pensar com cuidado sobre essa situação, e alcançar clareza e certeza quanto a isso".

"Seja como for, devido a excelentes conexões cármicas do passado, você agora obtém uma vida humana sublime com as liberdades e oportunidades, e encontrou o mais sublime dos Darmas, o mantra

> secreto, o Vajrayana. Esta não é a hora de se agarrar à esperança de acumular méritos no decorrer de um longo período, até finalmente atingir a iluminação."

Uma vez que obtivemos uma vida humana com liberdades e oportunidades, e nela encontramos uma tradição viva do Vajrayana e, especificamente, do Dzogchen – caminhos relativamente velozes –, não faz muito sentido optar pelo acúmulo de sabedoria e mérito durante um tempo imensamente longo, a fim de atingir a iluminação. O Mestre está dizendo que devemos banir o pensamento de seguir esse caminho lento e gradual para a iluminação – devemos esquecê-lo. Ao invés disso, devemos focar as circunstâncias e oportunidades que temos agora mesmo e não tomá-las como algo garantido. Fazer isso seria como encontrar uma joia que realiza desejos – uma metáfora dos antigos contos budistas para um objeto extremamente valioso e incrivelmente difícil de se encontrar – e jogá-la por cima do ombro, dizendo: "Encontrarei outra mais tarde."

> "Em vez disso, você deve apreender a base de seu próprio ser por si mesmo, experienciando a natureza intrínseca do sugatagarbha, a base primordial que é o caminho para a liberação nesta vida.

Acho que posso ser adequadamente dogmático nesse ponto: existe apenas um caminho para alcançar a iluminação em uma só vida e é pela realização de sua própria natureza. Isso não vai acontecer simplesmente por você ser imensamente generoso, ético ou paciente. Tudo isso é maravilhoso, mas, para atingir a iluminação nesta vida, não há outro caminho a não ser realizar as profundezas de sua própria identidade, as profundezas de sua própria natureza – sua natureza de buda.

No Dzogchen, bem como em outras tradições budistas, você encontra ensinamentos sobre base, caminho e fruição. A base é o seu ponto de partida – a natureza da existência como ela é. O caminho é a trajetória que você segue até a meta, a iluminação. A fruição é a efetivação – a iluminação que você busca. De modo característico, o Vajrayana toma a própria fruição como caminho. Antes de manifestarmos e experienciarmos as qualidades de um ser iluminado como Padmasambhava, fazemos o máximo para assumir essa identidade, para assumir esse papel. Estamos ensaiando para nos tornarmos Padmasambhava – acostumando-nos com isso. De todo modo, esse é nosso direito nato, assim, calçamos esses sapatos antes mesmo de podermos realmente preenchê-los. Essa abordagem – tomar a fruição como caminho – nos poupa incontáveis éons.

A base pode ser vista de várias perspectivas. A base relativa é a realidade que tipicamente vemos aparecer diante de nós, o oceano do *samsara*, onde estamos presos e algemados dentro da gaiola de ferro – cegos, descendo aos trancos pelo rio do renascimento. É a partir dessa situação patética que começamos e é esse o motivo pelo qual tomamos refúgio. Estamos tão desamparados quanto bastante desesperançados sozinhos. Há muito sofrimento aqui e as nossas mentes estão muito propensas às aflições mentais. Mesmo durante o repouso, as aflições mentais aparecem. Entretanto, existe outra base sob esta – uma base absoluta. No Dzogchen, essa base mais profunda é tomada como caminho. Aqui, sua base é o *sugatagarbha*, a natureza de buda. Não se trata de alguma iluminação futura, alguma fruição futura. Você a toma agora – toma a fruição futura e a traz para o caminho. Você toma a base mais profunda, que já está presente, e ao fazê-lo descobre que a base, o caminho e a fruição possuem todos um só sabor.

Se está buscando a liberação e o despertar nesta vida, então, a forma de proceder é essa. Enquanto sustentar a noção de seu eu ordinário, de sua identidade ordinária, e pensar que tudo o que possui é um potencial para a iluminação, potencial que você será capaz de manifestar se for realmente bom por um tempo realmente longo, e enquanto olhar para o seu guru como uma pessoa comum – enquanto estiver trancado nessas noções reificadas das aparências ordinárias –, então, pode pegar o cronômetro e começar a contar três incontáveis éons e mais todo o tempo necessário para se tornar um bodisatva. Não será um caminho curto. Por outro lado, se quiser apressar um pouco as coisas, terá que romper com alguns velhos hábitos – por exemplo, de quem você pensa ser.

> "Além disso, os ensinamentos de que o estado de liberação resulta do acúmulo de muito carma de uma vida para outra são eficientes para ocasionar felicidade temporária na mente dos seres, mas a iluminação por essa via é extremamente difícil. Considere que tais ensinamentos podem possuir um sentido apenas provisório."

Como vimos antes, é improvável que você seja capaz de dispor todas as suas vidas futuras como patos em uma fila, onde cada uma proporcione todas as circunstâncias necessárias para prosseguir no caminho. Isso é extremamente difícil, considerando-se a confusão de carma, as aflições mentais e as propensões habituais acumuladas no passado. Se a trama de nossa vida até agora tem sido essa desorganização, é difícil imaginar que haverá uniformidade no futuro.

Nesse ponto, o Mestre oferece uma conclusão muito provocadora, ao sugerir que consideremos que esses ensinamentos – o Sutrayana, o caminho longo – "podem possuir um sentido apenas provisório". Em outras palavras, talvez eles nunca devessem ter sido tomados literalmente. O Mestre não diz especificamente que eles não devem ser tomados em sentido literal, mas sim "pense a respeito".

> O Bodisatva Grande Vacuidade Ilimitada comentou: "Ó Mestre, Bhagavan, você pode alcançar a liberação empenhando-se nesta vida atual em bons pensamentos que expandam a mente e em virtudes de corpo e fala, e então, em algum momento futuro, na prática da visão e da meditação da Grande Perfeição da clara luz, a essência *vajra* do mantra secreto. Mas dizem que é difícil alcançar a liberação apenas por meio da prática desta vida. Além disso, dizem que seres de mente estreita, como os *shravakas* e os *pratyekabudas*, não conseguem penetrar no vasto e profundo Darma Vajrayana. Isso é verdade ou não? Se é verdade, e a qualidade e a capacidade das mentes dos seres diferem, então os de mente estreita teriam que expandir suas mentes para se tornar seres da classe Mahayana, e alguns seres não seriam capazes de expandir suas mentes o suficiente. Se assim fosse, eles teriam que adquirir algum mantra secreto de outro lugar que não o seu próprio fluxo mental. Se assim fosse, eu não sei o que isso significaria. Mestre, explique, por favor!"

O Bodisatva começa expondo um caminho que podemos seguir, uma possibilidade: uma vez que é difícil atingir a iluminação em uma só vida, por que simplesmente não nos aplicamos à virtude convencional – as seis perfeições e assim por diante – e, então, em alguma outra vida, quando estivermos mais maduros, podemos nos voltar para o Dzogchen? A seguir ele fala de outro caminho, dos "seres de mente estreita, como os *shravakas* e os *pratyekabudas*", que "não conseguem penetrar no vasto e profundo Darma Vajrayana", que estão empenhados unicamente em sua própria liberação: eles querem um bilhete só de ida para fora do *samsara*, "cada um por si" – o que é certamente uma atitude estreita e inadequada para sequer compreender um caminho mais rápido.

A seguir, o Bodisatva Grande Vacuidade Ilimitada especula que, para ser um vaso verdadeiramente adequado para o Dzogchen, você precisaria de uma mente incrivelmente vasta. Aqueles que não possuem esse tipo de mente, ao que parece, teriam que evoluir para uma nova espécie. Ou seja, começando com uma mente estreita, teriam que passar por algum processo de transmutação para adquirirem uma mente ampla, como no Mahayana, e então expandi-la ainda mais para ter uma mente vasta o bastante para o Dzogchen. "Se assim fosse, eles teriam que adquirir algum mantra secreto", isto é, o Vajrayana, "de outro lugar que não o seu próprio fluxo mental". Aqueles com mente de amplitude pequena ou média precisariam adquirir conhecimento de fora, para cumprir o padrão que aparentemente é exigido de um estudante do Dzogchen. Para resumir, ele está dizendo: "Pelo que eu ouvi, parece ser isso. Mas se isso é verdade, não faz sentido para mim. Mestre, explique, por favor!"

O momento de praticar o Vajrayana

> Ele respondeu: "Ó Grande Vacuidade Ilimitada, nesta vida atual, se for com essa pergunta ao portal do mantra secreto – e possuir fé e crença firmes, e entusiasmo vigoroso e infatigável – é porque este é o momento de praticar. Quando seres afortunados chegam ao portal do profundo mantra secreto, além de simplesmente terem fé e crença sólidas, não há nenhuma outra coisa – como clarividência, presságios ou circunstâncias auspiciosas – que os faça pensar que chegou o momento de praticar o mantra secreto. Uma vez que tenha obtido uma vida humana e encontrado um guru e o Darma do mantra secreto, se esse não for o momento de praticar a Grande Perfeição, então jamais haverá um momento melhor em outra vida – isto é certo."

O Mestre responde dizendo, em essência: "Você reconheceu o problema, compreendeu a contradição. Muito bom. Agora, se tem fé no Dzogchen, se está verdadeiramente pronto para se comprometer com a prática, a própria pergunta indica para mim que chegou o momento, que você de fato está pronto para realmente praticar o Dzogchen." Então, o Mestre acrescenta que "além de simplesmente ter fé e crença sólidas", não fé cega, dogmática, mas a disposição para ser guiado por uma hipótese de trabalho, "não há nenhuma outra coisa", como clarividência ou presságios, para ajudá-lo a decidir. Você sabe que não tem prova absoluta, mas está disposto a se lançar na prática espiritual baseado nessa premissa. Essa é uma crença que tem poder; isso é aceitar uma hipótese de trabalho que transforma sua vida de forma radical.

Grande Vacuidade Ilimitada colocou uma questão muito razoável. Tendo encontrado esses ensinamentos espantosos, cuja profundidade é inconcebível, você poderia facilmente se perguntar: "Estou à altura disso?" A menos que seja dotado de plena arrogância, pensando que é muito superior aos outros, como teria a confiança, o atrevimento, de dizer "eu sou um vaso adequado para esses ensinamentos"? O Mestre respondeu: número um, você os encontrou. Seu carma o trouxe até aqui. Carma é o bastante para levá-lo até o portal. Número dois, a fé é o bastante para fazê-lo cruzar aquela porta. Se esses dois fatores estão presentes, não tenha mais receios. Não espere por algum sinal auspicioso ou que um lama diga que você é um discípulo escolhido. Se você tem fé, entusiasmo, amor pela prática, isso é tudo de que você precisa. Não tem como ficar melhor do que isso.

> "Não é que as mentes dos *shravakas*, *pratyekabudas*, seres comuns e assim por diante sejam pequenas demais. É que, devido ao seu carma anterior, eles não alcançam o portal do mantra secreto. Ou, mesmo que o façam, não têm fé nem crença e, devido à indolência espiritual e à distração, não praticam."

Agora, temos uma imagem mais clara de por que alguns são receptores adequados para o Dzogchen e outros não. O argumento de "mente estreita *versus* mente ampla" não faz sentido, porque não é o X da questão. Na verdade "é devido ao seu carma anterior" que a maioria das pessoas não chega ao portal do mantra secreto – simplesmente não o encontram. Não é uma questão de suas mentes serem estreitas. O seu carma não evoluiu até o ponto de estarem prontas para encontrar esse portal. "Ou, mesmo que o façam" – talvez, devido a algum carma favorável, elas topem com um livro ou acabem em algum ensinamento – e mesmo que fiquem com uma impressão positiva, pensando "esses são uns ensinamentos místicos muito legais", protelam a realização da prática e isso não dá em nada.

Bodicita

> "Entenda que isso não tem nada a ver com as capacidades específicas das mentes dos seres. Não pense que existam quaisquer diferenças nas capacidades das mentes dos seres. Para aqueles acorrentados pelo egoísmo, eu ensino que, abrindo os seus corações para todos os seres através do espaço, sem preocupação com o próprio bem-estar, eles verão a verdade da não dualidade entre 'eu' e 'outro.'"

Agora estamos entrando no coração do assunto: *bodicita* – o portal entre aqueles considerados possuidores de mentes estreitas – os shravakas e os pratyekabudas – em contraponto àqueles considerados possuidores de mentes amplas do "grande veículo", o Mahayana, para o qual a *bodicita* é o cerne. O Mestre não está dizendo que as pessoas possuem diferentes capacidades *per se*. Na verdade ele está dizendo que o seu carma passado o leva a um ponto em sua evolução espiritual no qual você não quer apenas encontrar, mas deseja mergulhar no Dzogchen. Neste ponto, o texto se volta para o tópico da *bodicita*.

> Grande Vacuidade Ilimitada prosseguiu: "Ó Mestre, Bhagavan, sendo assim, é impossível para eles expandir suas mentes meditando sobre o profundo mistério da Grande Perfeição? Ou, mesmo que meditem sobre a Grande Perfeição, eles precisam desenvolver o espírito do despertar de algum outro modo? Mestre, por favor, explique!"

Grande Vacuidade Ilimitada está perguntando sobre os seres propensos ao autocentramento, que ainda não são bodisatvas. Isso nos leva de volta à pergunta: "Quão maduros precisamos ser a fim de ter condições de praticar o Dzogchen de modo eficiente?" Ou, em outras palavras: "Precisamos ser um bodisatva para fazer isso?" Assim, para seres como nós mesmos, ainda acorrentados, ainda sobrecarregados pelo autocentramento, tomando o bem-estar pessoal como mais importante do que o de qualquer outro, é impossível para nós expandir a mente meditando sobre a Grande Perfeição? E, mesmo que meditemos dessa forma, precisamos desenvolver o espírito do despertar de algum outro modo além da prática da Grande Perfeição? Devemos nos tornar bodisatvas primeiro e então nos aventurarmos no Dzogchen? Ou podemos ir para o Dzogchen, mas nos certificando de também cultivar *bodicita*? Essa é a questão.

> Ele respondeu: "Ó nobre ser, essa Grande Perfeição é o veículo da fruição insuperável. Aquilo que manifesta a grande realidade que permeia todo o *samsara* e o nirvana é chamado de espírito do despertar da base absoluta; você só precisa apreender isso. Além disso, fabricar com esforço intelectual um assim chamado 'espírito do despertar' implica gerar um estado mental no qual você se vê como meditador e os outros seres sencientes como objetos de meditação – uma atitude tão limitada quanto uma xícara de chá."

Praticar a Grande Perfeição, "o veículo da fruição insuperável", significa fazer da fruição – o estado de buda – o veículo pelo qual você atinge o estado de buda. Conforme mencionado anteriormente, isso é "tomar a fruição como o caminho". "O espírito do despertar da base absoluta" é traduzido também como "*bodicita* absoluta". Neste contexto, *bodicita* última é o *dharmakaya*, *rigpa* ou consciência primordial.

Na tradição Gelug, também se fala de *bodicita* relativa e última. Nela, a *bodicita* relativa é a aspiração sincera de atingir a iluminação para o benefício de todos os seres. Isso se encaixa no Sutrayana. A *bodicita* absoluta, no contexto do Sutrayana, é a realização não intermediada, não dual, não conceitual da vacuidade. No contexto do Dzogchen, a *bodicita* relativa tem a mesma definição dada pela escola Gelugpa. A *bodicita* última, por outro lado, é *rigpa*, consciência prístina, não apenas vacuidade, conforme apresentado no Sutrayana. Desse modo, mais uma vez temos um equilíbrio – absoluto e relativo, duas verdades, não apenas uma. Todavia, as duas verdades são da mesma natureza. De acordo com a *Essência Vajra*, você só precisa apreender "o espírito do despertar da base absoluta". Essa é a resposta à pergunta sobre autocentramento e desenvolvimento da *bodicita*. Tudo o que você precisa apreender é a sua própria natureza de buda. Isso basta.

Dentro do contexto da *bodicita* relativa e absoluta do Sutrayana, as duas são sequenciais. Primeiro, vem a *bodicita* relativa realizada com esforço. Você se empenha de modo diligente para superar fortes propensões habituais. Por exemplo, há só um doce em cima da mesa e alguém vai pegá-lo, mas sou mais rápido e o agarro primeiro. Essa é a manifestação de um velho hábito: "Se alguém vai pegar alguma coisa boa, deveria ser eu. Se alguém vai ter alguma coisa ruim, não deveria ser eu." Superar essa profunda tendência de hábitos irascíveis requer um grande esforço. No *Guia para o modo de vida do bodisatva*, Shantideva nos diz como. Praticando a *bodicita* com esforço, você se empenha em superar o autocentramento. Você pratica *tonglen*, pratica bondade amorosa, compaixão, alegria empática e equanimidade. Você deve superar o tremendo ímpeto do "eu primeiro", o que é difícil. Então, surge uma imitação da *bodicita* e você pode dizer com sinceridade: "Eu realmente desejo atingir a iluminação para o benefício de todos os seres." Você chega lá pelo caminho difícil, pelo puro esforço para superar as velhas propensões, seu egoísmo. Isso é a *bodicita* com esforço, isso é a *bodicita* relativa.

Com o uso de um modelo de desenvolvimento como esse, por fim, a maré vira e a *bodicita* surge de forma cada vez mais natural, espontânea e livre de esforço. Gradualmente, suas preferências, seus hábitos de autocentramento são abrandados. Nesse ponto, a visão de qualquer ser senciente em sofrimento catalisa a *bodicita* e você se torna um bodisatva. Embora essa forma de *bodicita* seja maravilhosa, ainda é dualista. *Aqui* estou eu, o meditador, o bodisatva. *Lá* está o ser senciente que é objeto de minha compaixão. Em contraste com essa atitude dualista, que o Mestre chama de "limitada como uma xícara de chá", existe o oceano de realização direta da sua natureza de buda. Um oceano não pode fluir de uma xícara de chá.

O Mestre afirma que tudo de que você precisa para superar o autocentramento é apreender o espírito do despertar da base absoluta. Isso é tudo o que se requer para que a *bodicita* relativa emerja. A *bodicita* relativa fluirá a partir da *bodicita* absoluta. Essa é uma diferença entre o Sutrayana e o Dzogchen. Dentro do Sutrayana, se você obtiver uma realização não intermediada da vacuidade, isso não necessariamente implica que você realizou a *bodicita*. A *bodicita* é necessária como um complemento para aquela realização. Sabedoria e compaixão precisam ser equilibradas. No Dzogchen, porém, a *bodicita* absoluta não é simplesmente a realização da vacuidade. É a realização da consciência primordial. Se você tiver uma realização não intermediada da natureza de buda, diz o Mestre, ela naturalmente produzirá a realização da *bodicita* relativa. Assim, tenha em mente que a realização da vacuidade não é o mesmo que a realização da natureza de buda, da consciência primordial. Comparando os dois tipos de *bodicita*, a forma com esforço, empenho, luta é "tão limitada como uma xícara de chá". Vale a pena realizá-la, porque ter uma pequena xícara cheia de água é bem melhor do que morrer de sede em um deserto de autocentramento. Mas é muito melhor ter um oceano de compaixão.

> "Na expansão da Grande Perfeição – a natureza original da grande igualdade de *samsara* e nirvana – o modo de existência da própria base é conhecido, exatamente como ele é, por meio da grandiosa consciência primordial onisciente. Buscar adquirir um espírito do despertar maior do que a visão da grandiosa consciência primordial que tudo vê seria como dizer que você deve procurar por líquidos em outro lugar, embora já esteja dentro d'água. A base primordial originalmente pura, a grande realidade que permeia todo o *samsara* e o nirvana, é o espírito do despertar. Sem saber disso, até mesmo o senso benigno de amor e compaixão que os pais têm pelos filhos é um estado de mente conceitual, focado em um objeto. Apenas com isso, você pode aspirar por um renascimento afortunado, mas esperar que isso o leve à iluminação é tão insensato quanto esperar que o filho de uma mulher estéril se torne um chefe de família."

"O modo de existência da própria base é conhecido, exatamente como ele é, por meio da grandiosa consciência primordial onisciente." Ou seja, a Grande Perfeição é conhecida pela realização não dual. Dentro do contexto do Dzogchen, a *bodicita* relativa é totalmente abrangida pela *bodicita* absoluta. Portanto, mesmo que você se aventure no Dzogchen sem ser um bodisatva, ainda possuindo algumas tendências de autocentramento, você pode trazer para a prática os antídotos que tiver. Entretanto, ao focar habilmente o Dzogchen e, então, alcançar a realização, todo aquele autocentramento será eliminado. A *bodicita* relativa, portanto, surgirá como um efeito secundário de sua realização de *rigpa*.

Afirmar que "a base primordial originalmente pura, a grande realidade que permeia todo o *samsara* e o nirvana, é o espírito do despertar" significa dizer que a natureza de buda é a *bodicita*. Ele descreve, então, o senso normal de amor e compaixão que os pais têm pelos filhos como um "estado de mente conceitual, focado em um objeto". É um relacionamento "eu-você" e é maravilhoso – incomensuravelmente melhor do que um relacionamento "eu-isso" ou do que se envolver com os outros movido apenas por autocentramento, por um desejo intenso ou por hostilidade.[11] Todavia, ainda é um estado de mente conceitual, focado em um objeto. Esperar que esse tipo de amor e compaixão leve à iluminação "é tão insensato quanto esperar que o filho de uma mulher estéril se torne um chefe de família", é esperar o impossível. A *bodicita* relativa não dará origem por si mesma à *bodicita* absoluta. Pode ser uma tremenda ajuda e é por isso que todos os lamas que ensinam Dzogchen também ensinam a *bodicita* relativa. Eles dão ensinamentos sobre o *Guia para o modo de vida do bodisatva*, de Shantideva, sobre os quatro pensamentos que voltam a mente para o Darma e sobre as práticas preliminares (*ngöndro*). Tudo isso realçará, apoiará e nutrirá a prática de Dzogchen. O absoluto não surge do relativo, mas, se você penetrar até o absoluto, o relativo surgirá dele.

Tomando a mente como caminho

Como um prelúdio para a próxima pergunta do Bodisatva Grande Vacuidade Ilimitada a Samantabhadra, vamos revisar brevemente o ensinamento até este ponto. A solicitação que iniciou toda a conversa foi: "Por favor, conceda-nos as instruções essenciais profundas para que possamos alcançar de fato o estado de perfeição completa do Buda Samantabhadra em uma única vida e em um corpo." Depois do diálogo que fluiu a partir desse pedido, o Bodisatva Grande Vacuidade Ilimitada seguiu investigando em termos de contexto – a questão do Dzogchen *versus* as práticas mais comuns do Darma de engajar-se naquilo que é virtuoso e de evitar o que é não virtuoso. Na sequência da resposta do Mestre, as questões se tornaram ainda mais específicas e detalhadas, abordando o cultivo da *bodicita* na perspectiva do Dzogchen. Então, o texto se desdobra por meio de um processo de questionamento ao Mestre cada vez mais sutil. O questionador começou com sua motivação primária – o pedido inicial – e em seguida buscou motivações derivadas, com a finalidade de obter um panorama mais claro e detalhado. Agora, a questão seguinte remete à sua primeira questão:

> O Bodisatva Grande Vacuidade Ilimitada pediu: "Ó Mestre, Bhagavan, por favor, ensine-nos o caminho profundo que libera os discípulos!"
>
> Ele respondeu: "Ó nobre ser, as entradas para a cidadela da grande liberação surgem como muitas vias de meios hábeis e sabedoria. Mas, em última instância, tomar a mente como caminho é a busca pelo caminho verdadeiro. Então, uma vez que tenha determinado a base, você pode tomar a realidade última como caminho. Entre essas duas opções, primeiro, aqui está o modo de tomar a mente como caminho."

O Mestre começa fornecendo o contexto: não há apenas um caminho, existe uma infinidade de caminhos. Seja qual for o caminho que você siga, no entanto, se esse caminho ignorar sua mente, não há como alcançar a cidadela da liberação. Você deve atravessar a sua mente. O ponto inicial é exatamente aqui e agora. Se eu pedisse para você observar a sua mente por um minuto e, então, relatar o que foi observado, você conseguiria me dizer algo, não é? Utilizando qualquer habilidade de introspecção de que disponha, você observa e o que vê é o nível superficial da sua mente. Pode-se dizer que esse é o portão de entrada para a sua mente.

Sua mente inclui tudo, desde o que você imediatamente observa por introspecção e relata, até todo o caminho em direção à própria base da mente comum. Conforme o reconhecimento de psicólogos ocidentais, como Freud e Jung, a maior parte das atividades da mente é subconsciente. Quando o ensinamento diz "tome a mente como seu caminho", isso significa que você torna consciente aquilo que estava no subconsciente. Você deve apontar o seu raio laser diretamente através das camadas mentais, até chegar à base da sua mente. Você não pode simplesmente dizer: "Bem, eu sei que a minha mente é realmente confusa, e que eu sou neurótico e um pouco idiota, mas, ainda assim, vou ignorar tudo isso e me tornar um buda." Não é assim que funciona. Você não pode deixar a sua "idiotice" pra trás. Deve atravessá-la, e não contorná-la. Você não pode simplesmente aparecer com uma série de visualizações interessantes, fingindo ser algo que você não é, e então pensar que pode ignorar a sua mente no processo.

Visualizações são muito boas. O estágio da geração é importante. Ainda assim, você deve confrontar a sua mente, deve atravessá-la diretamente. Isso é tomar a mente como caminho. Você precisa chegar à própria base da mente comum. Isso requer shamatha. Você não precisa de *vipashyana* para isso, nem Dzogchen, nem *bodicita*. Mas precisa atingir a base da sua mente comum e permitir que a mente se estabeleça, sem esforço. Quando a mente está em quiescência – sem pensamentos turbulentos ou emoções surgindo –, está relaxada, quieta, luminosa e livre de esforço. Isso é shamatha.

"Então, uma vez que você tenha determinado a base", a base relativa, a base da mente comum, torna-se a plataforma para realizar a natureza vazia de sua própria mente – a ausência de natureza inerente –, bem como a vacuidade de todos os outros fenômenos, subjetivos e objetivos – "você toma a realidade última como caminho". Novamente, o termo em sânscrito que eu traduzi como "realidade última" é *dharmata*. Portanto, uma vez que tenha atingido a base da mente comum, está pronto para ultrapassar a reificação da sua própria mente, por meio de *vipashyana* – rompendo a estrutura reificada da consciência e, então, chegando à base, ao nível mais profundo da consciência base, da consciência primordial, sua natureza de buda. Tendo compreendido a sua realidade última, então, ela se torna o seu caminho. Até que tenha compreendido a sua realidade última, a mente relativa é o caminho.

O Buda declarou: "O sábio endireita a mente instável e agitada, que é difícil de vigiar e difícil de restringir, assim como um arqueiro endireita o eixo de uma flecha."[12] Da mesma forma, ele comparou a mente com um alaúde, que deve ser perfeitamente afinado – não muito tenso, nem muito frouxo. Afine o seu instrumento até que o tom esteja perfeito e, então, toque; pratique *vipashyana* para realizar a vacuidade da natureza inerente de todos os fenômenos e, então, pratique Dzogchen para realizar *rigpa*. Assim, a questão principal era: "Qual é o caminho que nos libera em uma única vida, para nos tornarmos um buda em uma única vida e um corpo?" A resposta nos é dada exatamente aqui: "Em última instância, tomar a mente como caminho é a busca do caminho verdadeiro." Então, uma vez que tenha determinado a base, o que implica que você verificou sua consciência substrato ao realizar shamatha, então pode tomar a realidade última da vacuidade como caminho. "Entre essas duas opções", de tomar a mente como o seu caminho, que é shamatha, e tomar a realidade última como o seu caminho, que é *vipashyana*, primeiro, "aqui está o modo de tomar a mente como caminho":

> No princípio, os discípulos que mantêm seus *samayas* inicialmente treinam suas mentes por meio das preliminares comuns externas – isto é, os quatro pensamentos que transformam a mente – e as sete preliminares incomuns internas. Depois disso, o modo de seguir o caminho progressivo da prática principal é este: primeiro, retire-se para uma floresta isolada, reze para o seu guru e, fundindo a sua mente com a de seu guru, relaxe por alguns instantes.

Assume-se que, se você recebeu os *samayas* tântricos (ou "compromissos sagrados"), manterá esses compromissos. Então, o Mestre se refere aos quatro pensamentos que transformam a mente, que são: a preciosidade da vida humana com liberdades e oportunidades, impermanência e morte, a natureza insatisfatória da existência no *samsara* e o carma. Qual é a importância deles? Eles o ajudam a alinhar as suas prioridades, orientam-no na direção do Darma e não das preocupações mundanas, e o colocam no caminho do Darma. É importante estar atento a esses quatro pensamentos ao longo de toda a sua vida espiritual.

Embora Dudjom Lingpa não tenha especificado a quais sete preliminares ele está se referindo, um desses conjuntos inclui: (1) tomar refúgio e cultivar o espírito do despertar; (2) oferecer prostrações; (3) oferecer mandalas; (4) praticar a meditação de purificação e mantra de Vajrasattva; (5) guru ioga; (6) transferência de consciência (*phowa*); (7) romper ou "cortar" (*chöd*).

Neste ponto, eu gostaria de enfatizar que não há uma "forma correta" de realizar as preliminares e nem tampouco um formato correto. Algumas tradições exigem que os alunos realizem cinco séries de 100 mil prostrações, preces para cultivar *bodicita*, recitações do mantra de Vajrasattva, oferecimentos de mandalas e recitações de guru ioga, antes de iniciar as práticas Vajrayana – eles simplesmente não são autorizados a receber ensinamentos Vajrayana antes de completá-las. Em outras tradições os alunos iniciam as preliminares, mas, então, recebem ensinamentos e fazem as práticas Vajrayana alternadamente. O estimado Kalu Rinpoche disse que você pode praticar primeiro a shamatha e depois as preliminares ou pode primeiro completar as preliminares e depois realizar a shamatha. Nos ensinamentos do Buda registrados no cânone páli e nos sutras em sânscrito, pelo que eu sei, não há referências quanto a realizar as cinco séries das preliminares descritas acima antes de se engajar em shamatha. Já que não há uma única forma correta, é importante não ser dogmático, não assumir que todos devem praticar como você. O importante é que você encontre uma forma que lhe seja adequada para acumular méritos e remover obstáculos. Tenha em mente que você pode acumular méritos não apenas oferecendo 100 mil mandalas ou prostrações, mas também colocando-se a serviço com as suas habilidades, com o seu tempo, seu dinheiro e seus bens materiais, ajudando os menos afortunados – tudo isso conta.

De modo geral, praticar qualquer tipo de virtude é um ato purificatório. Então, não sejamos rígidos ou mecânicos. Praticando shamatha com uma boa motivação, você também pode purificar obscurecimentos e acumular uma boa quantidade de méritos. O mesmo se dá com as quatro aplicações da atenção plena, as quatro qualidades incomensuráveis, ioga dos sonhos, *vipashyana* Madhyamaka, e, por fim, Dzogchen. Todas essas práticas purificam.

Dentro do Sutrayana, há duas práticas que têm maior poder de purificação que quaisquer outras. A primeira é a *bodicita*. Shantideva, no primeiro capítulo de *Guia para o modo de vida do bodisatva*, escreveu: "Como o fogo no momento da destruição do universo, a *bodicita* consome muitas maldades em um instante."[13] A segunda grande prática de purificação é a realização da vacuidade. A realização da vacuidade destrói as aflições mentais. Qualquer prática que facilite a *bodicita* ou a realização da vacuidade, como tomar refúgio, *tonglen* e os quatro pensamentos que transformam a mente, é altamente eficaz. Afinal de contas, a realização da vacuidade e da *bodicita* são a essência da sabedoria e da compaixão – as duas asas da iluminação. Novamente, de acordo com Shantideva: "A partir do momento em que você adota a *bodicita* com uma atitude irreversível para o bem de inumeráveis seres sencientes, a partir desse momento, um fluxo ininterrupto de méritos, semelhante ao céu, brota constantemente, mesmo quando você está adormecido ou distraído."[14] Devido à sua motivação, os méritos se acumulam até mesmo quando você está relaxando ou assistindo TV.

Após manter os seus compromissos sagrados, acumular méritos, voltar sua mente em direção ao Darma e assim por diante, a prática principal é tomar a mente como caminho. Há muitos tipos de shamatha e nem todos tomam a mente como caminho. No entanto, o modo para atingir shamatha descrito aqui é absolutamente direto. Não há zonas de preparação com mantras, visualizações ou qualquer coisa parecida. "Primeiro, retire-se para uma floresta isolada", e poderia ser um lugar selvagem, o deserto ou poderia ser a sua sala. Deve ser um lugar onde você possa recolher a sua mente, onde não se distraia, onde possa estar presente e praticar o Darma todo o tempo. Isso é o que ele quer dizer com "uma floresta isolada" – um local de reclusão, onde você esteja completamente focado. "Reze para o seu guru", reze por bênçãos, reze para que a sua prática possa florescer. Comece visualizando o seu guru à sua frente. Esta é uma relação "Eu-Tu", que transcende a distinção polarizada de "eu" e o "outro", abarcando ambos, em uma ampla e abrangente totalidade. Ofereça preces de súplica e, uma vez feitas as preces, imagine o seu guru no topo da sua cabeça, fundindo-se com você, não dual com o seu corpo, fala e mente. "Fundindo a sua mente com a de seu guru, relaxe por alguns instantes."

A PRIMAZIA DA MENTE

> "Ó Grande Vacuidade Ilimitada, entre seu corpo, fala e mente, qual é mais importante? Qual é o principal agente? Diga-me qual é o monarca autônomo e imutável? Assim, os atos de ensinar e ouvir e a natureza da instrução se tornarão perfeitamente claros, para o grande benefício dos discípulos."

Aqui, Samantabhadra vira a mesa e questiona o Bodisatva Grande Vacuidade Ilimitada. Nós desejamos tomar a mente como caminho, mas o que significa isso? O que é a mente? Qual é o referente da palavra "mente"? Samantabhadra está solicitando um contexto com relação a corpo, fala e mente. Entre os três – corpo, fala e mente – qual é o mais importante? Quem é o responsável? Quem está fazendo coisas? Qual é o monarca autônomo e imutável?

No reino de seu corpo, fala e mente – no reino da sua vida – você não tem a sensação de que alguém está no comando? Quando você está em seu estado mental normal – nem doente nem em delírio – alguém é responsável, alguém está mandando, certo? Você acordou, nesta manhã, e aquele "monarca autônomo e imutável" parecia ser a mesma pessoa que acordou ontem de manhã. Você não tem a sensação de que parece haver alguma coisa constante em meio a todo esse fluxo caótico, o ir e vir das emoções, a proliferação de pensamentos e estados de espírito que surgem e desaparecem, desejos que vêm e vão, a respiração e as sensações que se elevam e se recolhem? Não tem a sensação de haver alguma coisa no centro, que é imutável – algo que é consciente disso tudo, que está no comando, que fica um pouco distante, que não é apenas o conteúdo da mente, não apenas a voz de seus pensamentos, mas talvez algo que direciona essa voz bem como os movimentos do seu corpo? Quem é esse monarca um pouco distante, autônomo, constante e perene?

Se o bodisatva que já tem uma compreensão profunda assim desejasse, ele poderia dizer: "Lamento, Samantabhadra, mas eu já olhei para dentro e não encontrei essa entidade. Eu definitivamente não sinto que exista esse monarca autônomo e imutável." Mas o Mestre assume que nós, pessoas comuns, temos sim a percepção de que há alguém no comando. Por meio da investigação, prosseguindo com esses questionamentos sobre corpo, mente e fala e se preparando para relatar: "Os atos de ensinar e ouvir e a natureza da instrução se tornarão perfeitamente claros, para o grande benefício dos discípulos." Antes de nos lançarmos para dentro da mente através de shamatha, para estabelecer a mente em seu estado natural – tomando assim a mente como caminho –, Samantabhadra pede que façamos uma pausa e vejamos se somos capazes de determinar claramente a real natureza daquilo que estamos tomando como caminho.

> O Bodisatva Grande Vacuidade Ilimitada respondeu: "Ó Mestre, Bhagavan, o corpo é criado pela mente. Quando a matéria e a consciência se separam na morte, a mente segue o respectivo carma e, então, deludidamente agarra-se à aparência de um corpo mais uma vez. Além do mais, o seu corpo no estado de vigília, o seu corpo durante o sonho e os seus corpos após esta vida são todos criados pela mente que apreende a si mesma. Eles são transformações temporárias que nunca existiram, exceto como meras aparências para a mente. Portanto, visto que a mente é o monarca que tudo cria, ela é de extrema importância."

O Bodisatva Grande Vacuidade Ilimitada aceita o desafio, respondendo que o corpo é criado pela mente. Se isso é verdade, no ocidente moderno nós viramos tudo de cabeça para baixo. Nós acreditamos que a mente é criada pelo corpo – pelo cérebro – e muitas pessoas, incluindo psicólogos e neurocientistas, nem mesmo param para questionar isso. Porém, aqui o Bodisatva diz que o corpo é criado pela mente.

Como você percebe o seu corpo? Quer você use um microscópio para observar no âmbito genético ou no âmbito de tecidos, ossos e órgãos, tudo o que surge para você, todo o conhecimento que você tem do seu corpo, consiste em aparências para a sua mente. Você nunca observa nada além de aparências para a sua mente e não creio que haja um neurobiólogo que desafie isso. Todo o nosso conhecimento sobre a matéria deriva de aparências para a mente. Então, nesse sentido, o corpo é criado pela mente. É essa mente, sem forma, que não tem dimensões, cor e assim por diante, que dá surgimento, por exemplo, às aparências do cérebro. Quando você toca um órgão sob sua pele, tem sensações táteis, mas estas também são sensações que surgem para a sua mente. Não são uma entidade externa independente da mente. Se você toca a sua pele ou qualquer parte do seu corpo, surgem as sensações de solidez, fluidez, calor e movimento, correspondendo aos quatro elementos terra, água, fogo e ar. Tudo o que sabe a respeito do seu corpo consiste em aparências para a mente. Isto ilustra o significado da declaração do Buda, "todos os fenômenos são precedidos pela mente, provêm da mente e consistem da mente."[15]

Os realistas metafísicos assumem que há um corpo real lá fora, que de alguma forma corresponde às nossas imagens mentais do corpo, em uma relação exata. Mas a única coisa da qual podemos realmente ter certeza de que conhecemos é a consciência e as aparências para a consciência. Vamos relacionar isso com a distinção que o Buda fez entre "nome" (*nama*) e "forma" (*rupa*). Ambos podem ser considerados duas maneiras de ver um único fluxo de experiência consciente. Nomear é a experiência vista subjetivamente como o processo mental de identificar um objeto, enquanto formas (ou aparências) são experiências vistas objetivamente como entidades que são percebidas e concebidas por meio do processo mental de identificação. Neste contexto, "mente" (*mano*) se refere ao processo mental de conceituações, que integra e dá sentido às diferentes aparências que surgem para os seis sentidos. Essa significativa experiência completa é vista, subjetivamente, como a identificação de uma entidade (*nama*) e, objetivamente, como a entidade identificada (*rupa*).[16]

"Quando a matéria e a consciência se separam na morte, a mente segue o respectivo carma" e, então, você estará correndo pelo *bardo*, o estado intermediário, vivenciando a fruição do seu carma, apressando-se atrás disso e daquilo.

Então, quando a sua experiência do *bardo* chega ao fim, a mente "deludidamente agarra-se à aparência de um corpo mais uma vez". O fluxo de consciência une-se ao corpo, a mente emerge da consciência substrato e agarra-se às aparências com a sensação de "isto é meu", como se houvesse algo no corpo que o fizesse intrinsecamente "meu". Mais uma vez, nos agarramos a "eu" e "meu", com respeito ao corpo e à mente.

Algumas pessoas olham no espelho e dizem: "Aquele sou eu." É claro que o que elas estão vendo é uma imagem criada por suas mentes, que estão tomando como sendo um corpo e à qual estão se agarrando como se fosse elas mesmas. Outros são mais sofisticados e dizem "aquele é o reflexo do meu corpo", como se houvesse algo na natureza do próprio corpo que o tornasse meu. Do mesmo modo, "quando a matéria e a consciência se separam na morte, a mente segue o respectivo carma e, então, deludidamente agarra-se à aparência de um corpo mais uma vez."

"Além do mais, o seu corpo no estado de vigília": considere quantos corpos você tem, ao longo de uma vida e até a morte, por exemplo, "o seu corpo durante o sonho". Na noite passada, eu tive diversos sonhos e, em certo sentido, tive múltiplas encarnações. Eu não tive apenas um corpo, tive vários em apenas uma noite. Você tem um corpo durante o estado de vigília, os seus corpos durante o sonho e os corpos de sucessivas existências, "todos criados pela mente que apreende a si mesma".

De um outro ponto de vista, esses corpos surgem a partir do carma, que é mental. O carma chega à fruição, amadurece e *voilà*, um corpo é formado. Portanto, a formação de um corpo ocorre devido ao carma, que é mais uma vez produzido pela mente. A essência do carma, é claro, é a intenção, que é um processo mental. Novamente, retornamos à mesma conclusão: tudo isto é produto da autofixação.

Entre corpo, fala e mente, a mente é todo-criadora. Aqui, a implicação é que a mente não apenas tem primazia sobre o corpo, incluindo o cérebro, mas também desempenha um papel fundamental no surgimento do universo tal qual o conhecemos. Sempre que observamos qualquer coisa na natureza, quer seja com os nossos cinco sentidos físicos ou com instrumentos científicos de medição ou observação, tudo o que realmente observamos são aparências. Com base nessas aparências, a mente concebe entidades objetivas como o espaço, tempo, matéria e energia. Nós não temos acesso a qualquer uma dessas entidades existindo em si e por si mesmas, independentemente de qualquer medida, e nem temos qualquer conhecimento da mente independente das aparências mentais conscientes. A própria separação entre sujeito e objeto, mente e matéria, é criada pela mente conceitual e nenhuma dessas categorias tem qualquer existência separada das designações conceituais da mente.

A visão metafísica do materialismo científico é baseada na premissa de que, antes do surgimento da consciência no universo, havia apenas espaço, tempo, matéria e energia e suas propriedades emergentes. Portanto, assume-se naturalmente que a mente é apenas uma propriedade emergente de organismos biológicos. Mas esta premissa é desafiada por ninguém menos que o físico Stephen Hawking. Ao contrário das premissas da física clássica do século XIX, ele propõe que não há uma história do universo absolutamente objetiva, como se ele existisse de forma independente de todos os sistemas de mensuração e modos conceituais de investigação. Tudo o que conhecemos sobre o passado se baseia em medidas que fazemos no presente. De acordo com a cosmologia quântica, todas as possíveis versões do passado existem simultaneamente em um estado de sobreposição quântica. Quando escolhemos fazer uma medida, fazemos uma seleção a partir dessa gama de possibilidades, de acordo com as questões sobre o universo que estamos formulando. Quando fazemos a medida, uma matriz específica de aparências surge para a nossa consciência e, sobre esta base, construímos nossa visão do passado.[17] Se os cientistas fizerem apenas medidas físicas, naturalmente obterão apenas informações físicas, e é sobre essa base que eles assumem que as entidades físicas são mais fundamentais do que a mente ou a consciência. Mas, como eles não têm meios objetivos para detectar a consciência em coisa alguma, a consciência fica de fora do cenário da origem e evolução do universo. Essa não é uma limitação da natureza, mas sim uma limitação dos métodos científicos de investigação, que limitam a nossa visão a apenas aparências quantificáveis, físicas e objetivas. Mas supor que a amplitude do próprio universo se restrinja às limitações dos métodos de investigação da ciência moderna é uma espécie de fundamentalismo religioso.

Portanto, com respeito à tríade corpo, fala e mente, bem como ao universo em geral, essa mente é o monarca todo criador. Tudo o que conhecemos sobre a realidade como um todo consiste em aparências para a mente, que é sem forma e assume a aparência das coisas. Entre corpo, fala e mente, a mente é o mais importante.

> "Um corpo sem mente nada mais é do que um cadáver, portanto, não tem poder. Quando o corpo e a mente se separam, as experiências de alegria e de tristeza – alcançando até mesmo o estado de iluminação ou afundando nos três reinos do *samsara* - todas se devem ao engajamento delusório da consciência mental com os objetos. Portanto, a mente certamente é o agente."

Agora Grande Vacuidade Ilimitada começa a elaborar, amarrando corpo e fala. Na morte, quando o corpo e a mente se separam, "experiências de alegria e tristeza - "alcançando até mesmo o estado de iluminação ou afundando nos três reinos do *samsara*" (desejo, forma e não forma) - "todas se devem ao engajamento delusório da consciência mental com os objetos". Não há delusão no estado de iluminação. Ele está dizendo que alegrias e tristezas são todas devidas ao engajamento da consciência mental com os objetos. Assim, "a mente certamente é o agente."

> "É o mesmo em relação à fala: aquilo que é verbalizado nada mais são do que aparências para a mente. A fala não possui existência separada da criação de aparências de expressões verbais pela mente conceitual, portanto, a mente é mais importante. Quando o corpo, a fala e a mente são separados um por um, a mente continua, o corpo se torna um cadáver e a fala desaparece completamente. Portanto, a mente é definitivamente mais importante."

Sem percepção, não há as aparências de luz e cor, apenas campos eletromagnéticos invisíveis viajando através do espaço. Mesmo a informação que temos sobre esses campos é uma aparência para a mente. Sem a fala, você ainda pode ter uma mente, mas, sem a mente, não há fala. Visto que a mente continua quando corpo, fala e mente são separados, ele pontua fortemente aqui por que a mente é tão importante e por que seria bom tomar a mente como caminho, ao invés de confiar primariamente em formas físicas ou verbais de prática espiritual.

> Aqui está a forma como corpo, fala e mente são estabelecidos como sendo indistinguíveis: na prática do estágio da geração, seus próprios corpo, fala e mente são vistos como manifestações do corpo, fala e mente *vajra* de sua deidade pessoal. Desta forma, você os purifica e atinge a liberação. Se fossem separados, tanto o imutável vajra do corpo e o *vajra* desimpedido da fala seriam deixados para trás, quando a mente se afastasse. Então, quando a união dos três *vajras* se desintegrasse, a deidade não deixaria de existir? Portanto, ao invés de separados, os muitos são determinados como tendo um só sabor.

> Então, esses três não são nada mais do que a mente;
> eles são determinados como sendo apenas mente,
> e esta é a melhor e mais elevada compreensão."

Embora inicialmente os considerasse distintos, agora, o Bodisatva Grande Vacuidade Ilimitada apresenta um modo de ver corpo, fala e mente como indistinguíveis. Isto se refere ao estágio da geração, com a sua compreensão mais profunda de corpo, fala e mente. "Corpo, fala e mente *vajra*" se referem apenas ao corpo, fala e mente iluminados da deidade. Por meio da prática do estágio da geração, "você os purifica e atinge a liberação". Se seu corpo, fala e mente em sua natureza mais profunda fossem separados, a deidade pereceria, o que não ocorre. Na prática do estágio da geração do Vajrayana, você pode estar totalmente presente, com a visualização do corpo *vajra*, recitando o mantra com a fala *vajra* e mantendo o orgulho divino, a mente *vajra*. No entanto, você pode parar de recitar o mantra a qualquer momento. Pode também se desengajar da visualização a qualquer momento. Portanto, a mente pode se afastar da fala e pode se afastar do corpo. Seu corpo *vajra*, fala *vajra* e mente *vajra* têm um só sabor, da mesma forma que o *nirmanakaya*, *sambhogakaya* e *dharmakaya* – distintos, mas com um só sabor. Portanto, esses três, nesse âmbito mais profundo de visão, são indistinguíveis.

No nível mundano, corpo, fala e mente são distinguíveis. A mente comum ou grosseira de um indivíduo surge, em parte, na dependência do corpo, assim como a fala. Em um nível superficial, o corpo parece ser primário, já que nem a mente grosseira de um ser humano nem a fala podem surgir independentemente do corpo. No entanto, na morte, a mente grosseira não desaparece simplesmente, mas, ao invés disso, dissolve-se novamente na sua fonte, a consciência substrato. Essa dimensão sutil da mente é primordial. A questão está sendo respondida não apenas da perspectiva mundana, aquela de um indivíduo comum, mas também da perspectiva da visão pura.

Tanto da perspectiva da percepção comum, na qual o corpo e a mente são separados, quanto da visão pura, na qual corpo, fala e mente são indivisíveis, a mente é primordial. Portanto, esses três nada mais são do que a mente. Eles têm um só sabor. Como isso se dá?

Eles estão unidos da mesma forma que o *nirmanakaya* é uma manifestação de *sambhogakaya*, que, por sua vez, é uma manifestação do *dharmakaya*. Isso significa que, entre os três *kayas*, o *dharmakaya* é o principal, porque os outros dois emergem dessa consciência fundamental absoluta e não têm existência separada da mente do Buda. Da perspectiva da visão pura, o estágio da geração, corpo e fala *vajra* nada mais são do que mente. "Eles são determinados como sendo apenas mente", assim como *sambhogakaya* e *nirmanakaya* são determinados como não sendo nada além de aparências, do esplendor do *dharmakaya*. Como o Bodisatva comenta, "esta é a melhor e mais elevada compreensão".

A VACUIDADE DA MENTE

> Novamente, o Mestre perguntou: "Você, como monarca todo criador, tem ou não tem forma? Se tem, a que tipo de forma de ser a sua se assemelha? Você, o monarca, tem olhos, ouvidos, nariz, língua e uma faculdade mental ou não? Se sim, onde eles existem neste momento? O que eles são? Além disso, sua forma é redonda, retangular, semicircular, triangular, multifacetada ou de algum outro tipo? Você é branco, amarelo, vermelho, verde, multicolorido ou não? Se é, deixe-me, sem falhas, ver isso diretamente com os meus olhos ou tocá-lo com as minhas mãos!"

À medida que o texto segue, os papéis são trocados mais uma vez e o Mestre questiona o Bodisatva. De fato, na tradição tibetana e, especialmente, no contexto da meditação, os alunos raramente têm a oportunidade de fazer perguntas. Ao invés disso, o mestre está sempre questionando os alunos.

O Mestre pergunta se o monarca todo criador, a mente, tem forma. Tenha em mente o contexto, o agente, aquele que está realmente observando. Ele tem forma ou não? Se sim, que tipo de forma? Aqui poderíamos ficar tentados a dizer: "Eu sei a resposta certa! Não há forma, nem dimensão, nem cor." Mas essa não é uma questão retórica. Note como o Mestre conduz a partir daqui:

> "Se conclui que nenhum desses existe, você pode ter caído no extremo do niilismo. Então, considere o *samsara* e o nirvana, alegria e pesar, aparências e mente, e todas as suas causas substanciais, e mostre-me sua real natureza."

Concluir que você, o observador, não possui essas faculdades, não possui dimensões, forma e assim por diante, pode ser uma expressão do extremo do niilismo, uma visão equivocada que mina a confiança em causa e efeito.

A referência feita aqui a "causas substanciais" não é reificação. Há um risco de você facilmente considerar essas causas como uma "substância real" que se transforma em alguma coisa, mas não é este o significado de "causa substancial". A filosofia budista cita dois tipos de causas, causas substanciais ou primárias e condições auxiliares. Uma causa substancial, de forma simples, transforma-se no seu efeito substancial. Isto não implica a existência inerente de causa e efeito ou que uma entidade inerentemente existente se transforme em outra.

Considere o seguinte exemplo: uma flor de orquídea é um produto. Alguma coisa se transformou em flor, como qualquer físico diria. Ela não surgiu do nada. Há várias moléculas e nutrientes e assim por diante que se transformaram em orquídea e, em algum momento, essa orquídea florescerá. A seguir, essa flor secará e, em algum momento, deixará de ser uma flor. Ela se tornará pó, que se dispersará e assim por diante. A noção budista de causas substanciais e efeitos se compara à teoria dos físicos da conservação de massa-energia: as coisas sempre emergem de algo anterior e se tornam outras coisas na sequência. Nunca algo surge do nada ou se transforma em nada.

Em qual momento essa manifestação se torna uma "flor" e quando deixa de ser? Há alguns instantes atrás, essa flor era algo que poderíamos chamar de botão. Se o abríssemos à força, não veríamos uma flor, apenas algo que, ao final, se transformaria em uma flor. Quando essa flor tiver secado, ela deixará de ser uma flor? Se ela ainda possuir algumas das partes essenciais que contribuem para o que chamamos de flor – as pétalas, o estame, o pistilo e assim por diante –, poderemos chamá-la de "flor seca". Portanto, ainda seria uma flor. Mais adiante, quando as partes se separarem em fragmentos menores e quando certamente se tornarem pó, que pode ser levado pelo vento, não mais a chamaremos de "flor". Assim, essa sequência de aparências deixa de ser uma flor quando removemos a sua designação como tal, da mesma forma que o botão se transformou em flor quando removemos a primeira designação e demos a segunda.

Além disso, há muitas coisas que contribuem para a formação de outra coisa, mas que, na verdade, não se transformam em tal coisa. Se essa flor tivesse sido cultivada em uma estufa, a estufa seria uma condição auxiliar, bem como a temperatura da sala, a umidade da sala, a pessoa que construiu a estufa, os pais dessa pessoa e a ideia: "Acho que gostaria de entrar no negócio de flores. Vou investir meu dinheiro em uma estufa." O pensamento "vou entrar no negócio de flores" é uma condição auxiliar que leva ao eventual crescimento da flor, assim como as sequências de situações e pensamentos que deram origem a esse pensamento, e os avós e bisavós da pessoa, e antes e antes e assim por diante. Uma matriz ou uma coleção infinita de condições auxiliares foi reunida para permitir que essa flor estivesse aqui e agora. Muitas dessas condições auxiliares não se transformaram na flor, como ocorreu com a água, a energia da luz solar e a cobertura de folhas, mas, ainda assim, se não tivessem surgido, essa flor não estaria aqui.

Presumo que uma flor bonita e com bastante frescor, ainda sem nenhuma borda acastanhada, possa provocar uma sensação de beleza no observador. As moléculas da flor não se transformaram na sua alegria ou satisfação. No entanto, contribuíram para isso. Portanto, assim como houve muitas causas substanciais que fluíram para a flor e condições auxiliares para que essa transição ocorresse, a flor, por sua vez, está continuamente se transformando em sucessivas flores, durante a sua existência a cada instante.

A cada momento, cada partícula da flor está em um estado de fluxo, transformando-se nas partículas de flor do momento seguinte. Então, neste exato momento, estão se agitando, agitando, cada partícula surge e cessa, dando origem às partículas subsequentes – configurações de massa-energia por um lado e, por outro, emanação de raios de luz que provocam reações químicas no seu cérebro. Se você estiver vendo essa flor, tudo isso está contribuindo para a sua percepção, como a percepção das cores da orquídea. A flor não está se transformando na sua percepção, assim como o seu cérebro não está se transformando na sua percepção. Caso contrário, o seu cérebro perderia peso com o tempo, na medida em que se transforma em percepções imateriais de cor, prazer e satisfação. Não, os fótons que estão sendo emitidos da flor estão agindo como condições auxiliares para a sua percepção mental, sua resposta emocional. Então, a sua resposta emocional pode dar origem a pensamentos como: "Ah, acho que vou entrar no negócio de flores." Assim, outro ciclo se inicia. Portanto, afirmar a existência de condições auxiliares e causas substanciais não significa que você tenha que reificar o fenômeno. O surgimento dos fenômenos não implica a realidade absoluta dos objetos que conceitualmente imputamos a esses surgimentos.

Retornando ao texto: "Então, considere o *samsara* e o nirvana, alegria e pesar" - nós levamos as nossas alegrias e pesares tão a sério, eles significam tanto para nós – "aparências e mente" – aqui, a mente sendo definida como aquilo que vivencia os surgimentos – "e todas as suas causas substanciais". Dentro desse amplo domínio, você consegue imaginar algo que surja na dependência de causas e condições, e que requeira apenas condições auxiliares e nenhuma causa substancial, nada para se transformar nesse algo? A hipótese budista é que todos os fenômenos que surgem na dependência de causas e condições requerem algo que se transforme neles – você nunca obtém algo a partir do nada. Sempre há uma causa substancial.

Considere a minha percepção de um pedaço de tecido colorido. Fótons de luz que emanam do tecido atingem a minha retina e catalisam eventos eletroquímicos na minha cabeça. Eles não se transformam na minha percepção imaterial do tecido, mas funcionam como condições auxiliares para o surgimento dessa percepção. Apenas um continuum anterior de consciência, que é uma causa substancial, transforma-se nessa percepção. Portanto, todas as coisas que surgem na dependência de causas e condições possuem causas substanciais e condições auxiliares. Coisas materiais nunca funcionam como causas substanciais de eventos imateriais como pensamentos e percepções, e coisas imateriais não agem como causas substanciais de coisas materiais.

Agora considere o *samsara* e o nirvana, alegria e pesar. De onde a sua alegria realmente vem? Não de condições auxiliares. Não de doces, nem guacamole, nem pão azedo, nem de nenhuma dessas coisas que podem ou não catalisá-la. Todas as alegrias e pesares surgem da mente, com momentos prévios de consciência agindo como causas substanciais para estados subsequentes de consciência.

Quando o Mestre pede ao Bodisatva para lhe mostrar a "real natureza" do *samsara* e do nirvana, alegria e pesar, aparências e consciência e todas as suas causas substanciais, ele está se referindo à sua natureza fenomenológica. É isso o que cientistas, psicólogos e meditadores estudam – miríades de fenômenos surgindo na dependência de causas e condições, cada um surgindo de sua causa substancial. O Mestre está focando mais uma vez o tema da mente, do agente, o que nós podemos simplificadamente chamar de essência, o observador, aquele que age, o que é geralmente conhecido por "eu".

> Grande Vacuidade Ilimitada respondeu: "Ó Mestre, Bhagavan, a essência não tem forma e, portanto, é vazia de forma. Tampouco tem som, cheiro, sabor, sensação tátil ou atributo mental, sendo, portanto, vazia de cada um destes. É desprovida de forma e cor, e, portanto, é vazia destas. Os olhos, ouvidos, nariz, língua e faculdades mentais certamente não têm existência própria separados da própria consciência clara e límpida. Sem reduzi-las de forma niilista à inexistência, as manifestações indeterminadas do *samsara* e do nirvana surgem como as ilusões de um mágico. Portanto, chego à conclusão de que o agente tem apenas a qualidade de ser incessante."

"Vazio" significa "destituído de". A essência, o observador, o agente é vazio de forma. "Tampouco tem som, cheiro, sabor, sensação tátil ou atributo mental" próprios, em sua própria natureza, "sendo, portanto, vazia de cada um destes". As faculdades sensoriais de visão, som, cheiro, sabor e consciência mental também não têm existência separada da consciência. As interações entre estímulos físicos externos e o cérebro não são suficientes para produzir essas experiências. "Manifestações indeterminadas" significa todos os modos de manifestações, muitas delas imprevisíveis. Você nunca sabe o que irá acontecer. Por exemplo, algumas vezes, por nenhuma razão aparente ou identificável, você simplesmente experimenta uma sensação de bem-estar. Muitas coisas ocorrem inexplicavelmente, "como as ilusões de um mágico". Quem é o mágico? A mente. Qual é a mágica? Tudo o que surge para a mente.

O Bodisatva Grande Vacuidade Ilimitada chega à conclusão de que o agente "tem apenas a qualidade de ser incessante". Essa é simplesmente a sua resposta, por enquanto. Agora, essa conclusão é um beco sem saída, uma digressão ou é o modo como as coisas realmente são? Então, chegamos a um dos temas centrais, a um dos principais recursos heurísticos da tradição budista como um todo, que se resume a: não há uma autoridade absoluta e externa para os sutras e tantras que indique quais afirmações são definitivas e quais são provisórias. Não nos é dito: "Apenas memorize isto e, desta forma, você conhecerá todos os ensinamentos que devem ser tomados literalmente – este é o modo como as coisas realmente são. Aqueles outros ensinamentos eram apenas meios hábeis para guiar discípulos específicos em um ponto específico de sua evolução espiritual." Não há tal ajuda do Mestre – e não deveria haver. Se dependêssemos de algo do gênero, não atingiríamos a iluminação. Nós nos tornaríamos apenas pessoas obedientes que memorizam tudo.

Essa dificuldade surge, especialmente, quando nos confrontamos com descrições cosmológicas comuns no Budismo, tal como "o Monte Meru e seus continentes e subcontinentes circundantes".

As coisas são realmente assim? Isso é geografia correta ou simplesmente uma bela imagem metafórica? Devemos continuar nos confrontando com isso. Düdjom Lingpa disse ter vivido em um desses subcontinentes. Talvez não seja apenas uma metáfora, mera poesia. Tomando outro exemplo, no *Sutra do Coração*, é dito, com respeito à vacuidade, que não há forma, nem som e assim por diante. Com respeito à vacuidade, não há a verdade do sofrimento, nem a verdade da origem do sofrimento, nem cessação, nem caminho. Parece que a natureza absoluta das quatro nobres verdades, um dos fundamentos dos ensinamentos do Buda, está sendo questionada. Isso exemplifica o contínuo desafio à nossa inteligência, um mecanismo integrado ao budismo para nos impedir de nos tornarmos fundamentalistas, de confundirmos a balsa com a margem distante, de confundirmos o dedo que aponta para a lua com a própria lua. Se não fosse essa abordagem, poderíamos facilmente dizer "eu conheço o Budismo muito bem" e, então, recitar tudo rotineiramente, dizendo com entusiasmo missionário: "Por ter memorizado todas as palavras e acreditar nelas, eu estou salvo!"

A tradição budista faz tudo o possível para evitar que isso aconteça. Alguns ensinamentos são provisórios, alguns são definitivos e cabe a nós, a cada dia e a cada etapa do nosso amadurecimento espiritual, reavaliar qual é qual. Portanto, a afirmação "o agente tem apenas a qualidade de ser incessante" é definitiva ou provisória? É essencial que cada um de nós a leve para a almofada e medite sobre essas palavras. Quando você observa o agente, o observador, você detecta uma qualidade incessante? Você concorda ou discorda do Bodisatva Grande Vacuidade Ilimitada?

> O Bhagavan perguntou: "Ó Vajra da Mente, diga-me, quando você surgiu pela primeira vez, qual foi sua origem? Você veio da terra, da água e fogo, do ar e espaço ou se originou das quatro direções cardeais, das oito direções, de cima ou de baixo? Investigue de onde surgiu e aquilo que surge, e analise! Da mesma forma, investigue onde você está agora e o que você é, e analise!"

"Vajra da Mente" aqui significa "mente incessante". *Vajra* é o imutável, o duradouro, o impenetrável, o adamantino. Em certo sentido, o Mestre está usando uma caracterização ou apelido do Bodisatva Grande Vacuidade Ilimitada.

"Da mesma forma, investigue onde você está agora e o que você é", e analise-os! Isso pode não ser confortável. Aqui, há algumas arestas afiadas. À medida que analisa, você pode encontrar as emoções aflitivas, a turbulência e a cacofonia da mente. Você pode buscar alívio em shamatha, na paz desse estado mentalmente inativo. Mas shamatha apenas pacifica, não libera.

> "Se essa assim chamada mente se localizasse na cabeça, quando um espinho perfurasse o pé, por exemplo, não haveria razão para experimentar uma dor aguda. Se estivesse localizada no pé, por que haveria desconforto se a cabeça ou membros fossem amputados? Suponha que se localizasse no corpo como um todo. Nesse caso, se surgisse um arrependimento ou uma angústia insuportáveis quando uma peça de roupa, uma xícara, uma casa ou outras posses fossem tomadas ou destruídas por outros, a mente deveria estar localizada neles. Se estivesse localizada dentro do corpo, não haveria ninguém que se identificasse

com coisas externas. Se estivesse localizada do lado de fora, não haveria ninguém dentro para se apegar ou se agarrar ao corpo. Se neste momento estiver localizada no corpo, onde ficará quando se separar do corpo? No que se apoiará?"

Agora, o Mestre apresenta hipóteses, possibilidades a serem investigadas. A assim chamada mente é o observador – aquele que presta atenção, compreende, conhece as aparências. Você pode identificar essa assim chamada mente como sendo "você"; pois não é você aquele que conhece, que observa as aparências?

Suponha que você possui um vaso valioso e que chega alguém e o quebra. Em resposta, você treme, chora e talvez fique triste por um longo tempo. Sua mente se localizava no vaso que foi quebrado? Se não, porque você tremeu? Por que se sentiu triste? Por que está doendo? Sua mente estava ali? Talvez a relíquia preciosa de família seja uma peça de roupa, uma xícara de porcelana, a casa de seus bisavós ou um carro antigo. Suponha que não possa pagar a hipoteca da casa e que ela lhe seja tomada ou, simplesmente, que seja destruída: você a vê em chamas. Quando isso acontece, você se sente queimando? A sua mente está localizada na casa? É por isso que sente tanto pesar e angústia? "Se ela", essa mente, "estivesse localizada dentro do corpo, não haveria ninguém que se identificasse com as coisas externas". Se você estivesse realmente aí, dentro do seu corpo, então, a sua casa poderia ser queimada, as relíquias poderiam ser quebradas e isso não deveria ser um problema. No que se refere a você, as coisas estão lá fora e você está aí dentro.

Então, onde exatamente você está localizado? "Se [a mente] estivesse localizada do lado de fora, não haveria ninguém dentro para se apegar ou se agarrar ao corpo." Ainda assim, é claro que agimos dessa maneira. Se você pisar na minha mão, eu direi "ai", pensando: "Esse é o meu corpo." Se realmente acha que a sua mente está dentro do seu corpo, questione: "Em que parte ela se localiza?" Ela poderia estar localizada por todas as partes, permeando todo o corpo? Nesse caso, quando a mente se separasse do corpo, onde ela ficaria então? Em que se apoiaria? Essa questão se aplica tanto à morte quanto ao sono. Nos sonhos, você experimenta a sensação de estar em outro ambiente e, frequentemente, parece ter um corpo. Onde está a mente, em relação ao corpo deitado sobre a cama? Ela está dentro ou fora do corpo? Estaria ela em lugar algum? Se sim, qual é o significado disso?

Recapitulando, aqui, as questões fundamentais são: você surgiu? De onde você surgiu? Se acha que não esteve aqui sempre, se acha que está surgindo de alguma maneira – seja como um "hum" ou talvez de uma nova forma, talvez de formas diferentes a cada momento –, então, de onde você veio? Onde está agora? O que você é agora? Pequenas questões como essas.

Até este momento, o Bodisatva Grande Vacuidade Ilimitada respondeu às questões de Samantabhadra sobre a verdadeira natureza do *samsara* e do nirvana, da alegria e do pesar, das aparências e da mente, e assim por diante com: "Eu cheguei à conclusão de que o agente tem apenas a qualidade de ser incessante." Então, o Mestre o desafiou a investigar mais profundamente, porque a sua resposta inicial é apenas mais uma sobreposição conceitual. Nós estamos tentando ir além disso, além de todas as nossas noções habituais, ideias aprendidas e assim por diante, de forma a podermos acessar a percepção direta e relatar a partir desse ponto.

"Se ela", a mente, "neste momento estiver localizada no corpo", algo em que muitas pessoas acreditam, "onde ficará quando se separar do corpo? No que se apoiará?" Estas são questões maravilhosas. Muitas pessoas, incluindo cientistas que estudam a relação mente-cérebro, têm uma resposta imediata para isso. Eles diriam que a mente está, neste momento, localizada no corpo, especificamente no cérebro. Onde estará quando se separar do corpo? Ela não se separa do corpo. Quando o cérebro morre a mente desaparece. É claro que eles não têm provas científicas sólidas de que seja assim. Há alguma evidência empírica do contrário, sugerindo que a mente pode se separar do corpo?

No Ocidente, há várias áreas que sugerem que a mente é realmente capaz disso. Há relatos de experiências extracorpóreas, estudadas por Bruce Greyson, por exemplo, e relatos detalhados de crianças que alegam se lembrar de experiências de suas vidas passadas, como foi estudado meticulosamente por Ian Stevenson.[18] Nós também temos os relatos dos iogues. Na tradição budista tibetana, há ensinamentos que nos permitem criar um corpo especial de sonho. Ele pode ser gerado por meio da prática do estágio de completitude e, assim, você pode se lançar no universo e viajar por ele. De acordo com os relatos de iogues tibetanos, você pode experimentar percepções válidas de coisas que estão muito distantes, enquanto o seu corpo normal está quase dormindo. Portanto, não é apenas um sonho lúcido, mas um corpo de sonho especial, que segue para onde você direcionar a sua mente. Você pode visitar terras puras, a sua terra natal ou qualquer lugar e ver como se seus olhos estivessem realmente ali, ouvir como se os seus ouvidos estivessem ali.[19]

Quando a mente se separa do corpo, ela pode viajar em um corpo especial de sonho ou, quando o corpo morre, entrar no *bardo* do pós-morte. "No que ela se apoia?" Nós descrevemos aqui um modelo da mente, em três camadas: a psique, a consciência substrato e, no nível mais profundo, a consciência primordial ou *rigpa*. Há diversos exemplos tanto de iogues como de pessoas comuns que foram capazes de acessar *rigpa*, de forma tal que desenvolveram poderes sobrenaturais, como clarividência e clariaudiência. Como *rigpa* está além do espaço e do tempo, essa é uma base possível para tais experiências.

> "Aponte diretamente o corpo, o rosto e a localização daquele que está presente. Investigue sua localização e o ambiente, o tamanho e assim por diante desse ser que está no comando. Olhe! Por fim, você deve investigar o ato de ir e aquele que vai, e, então, observe o destino, o caminho e o ponto de partida da mente – aquela que faz tudo – e observe como ela se move. Se você vê o ato de ir e aquele que vai, mostre-me o tamanho, a forma, as dimensões e a cor daquele que vai."

Seguindo a mesma linha, mais uma vez o Buda, o Bhagavan, desafia o Bodisatva Grande Vacuidade Ilimitada a apontar o agente e o que está ao seu redor. Ele não quer dizer "pense a respeito"; ele quer observação, investigação empírica. "Por fim, você deve investigar o ato de ir e aquele que vai." Vá a algum lugar, mas não tenha nada em mente a não ser o mero evento de ir e permita que esse seja o foco único da sua atenção. Conforme você caminha, escolha um destino, observe o destino e, então, observe o caminho para chegar até lá e "o ponto de partida da mente". Perceba "aquele que faz tudo e observe como ele se move".

Isto não é igual à aplicação da atenção plena ao corpo, dentro da prática das quatro aplicações da atenção plena. Ali, você observa o seu corpo – os seus pés em contato com o chão, os movimentos do corpo, as sensações e assim por diante. Isto é muito mais sutil. O referente da palavra "ela" é a mente. Observe como a mente se move. Nós estamos realmente interessados na natureza desse agente e esse é o tema fundamental do Dzogchen. Vamos ficar apenas com a mente. Vamos compreender a mente, penetrá-la, sondar as suas profundezas. Tudo o mais será revelado como consequência. O Buda disse: "Todos os fenômenos são precedidos pela mente. Quando se compreende a mente, todos os fenômenos são compreendidos."[20]

"Se você vê o ato de ir e aquele que vai, mostre-me o tamanho, a forma, as dimensões e a cor daquele que vai." Considere que, quando não está sendo cauteloso e não está se questionando intensamente sobre isso, você tem a sensação de que, aonde quer que vá, a sua mente vai junto, certo? Se está aqui, a sua mente também está. Ela não está ali adiante. Se tem a sensação de que a sua mente está em movimento, observe exatamente como a mente se movimenta. Qual é a natureza da mente que está em movimento, enquanto vai daqui para lá? Veja!

> Grande Vacuidade Ilimitada respondeu: "Ó Mestre, Bhagavan, eu não tenho olhos e, então, não há nada que surja para mim como forma. Da mesma forma, eu não tenho ouvidos e, então, não há nada que surja para mim como som. Eu não tenho nariz e, então, não há nada que surja para mim como cheiro. Eu não tenho língua e, então, não há nada que surja para mim como sabor. Eu não tenho corpo e, então, não há nada que surja para mim como sensação tátil."

O Bodisatva, que aprende muito rápido, aceita o desafio, olhando não para o espelho, mas diretamente para a natureza da própria consciência. Ele recolheu a sua consciência, porque, se você mantiver os seus olhos completamente abertos, é claro que verá formas. No entanto, o Buda o instruiu a ignorar fenômenos externos, corpo e assim por diante, e a investigar a natureza da mente. Vamos imaginar que o Bodisatva Grande Vacuidade Ilimitada possui o poder do *samadhi* (ou, "da concentração unifocada") e é capaz de recolher a plena força da consciência dos sentidos físicos, das formas visuais, dos sons e assim por diante, recolhendo-a exclusivamente para dentro do domínio da mente, talvez até mesmo diretamente para o domínio da consciência substrato. Dessa perspectiva, ele diz: "Eu não tenho olhos e, então, não há nada que surja para mim como forma." Em seu modo atual de consciência, não há formas, do mesmo modo que não há aparências para os outros sentidos. Essa é uma experiência semelhante ao sono profundo, porém, um sono profundo luminoso.

> "Portanto, já que me faltam os cinco sentidos e as suas aparências, não surge um 'eu'. Se aquele que surge não é demonstrado como sendo real, desse momento em diante, a assim chamada mente também não é considerada real e é, portanto, não-existente. Até agora, deveria haver algo que portasse atributos, chamado de 'este ser'. Já que eu sou vacuidade não-originada, a fonte de minha originação é vazia. Em relação à busca da fonte, a terra é algo que eu criei. De maneira similar, todos os fenômenos, incluindo água, fogo, ar e espaço, não são nada além de aparências da autoapreensão. Isso implica que o 'eu' que surge não pode ser encontrado em lugar algum."

Uma interpretação que pode se aplicar aqui é que o Bodisatva Grande Vacuidade Ilimitada tenha se recolhido inteiramente para dentro da consciência substrato. Ali, os cinco sentidos estão completamente inativos, bem como as demais faculdades mentais. Ali, o próprio senso de um "eu" está inativo. "Se aquele que surge" – o eu, a essência ou o agente – "não é demonstrado como sendo real, desse momento em diante a assim chamada mente também não é considerada como real e é, portanto, não-existente". Quando repousa na consciência substrato, você perde temporariamente a sua mente. A sua psique não está ali. A sua essência não está explicitamente ali. Ela se tornou inativa, porque não há aparências. Até mesmo a própria mente era apenas uma aparência e, portanto, é não-existente – não-existente no sentido de "não verdadeiramente existente". Ela não tem qualquer existência própria, inerente, verdadeira. É apenas uma aparência.

Por meio da observação, o Bodisatva não pôde encontrar nenhuma entidade que portasse atributos – "este ser". Ao dizer: "já que eu sou vacuidade não-originada", ele agora começa a se definir. Continue considerando as possibilidades de interpretação aqui: "A fonte de minha originação é vazia." Em outras palavras: "Eu não tenho origem, eu não venho de lugar algum." Quando questionado se surgiu da terra, "pelo contrário", ele responde. Terra é algo que ele criou, imputada conceitualmente sobre as aparências de solidez e firmeza. "De maneira similar, todos os fenômenos, incluindo água, fogo, ar e espaço, não são nada além de apenas aparências da autoapreensão."

Tenha em mente que, aqui, a palavra "essência" pode se referir não apenas à essência de uma pessoa, mas também à essência de qualquer fenômeno. Alguma coisa surge e, então, nós imputamos terra, fogo, ar, espaço e assim por diante ao fenômeno que surge, e, através dessa imputação, ele se torna existente. "Isso implica que o 'eu' que surge não pode ser encontrado em lugar algum." O senso de um 'eu' surge, mas a partir de quê? Quão profunda é a sua realização aqui? Ele não nos diz, ele está apenas nos oferecendo a sua experiência.

Considere duas possibilidades, sendo a primeira: por meio da prática de shamatha, ele atingiu a consciência substrato. Não há um "eu", não há sensações físicas. As experiências mentais do senso de identidade pessoal e assim por diante estão todas surgindo, simplesmente, como manifestações ou aparências da consciência substrato. Ela é vazia: "Eu sou vacuidade não-originada." Ele não está encontrando nenhuma origem ou base a partir da qual a consciência substrato emerge. Além do mais, todas as aparências subsequentes no estado de vigília, quando ele se envolve com a realidade física, são apenas aparências do substrato, o espaço luminoso e vazio da mente. Assim como todas as aparências mentais e sensoriais surgem desse espaço, da mesma forma, todos os processos mentais subjetivos da mente grosseira surgem da consciência substrato. Qual é a natureza das aparências que surgem? Assim que surgem, nós nos fixamos a elas, nós as encaixamos na nossa grade conceitual, cheia de definições e linguagem, e dizemos "ah, isso é terra, aquilo é água, fogo, ar, espaço" e tudo o mais. O termo para isso é autoapreensão, seja direcionada a si próprio, a outras pessoas ou a outros fenômenos. À medida que você se aproxima da aparente localização do objeto reificado e finalmente chega a esse local, não há nada. Nunca houve coisa alguma, havia ali apenas uma aparência daquilo.

Aqui está outra possibilidade, com respeito à profundidade da experiência do Bodisatva. Quando ele diz "eu sou vacuidade não originada", ele pode ter de fato experimentado *shunyata*, a vacuidade, que é algo muito mais profundo do que o substrato. Terá ele atravessado todo o caminho e penetrado a natureza da realidade, vendo diretamente que todos os fenômenos são eventos relacionados de forma dependente, cada um deles destituído de, vazio de qualquer natureza inerente própria?

Agora, ele se identifica. Onde ele repousa?

> "Eu sou a natureza livre de fixações da vacuidade e, portanto, não há lugar onde eu permaneça. Em relação ao assim chamado corpo: dores, inchaços, nódulos, úlceras e assim por diante podem aparecer no corpo que surge no estado desperto, mas não estão presentes no corpo de sonho. E as dores, inchaços, nódulos e úlceras que afligem o corpo e membros em um sonho estão ausentes no estado desperto. Durante o estado desperto, o corpo pode ser ferido ou espancado em punição por um rei, mas nada disso surge no corpo de sonho. Se isso acontecer em um sonho, não está presente no corpo em estado desperto. Da mesma forma, localização, ambiente e quem os possui, quer apareçam no exterior ou sejam apreendidos como sendo internos, nada mais são do que as minhas próprias aparências.
>
> Portanto, eu não permaneço nem em fenômenos externos nem em internos, nem tampouco fenômenos externos ou internos permanecem em mim. São aparências da autoapreensão, como um mágico e as suas mágicas. Mas não são criados intencionalmente, como no caso do mágico e as suas mágicas.

> "A identidade surge e, então, as aparências externas surgem automaticamente, mas não têm localização. Ainda que você investigue o destino e o seu agente, aquele que se move e o seu destino não têm existência objetiva, e, então, não são acompanhados pela natureza de 'eu' ou 'meu'."

Por enquanto, vamos manter a hipótese de que ele está se referindo à consciência substrato e nada mais. Há algo aqui que indique que ele está se referindo a alguma coisa além disso? Da perspectiva da consciência substrato, a aparência do seu corpo no estado de vigília não é nem mais nem menos real do que o seu corpo no estado de sonho ou no *bardo* do pós-morte, porque todas essas aparências emergem do substrato. O assim chamado corpo físico pode ter dores, doenças e assim por diante no estado de vigília, mas elas não estão presentes no corpo de sonho. Você pode ter um corpo bom e perfeito no estado de sonho, não importando o quão malformado seja o seu corpo do estado de vigília, e ter ainda outro corpo com características diferentes no *bardo* do pós-morte. Esses são três corpos diferentes, todos surgindo de uma mesma fonte, mas o que ocorre com um não necessariamente ocorre com os outros. Na verdade, eles normalmente são diferentes.

> "Todos os fenômenos surgem e, ainda assim, não são nada além do domínio das identidades. Além do mais, como corpo, fala e mente nunca existiram separadamente, as suas aparências têm o mesmo sabor. Em todas as aparências do estado de vigília, aparências do sonho e aparências além desta vida, corpo, fala e mente são indistinguíveis de mim. Então, é certo que aquele que vai e o seu destino não são fenômenos reais."

Quando o Bodisatva Grande Vacuidade Ilimitada diz que todos os fenômenos não são nada além do domínio das identidades, ele está se referindo a *rigpa*? Ele chegou a tal profundidade? Até o momento, eu ainda não vejo evidência de que ele tenha ido além da consciência substrato. Ele já falou sobre como a mente pode deixar o corpo e a fala se tornar muda, portanto, de alguma forma são distintos. No entanto, aqui, o que ele deve estar querendo dizer é que todas as experiências da fala não estão nunca separadas da mente. Não são nada mais do que expressões, aparências para a mente. Da mesma forma, todas as experiências do corpo não são nada mais do que manifestações da mente. Nós nunca tivemos qualquer contato com o nosso próprio corpo, com a nossa própria fala ou com a de qualquer outra pessoa que tenha existido, de forma isolada ou separada, das nossas próprias mentes. Todas as nossas experiências são aparências para a mente.

Como podemos experimentar as aparências de corpo, fala e mente como tendo um só sabor? Uma forma é: ao fazer a prática simples de atenção plena à respiração, deixe, algumas vezes, que a sua consciência preencha todo o seu corpo, porém com o mínimo possível de sobreposição conceitual. Pare de imaginar qual é a aparência do seu corpo. Observe se consegue deixar de lado todas as sobreposições baseadas na memória da aparência do seu corpo e deixe a sua consciência permanecer tão límpida quanto possível. Simplesmente, observe o que está sendo apresentado ao sentido tátil, a cada momento – os ritmos, os tremores, os formigamentos, os movimentos. Enquanto mantém a atenção dessa forma, observando o ritmo da inspiração e da expiração, você também pode tomar consciência dos pensamentos e das imagens. Então, pode lhe ocorrer que esses pensamentos e imagens não estão acontecendo em um local diferente do seu corpo. O corpo ao qual você está atento não é demarcado por uma área que possui sensações táteis e imagens, enquanto pensamentos ocorrem em algum outro local. O domínio da experiência do corpo é, simplesmente, um subconjunto do domínio da experiência da mente. Eles não são nem separados nem adjacentes. Toda a experiência do corpo nada mais é do que sensações surgindo para a mente.

De uma maneira semelhante, o Bodisatva diz que as aparências de corpo, fala e mente no estado de vigília, nos sonhos e no pós-morte "são indistinguíveis de mim". Ou seja, elas não existem além de mim, separadas de mim, com alguma natureza diferente da minha. Qual é o referente de "mim", aqui? Eu sustento que ele está se referindo apenas à consciência substrato.

A NATUREZA ESSENCIAL DA MENTE

> O Bhagavan comentou: "Ó Vajra da Mente, investigue as dimensões da sua assim chamada mente; então, determine e reconheça sua natureza essencial. O espaço externo e a mente interna são o mesmo ou são diferentes? Se são o mesmo, então, a natureza essencial da mente deve ser o espaço. Se são diferentes, você teria que concordar que o espaço no sonho, o espaço durante o dia e o espaço após esta vida não são os mesmos, e, portanto, são diferentes.

> Se o espaço anterior cessa e tipos subsequentes de espaço surgem um após o outro, cada espaço estaria sujeito a transformação, criação e destruição. Nesse caso, determine as causas e condições das quais eles surgem. Se o espaço realmente aparece durante o dia devido ao nascer do sol pela manhã, o sol também não causa o seu aparecimento durante o sonho ou após esta vida? Ou é a clara luz de sua própria mente? Não fale sobre isso apenas teoricamente, mas sim penetre isso com convicção."

Lembre-se de que o Mestre – o Vajra nascido no Lago, Padmasambhava, Samantabhadra – está se dirigindo ao Bodisatva, que disse que, ao olhar para dentro, o que vê é "a qualidade de ser incessante". Tenha em mente também o contexto global até este ponto: mostre-nos o caminho para a liberação, o caminho pelo qual podemos "atingir o estado completamente perfeito do Buda Samantabhadra em uma única vida e um corpo". E o ensinamento que está sendo dado toma a mente como caminho como algo preliminar para determinar a natureza última dos fenômenos, a vacuidade, que é, então, tomada como caminho que leva à realização da natureza de buda.

Se você for tomar a mente como caminho, deve ter uma boa compreensão do que ela é. O que é a assim chamada mente? Ela tem forma, cor ou tamanho? Descubra as dimensões da assim chamada mente, "então, determine e reconheça sua natureza essencial". O que há na sua mente que a torna a sua mente e não alguma outra coisa? Se eu disser: "Tome a sua camisa havaiana como caminho", você tem que saber como reconhecer aquela camisa havaiana em meio a todas as outras coisas. É tão trivial quanto isso. Há certas características que definem uma camisa havaiana, características pelas quais você pode identificá-la entre outras coisas. Se você sabe quais são essas características que a definem, você vai ao seu armário e consegue pegá-la.

Nos ensinamentos sobre a mente, a palavra "espaço" aparece com bastante frequência. Com base em verificação, você pode observar o espaço sem limites, o espaço vazio, o espaço luminoso ou o espaço negro, espaço profundo. "O espaço externo e a mente interna são o mesmo ou são diferentes?" Este é o Buda mais uma vez interrogando o Bodisatva Grande Vacuidade Ilimitada. Vamos identificar o espaço externo empiricamente. Você pode vê-lo, não pode? Olhe lá adiante. Pode ver o espaço entre você e outra pessoa? Se olhar por uma janela, para montanhas distantes, pode ver o espaço entre você e as montanhas mais adiante? Você não só pode ver as montanhas ali distantes como também pode ver o espaço. Qualquer um pode. Isso é o que chamamos de espaço – esse vazio entre você e eu, ou entre você e as montanhas. Além do mais esse espaço é límpido e claro.

É mais provável que prestemos atenção aos objetos que vemos do que ao espaço ao redor deles, porque temos esses hábitos e marcas. Alguns deles vêm de nossas vidas passadas, mas outros vêm do nosso corpo – os genes que herdamos de nossos antepassados, de nossos pais – em conjunto com os exemplos de comportamentos que nos foram dados. Então, temos duas trajetórias operando aqui – a da evolução e a da consciência substrato individual –, mesclando-se no que chamamos de uma "vida humana".

A partir da trajetória evolutiva, estamos todos preparados para ser capazes de verificar, identificar e de nos envolver especificamente com coisas que se movem. Isso nos ajudou a sobreviver. Se algo tem a intenção de devorá-lo e você tem a intenção de não ser devorado, ou se você mesmo está perseguindo uma presa, o movimento é de extrema importância. Estamos programados para identificar movimentos rapidamente. Se você estivesse contemplando um vasto vale e houvesse alguém lá embaixo completamente imóvel a cerca de 500 metros de distância, provavelmente você não o veria. Se essa pessoa fizer um leve movimento, no entanto, você perceberá. Você o destaca, identifica e vê que ele está ali. Então, estamos programados para movimentos e, de forma mais ampla, estamos programados para identificar objetos, porque, se há alguma coisa ali para comer, fugir ou flertar, será um objeto, alguma coisa no espaço. Nossos sentidos, portanto, estão programados para identificar, focar e, dessa forma, reificar objetos, especialmente aqueles que se movem. Do ponto de vista evolutivo ou da perspectiva biológica, isso nos ajuda a sobreviver e procriar.

Nós também operamos a partir de uma variedade de perspectivas ou influências – espirituais e psicológicas, bem como biológicas. Nas palavras de William James: "Neste momento, aquilo em que prestamos atenção é a realidade."[21] Pelas razões que eu mencionei, na maior parte do tempo estamos percebendo objetos; eles são a nossa realidade. Portanto, para que o espaço se torne real para você, é preciso percebê-lo. Não é algo que estejamos naturalmente obrigados a fazer da perspectiva biológica. No entanto, podemos fazê-lo. Podemos desenvolver esse hábito, nos familiarizarmos cada vez mais com a percepção do espaço. Ao fazer isso, o espaço se tornará mais real para nós.

Agora, temos essa questão fascinante: "O espaço externo e a mente interna são o mesmo ou são diferentes?" Ao falar da mente interna, o Bhagavan não está dizendo que a mente está realmente do lado de dentro. Ele está se referindo à forma como pensamos sobre um "mundo externo" *versus* o mundo que vivenciamos quando fechamos os olhos e olhamos "para dentro". Nós temos a sensação de que a mente de alguma forma está dentro, ao invés de existir no espaço externo. Agora, eles são o mesmo ou são diferentes? "Se são o mesmo, a natureza essencial da mente deve ser o espaço." Essa é uma possibilidade. Por outro lado, "se são diferentes, você teria que concordar que o espaço no sonho, o espaço durante o dia e o espaço após esta vida", por exemplo, no *bardo* do pós-morte, "não são os mesmos e, portanto, são diferentes. Se o espaço anterior cessa", conforme você passa de uma dessas fases de transição para outra – da fase de transição da experiência do período do dia para aquela da experiência da noite, para a fase do *bardo* –, então, em cada caso, um espaço diferente surge.

Conforme você adormece, os seus sentidos físicos se retraem e, ao passar pelo sono profundo, você emerge em outro espaço, digamos, sonhando. Se o espaço anterior, antes do adormecer, cessa, ele simplesmente desaparece? Ele se extingue? Se, em dado momento, você está observando o espaço ao seu redor e então, a seguir, os seus sentidos se recolhem no sono, o espaço anterior se torna não-existente e outro espaço inteiramente novo surge, ou seja, o espaço dos sonhos? Se for assim, "cada espaço estaria sujeito a transformação, criação e destruição". Eles surgiriam novamente, permaneceriam por algum tempo e, então, seriam destruídos. Se este fosse o caso, então, o Mestre nos desafia a encontrar as causas e condições de onde eles surgem.

No budismo, quando você encontra "causas e condições", "causas" se referem a causas substanciais e "condições" se referem a condições auxiliares. Além disso, qualquer fruto, qualquer consequência, surge na dependência de, no mínimo, uma causa substancial e, no mínimo, uma condição auxiliar. Considere a hipótese de que o espaço do sonho surja no início do sonho e que, então, seja destruído quando o sonho chega ao final. Enquanto está presente ou conforme surge, esse espaço é um fenômeno condicionado, surgindo na dependência de causas e condições. Qual é a causa substancial para o espaço do sonho? O que realmente se transforma no espaço do sonho? Pelo que o espaço do sonho é condicionado? Da mesma forma, para o espaço do período do dia e para o espaço do *bardo* do pós-morte: o que se transforma neles e pelo que são condicionados? Determine as causas e condições pelas quais esses três tipos de espaço surgem. Considere que, assim como os vários estados e processos mentais surgem da consciência substrato, durante o estado de vigília, o estado do sonho e o *bardo*, da mesma forma, todas as experiências de espaço surgem do substrato do continuum, que flui ao longo de todas essas experiências. Nenhuma dessas aparências de espaço ou seus conteúdos é mais real do que outra. Elas simplesmente surgem do fluxo do espaço da mente e retornam para ele.

Passando para a próxima questão, se o Sol, como uma fonte externa de iluminação lá adiante no espaço, é necessário, como uma condição auxiliar, para iluminar o espaço comum, para que ele de fato se manifeste, não deveria, então, também haver uma fonte externa no sonho, que iluminasse o seu espaço, como uma condição auxiliar e uma fonte similar, no *bardo* do pós-morte?

O que a Física nos diz a respeito da luz supostamente emanada pelo Sol? Podemos considerar a luz tanto como ondas eletromagnéticas quanto como partículas chamadas de fótons. Considerando a luz como partículas, ou seja, como fótons, a atividade nuclear do Sol emite uma enorme quantidade delas, com várias frequências e em todas as direções. A Física diz que as emissões de "luz" dessas ondas ou partículas do Sol não são brilhantes e não têm cor. Por si próprias, elas não se parecem com nada. Elas não são autoiluminadoras.

O Sol em si e por si não é amarelo, nem os fótons distribuídos por ele são amarelos, nem brilham as ondas eletromagnéticas distribuídas pelo Sol. Então, de onde vem toda essa luz que vemos? Os seres sencientes possuem olhos e todo o aparato visual que conecta a retina ao córtex visual. Quando esses fótons invisíveis atingem a retina, disparam uma complexa sequência de eventos eletroquímicos, (embora o processo seja pouco compreendido pela ciência), e, ao final, resulta a percepção da luz.

Portanto, poderíamos dizer que os fótons que chegam aos nossos olhos e a sequência de eventos eletroquímicos da retina ao córtex visual são condições auxiliares para a experiência de luz. Nada na cabeça é brilhante – nem a retina, nem o nervo óptico, nem o córtex visual. Quando todos esses eventos eletroquímicos no cérebro, estimulados por fótons de frequências bem específicas (sendo, em consequência, vistos como amarelos, vermelhos e assim por diante), agem como condições auxiliares, eles, então, influenciam o fluxo de percepção visual.

Desse modo, a percepção visual surge, mas a partir do quê? Qual é a causa substancial dessa percepção visual? É o continuum anterior de percepção visual ou, se você acabou de acordar, emerge da consciência substrato. Um fluxo de consciência mental – a causa substancial – transforma-se em percepção visual, que é, então, condicionada por eventos eletroquímicos no cérebro, que, por sua vez, são influenciados por fótons provenientes do meio externo.

Agora, chegamos a uma conclusão bastante interessante: para que se manifestem, luz e cor requerem consciência. Na verdade, isso é de conhecimento da ciência há séculos, desde o tempo de Descartes e até mesmo desde muito antes. Descartes, Galileu e muitos outros pioneiros da revolução científica estabeleceram uma distinção entre "atributos secundários", tais como luz e som que surgem apenas em relação à percepção sensorial, e "atributos primários", tais como localização e massa que existem independentemente da percepção sensorial. Cor e luz, por serem atributos secundários, não existem sem consciência. Portanto, a consciência é, na verdade, a fonte de iluminação, tornando manifestas todas as aparências para os sentidos. Os fótons e todos os eventos eletroquímicos no cérebro são meramente condições auxiliares permitindo que a consciência ilumine de formas específicas – como dourado, vermelho, azul e assim por diante. Quando olhamos para o Sol, o que estamos vendo, metaforicamente falando, é a luz da consciência. Se não houvesse consciência, o Sol seria invisível. Não seria luminoso, não seria brilhante e, certamente, não seria amarelo. Há algo relativo aos tipos particulares de condições auxiliares provenientes do Sol que fazem com que a luz da consciência resplandeça de forma tão brilhante. A fonte de iluminação do Sol é a mente que observa, e o mesmo se dá com as velas, lâmpadas e qualquer outra fonte de iluminação. São simples expressões da radiância da consciência.

Então, retornando à nossa questão, é possível haver uma única fonte que ilumine o espaço, seja no estado de vigília, no estado de sonho ou no *bardo* do pós-morte, isto é, a luminosidade natural de sua própria consciência – "a clara luz de sua própria mente"? "Não fale sobre isso apenas teoricamente" e não acredite na minha sugestão apenas por minha autoridade, "mas sim penetre isso com convicção". Persiga. Persiga empiricamente, persiga cognitivamente, mas chegue à convicção: o que está iluminando o mundo e o que dá surgimento ao espaço?

> Grande Vacuidade Ilimitada respondeu: "Ó Mestre, Bhagavan, a natureza essencial da minha mente é definitivamente o espaço. Durante o dia, terra, água, fogo, ar, eu mesmo, os outros, forma, som, cheiro, sabor, sensações táteis e objetos da mente se manifestam no domínio do espaço, apreendidos pela mente conceitual. Também nas aparências do sonho, a base da mente aparece como espaço e, nesse domínio, o mundo inteiro, seus habitantes e objetos dos sentidos são todos manifestados como anteriormente. Também após esta vida, a natureza essencial da mente surge como espaço e, naquele domínio, o mundo inteiro, seus habitantes e objetos dos sentidos surgem da mesma maneira: eles são apreendidos pela mente e a delusão ocorre, vez após vez."

Mais uma vez, o Bodisatva não está falando sobre a natureza última da mente, mas sim de suas características relativas, por meio das quais você pode distinguir a mente daquilo que não é mente.

Os objetos da mente "se manifestam no domínio do espaço, apreendidos pela mente conceitual". Lembre-se de que nem toda apreensão é, necessariamente, reificação. Todas as gradações de apreensão se reduzem a duas categorias: apreensão na qual designações conceituais padrão são usadas para comunicação, mas sem implicar reificação; apreensão onde ocorre a reificação. A apreensão à qual o Bodisatva se refere pertence à primeira categoria. Assim, os objetos da mente se manifestam – revelam-se – e são apreendidos, isto é, são identificados como tal. "Isto é forma, isto é cheiro, gosto, terra, água." O ato de designar é realizado pela mente conceitual.

Da mesma forma, nos sonhos "o mundo inteiro", "seus habitantes e objetos dos sentidos são todos manifestados como anteriormente". Isto é, eles parecem surgir de forma muito parecida à que surgem no estado de vigília. Nesse ambiente eles estão claramente surgindo do espaço da mente. "Também após esta vida" – aqui, ele se refere especificamente ao *bardo* do pós-morte – "a natureza essencial da mente surge como espaço e, naquele domínio, o mundo inteiro, seus habitantes e objetos dos sentidos surgem da mesma maneira". Tenha em mente que o mundo do *bardo* do pós-morte se sobrepõe ao nosso mundo. Por exemplo, existem fantasmas flutuando, observando seus corpos mortos e o pesar de seus parentes. É por essa razão que, na tradição tibetana, por até sete semanas depois da morte de uma pessoa, se você pensar nela, acredita-se que ela possa perceber esses pensamentos. Fantasmas são clarividentes. Portanto, quando pensar neles, faça-o com pensamentos bondosos e ajude-os em seus caminhos.

Sempre que a apreensão ocorre, é provável que, por puro hábito, estejamos continuamente deludidos. Por quê? Primeiramente, reificando e, então, seguindo os nossos padrões habituais "naturais", seguem-se as manifestações de desejo intenso e aversão, e todas as aflições mentais, resultando em um comportamento deludido.

> "Portanto, espaço, eu, os outros e todos os objetos dos sentidos têm um só sabor; certamente, não são separados. Além disso, é a luminosidade do próprio espaço, e nada mais, que faz com que as aparências se manifestem. A natureza essencial da mente e sua base são o próprio espaço. Várias aparências ocorrem no reino da cognição mental – consciência límpida, clara e sempre presente. A manifestação dessas aparências é como o reflexo em um espelho ou a imagem de planetas e estrelas em uma poça de água límpida e clara."

Embora, de certa forma, "eu", "os outros" e assim por diante sejam diferentes, eles não são fundamentalmente, radicalmente separados. "Além disso, é a luminosidade do próprio espaço", em referência ao espaço da mente, "e nada mais, que faz com que as aparências se manifestem". Novamente, o Sol, a lua e todas as demais fontes externas de iluminação são brilhantes, porque a sua mente é brilhante. Há apenas uma fonte de iluminação para todo este mundo: a consciência, que é não dual com o espaço. Devido à consciência tornar manifestas – ou iluminar – todas as aparências que surgem no espaço da mente, diz-se que o próprio espaço é luminoso.

Suponha que você fosse observar o espaço acima de um objeto próximo. O que há ali? Espaço vazio, certo? Agora imagine uma maçã vermelha e redonda nesse espaço. De onde veio essa imagem? Você não a retirou de uma sacola de compras e a colocou ali. Ela emergiu do espaço vazio da sua mente e é, simplesmente, uma manifestação da luminosidade que já estava lá. O espaço vazio e luminoso acima do objeto assumiu os contornos de uma maçã. Foi a luminosidade daquele espaço que permitiu o surgimento de uma maçã.

Qual é a base da sua psique? É a consciência substrato, *alayavijñana*. Portanto, quando ele diz que o espaço é a base da natureza essencial da mente, não está se referindo à base última. Está desbravando o domínio da consciência acessado por shamatha, não a base da consciência última acessada pelo Dzogchen. Podemos estar certos de que não está falando de *rigpa*, porque ele menciona uma dicotomia entre o espaço externo e a mente interna.

O Bodisatva descreve o reino da cognição mental como a "consciência límpida, clara e sempre presente". A mente possui o seu próprio reino, o seu próprio espaço e as aparências surgem nesse espaço durante o dia, durante o sonho e durante o *bardo* do pós-morte. Ele compara essas aparências a "reflexos no espelho ou imagens de planetas e estrelas em uma poça de água límpida e clara". Essas duas metáforas reaparecerão muitas vezes neste texto. Tradicionalmente, há dez metáforas padrão que ilustram a natureza ilusória dos fenômenos e, em alguns casos, todas as dez são mencionadas. Aqui, ele está utilizando apenas duas delas: reflexos em um espelho e imagens de planetas e estrelas em uma poça de água.

Se você segura um espelho e olha para alguma cena refletida ali, a cena que está vendo parece estar em algum lugar ao longe. Como você sabe, no entanto, no espelho não há nada "logo ali" que corresponda ao que você está vendo e no que está, objetivamente, focando a sua atenção. Normalmente, nós olhamos para uma cena em um espelho, na lente de uma câmera ou diretamente com os nossos olhos e acreditamos que o objeto de nossa atenção existe por si mesmo, mas o objeto é vazio de existência inerente. Com relação a imagens de planetas e estrelas a bilhões de quilômetros de distância, para qualquer finalidade prática, não há diferença entre olhar para o céu à noite ou olhar para uma poça que os reflete a seus pés. Em ambos os casos, quando você vê os reflexos ou olha diretamente para os planetas e estrelas, você está efetivamente mirando o infinito. Espelho, lentes de câmeras e olhos não conseguem distinguir esta distância do infinito. Portanto, para qualquer finalidade prática, você está agora olhando para o infinito, olhando através do planeta Terra para as estrelas, que é exatamente, objetivamente onde a imagem está. E a imagem é completamente vazia de qualquer planeta ou estrela verdadeiros.

A fonte das aparências

> "Uma vez que a consciência límpida e clara tenha se recolhido para o domínio central do espaço vazio que tudo permeia, ela terá sido direcionada para o interior. Naquele momento, a mente e todas as aparências desaparecem, à medida que se dissolvem completamente em um vácuo que tudo permeia, eticamente neutro. Pelo poder da autoapreensão, a natureza essencial deste vácuo grandioso que tudo permeia – a base dos fenômenos – surge como a mente e os seus pensamentos. Isso é certo. Já que espaço e luminosidade nada mais são do que a mente, ela própria se torna 'eu' e 'outros' pelo poder das circunstâncias contribuintes de sua claridade radiante."

Tendo se recolhido do espaço externo, dos sentidos físicos, a consciência luminosa, transparente, clara e límpida chega ao seu próprio interior, à natureza da mente – "ela terá sido direcionada para o interior". É isso o que ele quer dizer com direcionar a consciência para o interior – para longe dos campos sensoriais, para longe talvez até mesmo dos objetos da mente e, diretamente, para o interior do domínio central do espaço vazio que tudo permeia. Nesse ponto, a mente e todas as aparências – a sua psique – desaparecem. A sua mente se dissolve na consciência substrato e as aparências se dissolvem no substrato.

A consciência substrato não é realmente vazia. É como um oceano de "energia potencial" a partir do qual a "energia cinética" das aparências da mente emergem. Só agora você recolheu a sua consciência clara e límpida não apenas dos campos sensoriais, mas também da tagarelice, das imagens – para longe de todos os conteúdos da mente –, de tal forma que o que você experimenta é vazio e livre de aparências. Nesse momento, a sua mente, a sua psique, desapareceu. Você perdeu a sua mente, na medida em que "mente" é como você designou aquela vasta matriz de processos mentais que caracterizam a mente em ação. Com a mente agora inativa, tudo o que resta é a sua base, a consciência substrato, aquela da qual a mente emerge.

"Naquele momento, a mente e todas as aparências desaparecem, à medida que se dissolvem completamente em um vazio que tudo permeia, eticamente neutro." Esse é precisamente o substrato. O termo "eticamente neutro" é a dica. (Note que, aqui, eu traduzi a palavra tibetana *tongpa* como "vácuo" e não "vazio", para que o leitor não a confunda com "vacuidade".) À medida que a consciência se recolhe dos campos sensoriais, eles desaparecem, "são amortecidos", deixando um vácuo que é eticamente neutro. Já que esse é o substrato, está confirmado que o que o Bodisatva Grande Vacuidade Ilimitada vem construindo até aqui não é Dzogchen. Ao invés disso, essa foi uma introdução à prática de shamatha.

"Pelo poder da autoapreensão", mais uma vez se referindo não apenas à apreensão da identidade pessoal, mas à apreensão da identidade de qualquer objeto, "a natureza essencial deste vácuo grandioso que tudo permeia – a base dos fenômenos – surge como a mente e os seus pensamentos".

Essa não é a base da realidade como um todo, mas a base para o continuum de suas experiências vida após vida. O que desperta a consciência substrato e a faz tomar o aspecto de uma mente – seja ela uma mente humana, a mente de um sapo ou a mente de um deva? (A consciência substrato não pertence, por si mesma, exclusivamente a nenhuma classe de seres sencientes. Ela se manifesta nos seres dos seis reinos.) É por meio do poder da autoapreensão que a consciência substrato – a base de todas as experiências – manifesta aparições, como um mágico. "Isso é certo."

"Já que o espaço e a luminosidade não são nada mais do que a mente" – o que ele está afirmando aqui é ainda mais espantoso do que a noção de que a luz do Sol é uma expressão da consciência. Ele está dizendo que a luminosidade e, agora, até mesmo o espaço não são nada mais do que a mente. Além disso, "a própria mente se torna 'eu' e 'outros' pelo poder das circunstâncias contribuintes de sua claridade radiante".

Conforme comentei anteriormente, a apreensão por si só não implica automaticamente a reificação. É, simplesmente, um ato de identificação. A mente alcança algo e o designa conceitualmente: "Ali, lá está Jane." Nenhuma aflição mental ou delusão é implicada. Convencionalmente falando, Jane está ali. Por meio da apreensão, neste caso, a apreensão à identidade da Jane, estou cercado de objetos – objetos com atributos, como a cor do cabelo da Jane, sua altura, talentos, história pessoal e assim por diante. Como algo logo ali possui todas essas coisas? Pelo poder da designação conceitual. Alguém é designado Jane e, tão logo haja uma designação para uma base – neste caso, o corpo de Jane –, eu posso identificá-la como tal. O que permite que haja um portador de atributos, um portador de partes, um portador de roupas, um portador de mente? A designação conceitual reúne tudo.

A autoapreensão ou designação conceitual, por um lado, e a claridade radiante, por outro, são duas coisas diferentes. Não estão competindo e sim trabalhando juntas. Se, ao olhar na direção de Jane, a claridade radiante da minha consciência não visse cores e imagens surgindo, eu não seria capaz de gerar a designação "corpo", nem "corpo da Jane" e muito menos "Jane". Portanto, não é um processo puramente conceitual que nos oferece as próprias aparências básicas. Tenha também em mente que a claridade radiante da consciência não se refere exclusivamente ao modo visual. A luminosidade da consciência também se manifesta como odores, tato, terra, água, fogo e ar, bem como todos os outros fenômenos. Portanto, as próprias aparências estão emergindo da luminosidade da consciência.

De onde surgem essas aparências? Do espaço da consciência. As aparências surgem e, então, a partir do hábito, nós identificamos objetos familiares. No passado, eu vi muitas pessoas que se pareciam bastante com Jane, que tinham uma cabeça, duas pernas e assim por diante – sou capaz de identificar Jane como "ser humano, sexo feminino". Eu a classifiquei assim que a encontrei, porque havia visto muitas pessoas como ela antes. Podemos dizer que, para esse tecido das experiências, o espaço da mente é a causa substancial – os "fios" das aparências – e a mente que designa objetos é a condição auxiliar, o "tecelão" que os está tecendo. Aí está a apreensão, que pode ser inócua, como na simples designação "lá está a Jane".

Portanto, os objetos surgem (1) na dependência de causas e condições prévias. Eles surgem (2) na dependência de suas próprias qualidades e atributos. Se as qualidades estivessem faltando, o objeto não surgiria. Por fim, eles surgem (3) pelo poder da designação conceitual. Se você remover as causas do objeto, ele não está ali. Se você remover os atributos, ele não está ali. Se você remover a designação conceitual, não há objeto que *possua* as qualidades que atribuímos a ele.

Para ampliar o nosso entendimento sobre isso, investiguemos mais profundamente as bases da designação. Suponha que colocássemos o nosso olhar no Monte Everest, cuja imagem e cujos atributos visuais nos são familiares. Olhando para o monte Everest, temos uma forte sensação de que, é claro, realmente há alguma coisa ali e de que a montanha realmente existe por si própria. Muito bem. A seguir, como experimento mental, remova todos aqueles atributos pelos quais nós identificamos o Monte Everest – o seu pico característico, as enormes paredes de neve com gelo logo abaixo, sua altura, localização, contornos e assim por diante. O que aconteceu com o Monte Everest? Torna-se óbvio que uma montanha em particular que possua tais atributos é algo designado pela mente, pois, agora, não pode ser encontrada em parte alguma. O fato de que tenha "isto" e não "aquilo" – as demarcações do Monte Everest em oposição aos vales e montanhas adjacentes – é arbitrário. Por parte do objeto, não há nada que diga: "Eu começo aqui e termino ali." Portanto, é o poder da designação conceitual que demarca o Monte Everest, em relação ao que, ao seu redor, não é Monte Everest, e permite, então, que o Monte Everest tenha várias características. Sem a designação conceitual, o Monte Everest não existe. Ele existe tão logo seja designado. Deixa de existir assim que não for mais designado como tal.

Levando isso um pouco adiante, quem somos nós, antes de começarmos a tomar a mente como nosso caminho? O que é a mente – o veículo, a nave com a qual iremos daqui até a base da mente, para realizar shamatha e utilizar essa realização como base para futuras explorações? Mais uma vez usando Jane como exemplo, quando olho para ela, vejo o seu corpo, mas ele não é a Jane: ele é apenas um pedaço de carne. Esse corpo é uma base de designação, mas não é a Jane. Então, eu poderia ouvir a voz de Jane ao telefone e dizer "Ah, é a Jane", usando a sua voz como base de designação. Mas isso também não é a Jane. Agora, suponha que Jane estivesse sozinha em um tanque de privação sensorial. Ela está privada das cinco modalidades sensoriais de suas sensações físicas. Escuro como o breu, completamente silencioso, nenhum movimento e ela não tem uma sensação nítida do seu corpo. Enquanto está no tanque, pensamentos, memórias, imagens e assim por diante surgem na mente de Jane. Ela diz a si mesma: "Aqui estou eu. Eu devo estar aqui." Uma imagem do seu rosto vem à sua mente. Ainda assim, nenhum desses fenômenos mentais que surgem são a Jane.

Corpo, fala e mente são, frequentemente, as bases de designação de uma pessoa. Jane poderia estar em pé no banheiro, olhando-se no espelho e pensando "aqui estou eu", e poderia designar a si mesma com base em seu corpo, fala e/ou mente. Com base em qualquer um deles. Mas nenhum desses três ou qualquer combinação deles é a Jane. No entanto, utilizar o corpo, a fala e/ou a mente é uma base convencionalmente válida, sobre a qual dizemos: "Jane está ali."

Outro exemplo: a mente é designada com base em qualquer coisa que nela surja. Ainda assim, nem uma única coisa que surja, nenhum evento que surja no espaço da mente de Jane – uma emoção, uma imagem, um pensamento –, nenhum deles é a mente de Jane, não mais do que qualquer célula específica de sua mão é uma mão. No entanto, a mão pode ser designada com base no conjunto de células em sua mão. Eu poderia passar apenas o meu dedo mindinho pelo vão da porta e você diria: "Ah, aquela é a mão de Alan." Você não precisa ver a mão toda. Caso contrário, você nunca seria capaz de designar a mão, porque você nunca a vê por inteiro. Você vê apenas o lado da frente e eu vejo apenas o lado de trás. Então, da mesma forma, você designa a sua mente com base em coisas que não são a mente – um pensamento, uma imagem, a consciência, eventos mentais. Nenhum deles é a sua mente. Da mesma forma, com relação a Jane, por meio do corpo, fala e mente – sendo que nenhum desses é a Jane – podemos designá-la de forma válida, e essa Jane que designamos pode realizar e vivenciar todos os tipos de coisas.

Agora, vamos considerar Jane totalmente fora do contato com o seu corpo. Poderia ser no *bardo* do pós-morte, onde não há corpo físico, ou poderia ser em um sono profundo ou no estado de sonho. No estado de sonho, você está de fato sem contato com o seu corpo, o que significa que não tem nenhum tipo de experiência consciente dele. Assim, vamos deixar de lado o corpo e a fala de Jane. Deixaremos de lado até mesmo a sua mente, lembrando que definimos "mente" como pertencente à matriz de eventos mentais que surgem na dependência da consciência substrato, influenciada por uma miríade de fatores relativos ao corpo, ambiente e assim por diante. Nós vamos até a base, à consciência substrato, onde Jane perdeu a sua mente. A mente está inativa. Há apenas a consciência substrato, que segue vida após vida, sem início e nem fim, e que se manifesta feito mágica como todos os tipos de formas e todos os tipos de mentes.

A consciência substrato é uma pessoa? Não, ela é um continuum de consciência. Mas suponhamos que Jane esteja aqui, lendo isto e recebendo estes ensinamentos. Voltar-me para ela e dizer "você está aqui agora devido ao carma que acumulou em vidas passadas" poderia ser uma afirmação convencionalmente válida. Quando eu a questiono, qual é a base daquele primeiro "você"? Jane, a pessoa que vive agora, não existia nas vidas passadas. Talvez, tenha 50 anos agora. Ela não existia há cem anos. Na minha afirmação, "você está aqui agora devido ao carma que *você* acumulou em vidas passadas", a base de designação desse segundo "você" é a sua consciência substrato. Essa é a conexão entre a sua existência atual e a sua existência em vidas passadas.

Além disso, se em outra existência ela era "Billy Bob", essa era uma pessoa diferente. Nesse caso, eu não poderia dizer "você", porque ele não é esse você. Billy Bob tem seu próprio corpo, fala e mente, e cada um desses poderia servir de base de designação para ele, mas ele compartilha do mesmo continuum de consciência substrato que Jane. A consciência substrato não é uma pessoa, mas com base nesse continuum de consciência mental, é perfeitamente válido dizer: "Você está aqui agora devido ao carma que acumulou em vidas passadas."

Da mesma forma, posso dizer: "Se continuar praticando, nesta ou em alguma vida futura, você se tornará um buda." A base de designação não é, necessariamente, o seu corpo atual, especialmente se eu disser "em alguma vida futura". Até lá, você terá perdido esse corpo. Ele terá se tornado ossos, terra, poeira. Não terá nada a ver com você, em alguma vida futura. Ele se limita ao contexto de uma única vida humana, dentro do contexto maior do *samsara*.

Agora, vamos ampliar a nossa visão, expandindo-a até a visão Dzogchen. Dessa perspectiva, podemos dizer: Jane, agora é válido que você diga "eu sou uma buda". Neste caso, qual é a base de designação? A menos que se seja um buda, seria ridículo designar-se um buda com base no seu corpo, fala e mente comuns. Isso não é válido em nenhum sentido do termo. Da mesma forma, com base na sua consciência substrato, que segue desde incontáveis vidas passadas, dizer que você é um buda é igualmente falso. Sobre essa base, você pode dizer que é um ser senciente. No entanto, sobre a base do *dharmakaya*, que está sempre presente, sobre a base de *rigpa*, que está sempre presente, sobre essa base de designação, que, afinal de contas, também não é uma pessoa, você pode designar um "eu", dizendo: "Sou um buda." Isso é válido. Cada caso tem uma base de designação diferente. Nenhuma dessas bases de designação é uma pessoa. Mas imputar uma pessoa a qualquer uma dessas bases de designação é perfeitamente válido. No entanto, não é válido misturá-las.

A designação conceitual é o nosso único portal para o conhecimento? Para nós, como seres comuns, o que nos permite identificar qualquer coisa é o poder da designação conceitual. Para nós, neste momento, a "realização direta da vacuidade" está além da imaginação. Ainda assim, existem meios de conhecer que não implicam designação conceitual. Isso significa que, quando você se tornar um *arya* – repousando em equilíbrio meditativo, percebendo a vacuidade de forma não conceitual –, uma vez que o seu aparato conceitual esteja completamente inativo, você não conhecerá nada?

Você conhecerá, mas de uma forma não conceitual, de uma maneira inimaginável, de uma maneira sem precedentes, onde há um conhecimento que surge da consciência não dual daquilo que você conhece. Dessa perspectiva, não há o sentido de um sujeito ou um objeto, pois você terá transcendido esta dicotomia.

Suponhamos que você seja um *arya* e que tenha me dito que está prestes a acessar uma realização não conceitual da vacuidade. A seguir, eu digo a alguma outra pessoa que, neste momento, você está acessando a vacuidade. Esse é um discurso válido, da minha perspectiva. No entanto, da sua perspectiva de realização não conceitual da vacuidade, não significa absolutamente nada, porque você está completamente fora do ciclo de designação conceitual e da linguagem. Assim como a realização não conceitual da vacuidade não implica designação conceitual ou identificação, porque a conceituação não está ocorrendo, o mesmo é verdadeiro para *rigpa*. Nós ouvimos ensinamentos Dzogchen, todos eles direcionados a alcançar uma realização não conceitual daquilo que é inefável e inconcebível. Nosso texto, *A Essência Vajra*, é um dos inúmeros livros projetados para nos ajudar a atingir essa realização. Nós ouvimos sobre *rigpa* e obtemos um entendimento conceitual a respeito dela. Os ensinamentos em si são uma ponte que, em primeiro lugar, nos fornece algumas indicações sobre onde e como mantermos nossa atenção. Então, assim como no processo de realização da vacuidade, onde os véus conceituais se tornam mais e mais tênues e, por fim, desapareçam, o mesmo ocorre com *rigpa*. A linguagem está ali, os ensinamentos estão ali, as instruções essenciais estão ali para nos dar um vislumbre. E, então, nós seguimos esse sabor e lentamente nos livramos dos véus e processos de identificação conceitual.

Lembre-se desta frase do texto raiz, que examinamos perto do início deste capítulo: "Quando o corpo e a mente se separam, as experiências de alegria e tristeza – alcançando até mesmo o estado de iluminação ou afundando nos três reinos do samsara – se devem todas ao engajamento delusório da consciência mental com os objetos." Quando eu traduzi isso, pensei: "O quê? Alcançando até mesmo o estado de iluminação?" Essa realização, a iluminação, tudo é decorrente da consciência mental deludida envolvendo-se com objetos? Não parece fazer o menor sentido. Gyatrul Rinpoche oferece este comentário: "Embora não se atinja o estado de iluminação com a mente deludida que se envolve com objetos, uma vez que a consciência é primordialmente pura, a sua consciência, neste exato momento, é primordialmente pura; a sensação de que ela atinge um estado de iluminação se deve apenas às construções mentais de cada um." Portanto, toda a noção de avançar ao longo do caminho e de, no final, atingir a iluminação apenas faz sentido dentro do contexto de uma mente deludida envolvendo-se com construções conceituais. Por um lado, pode parecer irônico, mas faz perfeito sentido que a mente convencional, impura, deludida tenha um papel importante e positivo guiando-o no caminho para a iluminação. Afinal de contas, quem o lembra de praticar?

Os frutos da prática

"Tomando a própria mente como caminho, uma pessoa de faculdades superiores realiza diretamente a natureza da existência da talidade – a realidade última – e atinge a consumação de *samsara* e nirvana, alcançando a liberação no domínio absoluto do espaço prístino. Uma pessoa de faculdades medianas atinge essa certeza no reino da não forma e uma pessoa de faculdades inferiores experimenta o êxtase no reino da forma. Para uma pessoa cujas faculdades são as mais básicas, o caminho é experimentado como felicidade no reino do desejo. Por favor, Mestre, explique como isso acontece."

Agora, retornamos ao tema inicial deste capítulo – tomar a mente como caminho. Que extraordinário. É como se nem estivéssemos praticando "budismo". Não estamos pegando algo exótico, de alguma tradição externa a nós mesmos – do "misterioso oriente", da "sabedoria antiga do leste" ou da tradição budista contraposta à tradição hinduísta ou sufi. Claro que em certo sentido estamos, mas, essencialmente, estamos apenas tomando a realidade como o nosso caminho, e a realidade que inicialmente é a mais relevante para penetrar a natureza da consciência é a nossa própria mente. Afinal, nós não temos acesso direto à vacuidade ou *rigpa*. Neste momento, o acesso mais próximo que temos a essas verdades profundas é a mente. Então, tomamos o que temos de mais próximo à consciência prístina e fazemos disso o nosso veículo. Isso é tomar a realidade como caminho. Dessa forma, podemos prosseguir com grande confiança. Podemos ter dúvidas sobre o budismo e sobre as suas referências a coisas como o Monte Meru, os fantasmas famintos ou os infernos quentes e gelados. Podemos ter muitos receios sobre o que tomar de forma literal ou metafórica, absoluta ou convencional. Contudo, por enquanto, estamos apenas tomando a mente como caminho. Essa é uma base bastante firme.

Quem é "uma pessoa de faculdades superiores"? Lembre-se de que todos nós temos a mesma natureza de buda. Nossas diferenças residem em nosso histórico cármico: práticas de vidas anteriores e práticas desta vida. Apenas no dado momento, isso prové a algumas pessoas aquilo que chamamos, em termos relativos, de "faculdades superiores", a outras, "faculdades medianas" e assim por diante. No entanto, uma pessoa de faculdades medianas aos 22 anos pode muito bem ter faculdades superiores aos 52 anos de idade. Se você progredir ao longo do caminho, é bem provável que, mais cedo ou mais tarde, seja exatamente isso que venha a acontecer. Portanto, não vamos reificar essas delimitações de pessoas de diferentes faculdades.

"Tomando a própria mente como caminho, uma pessoa de faculdades superiores realiza diretamente a natureza da existência da talidade – a realidade última..." Ela se torna manifesta, totalmente real. Ela se torna a sua realidade.

Aqui, "talidade" é realmente um sinônimo para "vacuidade". "Realidade última" também é, de modo geral, um sinônimo para "vacuidade". Para uma pessoa de faculdades bem aguçadas que tenha tomado este texto, estudado e meditado bem sobre ele, apenas esta seção já poderia ser o suficiente para realizar a vacuidade. Isto poderia ser o suficiente, mesmo sem nunca ter lido a seção sobre *vipashyana* da *Essência Vajra* ou o material que exploraremos a seguir, cobrindo as várias páginas seguintes do texto raiz.

Este material é explicitamente sobre shamatha, mas um tipo bastante específico de shamatha. Aqui, você não foca uma imagem do Buda ou a respiração. Tomar a mente como caminho é algo muito especial. Portanto, é possível que uma pessoa que siga esta abordagem, uma pessoa de faculdades superiores, alguém bastante maduro ou, como disse o Buda, "com pouquíssima poeira sobre os olhos", consiga realizar a vacuidade. Para essa pessoa, o estudo e a meditação dos primeiros 9% do texto podem ser suficientes para atingir a liberação.

Essa possibilidade é similar ao comentário de Padmasambhava em *Natural liberation*,[22] onde ele ensina shamatha sem sinais. Esse comentário consiste apenas em uns poucos parágrafos, mas é absolutamente simples, conduzindo-o a investigar a natureza da mente, relaxar e, então, investigar novamente. Ele também diz que isso pode ser suficiente para realizar *rigpa*. A abordagem é expressamente projetada para shamatha, mas, para uma pessoa de faculdades aguçadas, apenas essa modesta técnica de shamatha já pode ser o suficiente para penetrar *rigpa*. Uma vez que tenha penetrado *rigpa*, você penetrou a base da consciência – o *dharmakaya* –, o que significa que, desse ponto em diante, pode tomar apenas isso como caminho, colocando-se em um caminho rápido para a iluminação. Portanto, isso poderia significar "shamatha e, a seguir, a iluminação" – de shamatha para o Dzogchen, até a iluminação. Uma pessoa superior poderia pular *vipashyana*, como uma série separada de técnicas. Todos nós teremos essa capacidade, mais cedo ou mais tarde. A "consumação de *samsara* e nirvana" é a realização do "um só sabor" de toda a realidade, que nada mais é do que a não dualidade do espaço absoluto dos fenômenos e da consciência primordial. É por meio dessa realização que você atinge a liberação do domínio absoluto do espaço prístino.

Ao mesmo tempo, "uma pessoa de faculdades medianas atinge essa certeza", a realização, "no reino da não forma". Claramente, essa é uma referência ao *samadhi*. O reino da não forma encontra-se dentro do *samsara*, mas esta é uma dimensão de existência muito sutil, que pode ser útil para conquistar o *insight* da natureza da mente. Uma pessoa de faculdades medianas penetra uma dimensão sem forma da realidade, enquanto a pessoa de faculdades superiores penetra através dos três reinos da existência, até a vacuidade, explora a natureza última da mente, indo além do *samsara*. A pessoa de faculdades medianas ou comuns, dentro do contexto do *samsara*, penetra os níveis mais profundos da mente dualista e "uma pessoa de faculdades inferiores experimenta o êxtase no reino da forma". Observe que ele não falou sobre êxtase no reino da não forma. Não há êxtase no reino da não forma. Lá, você pode alcançar a certeza, mas está além do êxtase e da tristeza. Portanto, no reino da não forma não há êxtase, não há bem-aventurança e, certamente, não há dor. É calmo demais para haver êxtase ou bem-aventurança. Mas uma pessoa de faculdades inferiores experimenta o êxtase no reino da forma. Ele pode ser atingido por meio de shamatha. Shamatha lhe oferece o acesso ao reino da forma. Ela atravessa o limiar para a experiência de bem-aventurança.

"Para uma pessoa cujas faculdades são as mais básicas, o caminho é experimentado como felicidade no reino do desejo". Isto é, você pode, por enquanto, não ter atingido shamatha e ainda estar no reino do desejo. Mas, ao seguir esse caminho, você pode alcançar uma profunda sensação de bem-estar, mais robusta do que a felicidade que normalmente experimentamos como seres comuns, porque esta tende a ser quase inteiramente dirigida por estímulos. Geralmente, sentimos prazer devido a um evento, como uma experiência sensorial prazerosa, um pensamento alegre, uma bela visualização: recebemos uma palavra gentil, provamos uma boa comida, temos uma boa experiência sexual, relembramos uma memória agradável ou temos realmente uma boa noite de sono. Algo acontece com a mente, seja mentalmente ou por meio dos sentidos, interna ou externamente. Algum objeto se aproxima, nos estimula e nós sentimos prazer. Então, quando o objeto se afasta, o estímulo desaparece e a felicidade se vai. Normalmente, para seres comuns vagando pelo *samsara*, é assim que o prazer opera.

Agora, no entanto, estamos saindo dessa síndrome, porque estamos equilibrando a mente, cultivando o equilíbrio da atenção, das emoções e da nossa cognição. Ao desenvolver uma maior sanidade, experimentamos cada vez mais frequentemente uma sensação de bem-estar independente de qualquer catalisador externo, a partir de algo que surge diretamente da natureza de nossa mente. Diante de estímulos neutros, descobrimos que, no entanto, nos sentimos muito bem. Isso não acontece porque, de alguma forma, esse estímulo neutro melhorou. Acontece porque a mente que os apreende está muito mais saudável. É uma coisa muito simples – a mente está menos aflita. Dentro do contexto mundano, você está atingindo um maior equilíbrio psicológico – isso é sanidade.

Uma vez que tenha atingido shamatha, você passa a possuir uma mente, ao invés de a sua mente possuí-lo. Agora, pela primeira vez, a sua mente não é disfuncional. É útil. Você pode fazer o que desejar com ela e isso é muito, muito bom. Até mesmo entre as sessões de meditação, desde que não perca sua shamatha, há uma sensação contínua de bem-estar. Então, quando entra em meditação, você experimenta bem-aventurança. Acione-a sempre que desejar. Assim, poderá ver por que as aflições mentais surgem tão raramente e de forma tão suave sob essas condições.

As instruções explícitas

Ao pedir ao Mestre para "explicar como isso acontece", o Bodisatva Grande Vacuidade Ilimitada quer que ele vá direto ao ponto, que explique como se pode obter uma compreensão mais profunda de shamatha – "por favor, explique como tomar a mente como caminho". Como poderemos ver nas páginas seguintes do texto, esta simples prática dá origem a uma ampla variedade de resultados, dependendo das qualidades da mente ou, em outras palavras, do grau de maturidade espiritual que você traz para a prática. Os resultados são todos muito bons – felicidade no reino do desejo. Isso seria ótimo!

> Ele respondeu: "Ó Vajra da Mente, primeiro, funda essa mente com o espaço externo e permaneça em equilíbrio meditativo por sete dias. Então, fixe a sua atenção em uma pedra, em um bastão, em uma representação física do Buda ou em uma letra e permaneça em equilíbrio meditativo por sete dias. Então, imagine um *bindu* de cinco cores, radiante e claro em seu coração, fixe a sua atenção nele e permaneça em equilíbrio meditativo por sete dias. Para alguns, isso posiciona a mente em um estado de bem-aventurança, clareza e vazio. Essa experiência, desprovida de pensamentos, como um oceano sem ondas, é chamada de 'quiescência com sinais'."

O Bhagavan respondeu: "Ó Vajra da Mente, primeiro, funda essa mente com o espaço externo e permaneça em equilíbrio meditativo por sete dias." Começando por essa frase, encontramos as instruções explícitas de shamatha. Como se toma a mente como caminho? Retire-se por uma semana e pratique a fusão da sua mente com o espaço. Encontre um ambiente apropriado, sente-se na vastidão do espaço, atento a ele, e permaneça com os olhos abertos – muito importante, com os seus olhos abertos – e, simplesmente, mantenha a presença no espaço. Isso é tudo! Não precisa fazer mais nada. Apenas sustente a presença do espaço, o espaço intermediário entre os objetos visuais aparentes e a sensação da sua própria presença subjetiva por sete dias, tão continuamente quanto possível. É claro que, no decorrer desses sete dias, as suas sessões provavelmente se alternarão com períodos pós-meditação, quando você não estará explicitamente praticando. De maneira geral, isso é o que os iogues fazem, é assim que eles praticam. No entanto, se você tiver poucas distrações e demandas do seu tempo, pode repousar nessa espacialidade continuamente. Pode manter esse estado mesmo quando estiver comendo. Quando estiver no banheiro, apenas repouse nesse espaço. Essa é a instrução: todo o dia, durante sete dias, simplesmente repouse a sua mente no espaço.

Qual é o melhor ambiente para esta prática? É claro que sentar-se em um ambiente natural, espaçoso – por exemplo, nas montanhas, no deserto ou à beira-mar – seria bastante favorável, mas não é mandatório. Quer você esteja nas montanhas ou em uma pequena sala, é importante manter os olhos abertos e não se fixar, não se apegar aos fenômenos que surgem à sua percepção visual. Portanto, fite o espaço à sua frente e note que isso não é grande coisa: deixe que seja absolutamente normal. Não pense que está fazendo algo especial, porque não está. Lá está o espaço à sua frente. Esteja apenas presente com ele, isto é, esteja atento a ele, perceba-o. Evite envolver-se com detalhes, tais como rotular: "Lá está a almofada. Ela está sobre um tapete vermelho. A almofada é macia. O tapete é duro." Se deslizar para esse tipo de apreensões, terá reduzido a espacialidade da sua meditação. Terá diminuído bastante o seu espaço. Você não precisa lidar com esses objetos agora. Eles não são pertinentes à sua meditação, o que significa que pode simplesmente ignorá-los.

Seja qual for o ambiente, primeiramente, direcione a sua consciência para o espaço entre os objetos e você. Então, libere qualquer apreensão. Deixe de lado todas as designações conceituais. Sinta-se satisfeito com as meras aparências que surgem à percepção visual – formas e manchas coloridas. Agora, relaxe o seu olhar ainda mais, olhando diretamente através dos objetos intermediários, permitindo que os seus olhos fitem o infinito. Dessa forma, sejam quais forem os objetos que ali estejam, eles estão fora de foco e você não se preocupa com eles. Os olhos são liberados, como se você estivesse olhando para o céu. Você não está mais prestando atenção ao espaço entre você e os objetos lá fora, quer eles estejam a dois metros ou a 100 quilômetros de distância. Você está fundindo a mente com o espaço. O espaço é desimpedido, porque as cores não obstruem o espaço, assim como o arco-íris. As cores não obscurecem o espaço. Portanto, isso lhe dá um grande espaço, ainda que você esteja praticando em uma pequena sala.

Há uma regra prática geral para quando as distrações internas surgirem em sua meditação: se a sua mente se agitar, direcione o seu olhar para baixo. Se a mente perder energia ou clareza – tornando-se embotada ou sonolenta –, eleve o seu olhar. Este conselho também se aplica a visualizações, como ao visualizar uma deidade. Nesse caso, quando você se sente embotado, você eleva a imagem visualizada e, quando a excitação perturba sua tranquilidade, você a traz para baixo.

"Então, fixe a sua atenção em uma pedra, em um bastão, em uma representação física do Buda ou em uma letra..." O que os tibetanos querem dizer com "uma letra" é uma sílaba, como "ah", isso porque todas as letras deles são sílabas. Então, você pode fixar a sua atenção em uma imagem visual da letra e "permanecer em equilíbrio meditativo por sete dias". Escolha um desses objetos, qualquer um deles, ou pode alternar um pouco, usando vários desses objetos. Pode escolher flores, bastões e pedras, representações do Buda ou escrever uma sílaba em sânscrito, como "*om*", "*ah*" ou "*hum*", e usá-la, ou, se desejar, focar uma imagem sagrada como a de Tara ou de Padmasambhava.

Essa é uma prática visual. Ainda que não possa atingir shamatha focando um objeto visual, essa é uma boa maneira de estabilizar a sua atenção nas fases iniciais de shamatha. Você utilizará outras técnicas mais adiante. Então, se ainda está nos estágios iniciais de shamatha, você pode querer experimentar uma dessas práticas. Escolha algo que lhe agrade ficar observando por vinte e quatro minutos. Quando se está iniciando na prática de meditação, períodos de vinte e quatro minutos ou *ghatikas* são recomendados. Apenas fite o objeto, naturalmente, estabelecendo a sua atenção sobre ele com as mesmas qualidades que venho enfatizando – relaxamento, estabilidade e vigilância – sem abandonar nenhuma dessas três. Quando surgirem pensamentos discursivos, deixe-os passar e retorne não apenas o seu olhar, mas também a sua atenção, a sua consciência mental ao objeto. Continue dessa forma por uma semana.

"Então, imagine um *bindu* com cinco cores, radiante e claro no seu coração" – *bindu* significa um orbe, uma pequena esfera –, "fixe a sua atenção nele e permaneça em equilíbrio meditativo por sete dias". Quanto ao *bindu*, se puder imaginá-lo bem pequeno, ótimo, mas do tamanho de uma ervilha já seria o suficiente – algo razoavelmente pequeno e redondo. Ele está reluzindo com cinco cores – branco, amarelo, vermelho, verde e azul – como se fosse um prisma, brilhando a partir de dentro. As cinco cores são simbólicas, relacionadas às diferentes energias vitais. Não se esqueça de deixar os seus olhos abertos.

"Para alguns, isso posiciona a mente em um estado de bem-aventurança, clareza e vazio." Isso significa que para alguns – pessoas de faculdades superiores – essas três práticas, de sete dias cada, levarão à realização de shamatha, ou "quiescência" – um estado de bem-aventurança, clareza e não conceituações. "Essa experiência, desprovida de pensamentos, como um oceano sem ondas, é chamada de "quiescência com sinais". "Quiescência" é shamatha. Um sinal é um objeto da mente que pode ser identificado dentro de uma estrutura conceitual.

O espaço externo é um sinal, porque você está olhando para ele, e ele é "isto" em oposição a "aquilo". Portanto, é um objeto entre miríades de objetos. Apesar de o espaço externo não ser um "objeto" no sentido grosseiro da palavra, é um objeto da mente que pode ser identificado dentro de uma estrutura conceitual. Portanto, é uma espécie de sinal. Os próximos são fáceis: uma pedra, um bastão ou uma representação física do Buda são obviamente sinais. Um sinal pode também ser interno, puramente no domínio da mente, tal como a visualização da esfera de luz. Qualquer coisa que você possa mentalmente apontar e identificar, quer seja na mente ou no espaço externo, é um sinal.

Conforme sugerido acima, é possível, caso você seja uma pessoa de faculdades bem aguçadas, atingir shamatha nos primeiros sete dias, ou no segundo período de sete dias, ou no terceiro. Se for assim, pode seguir diretamente para o próximo estágio, *vipashyana*. A razão para fazer práticas preliminares é encorajá-lo, para que possa seguir por shamatha sofrendo poucos cortes e arranhões. Portanto, você pode atingir a quiescência com sinais por meio de qualquer uma das três técnicas ou de uma combinação delas.

Mas se você não atingir shamatha após esses vinte e um dias – qual será a razão disso?

Obstruções psicofísicas

> "Alguns não conseguem acalmar os seus pensamentos, porque a sua mente é muito agitada, e eles experimentam dores desconfortáveis e doenças no coração, no canal de força vital e assim por diante. Aqueles com mentes instáveis, com uma constituição ligada ao elemento ar, ou com mentes grosseiras podem cair na inconsciência ou deslizar para um estado de transe. Tais pessoas devem relaxar e permitir que os pensamentos sejam apenas o que são, observando-os continuamente com atenção mental plena firme e cuidadosa introspecção."

O canal de força vital é o canal central que passa diretamente através do chacra do coração. Entre essas práticas, a que tem maior probabilidade de lhe trazer problemas, com base na experiência de muitas pessoas, é a visualização do *bindu* em seu coração. Você leva *prana* (ou "energia vital") à região para onde direciona a mente. Ao tomar uma mente aflita, grosseira, concentrando-a intensamente e direcionando-a ao chacra do coração por sete dias, durante muitas horas por dia, você pode criar um desequilíbrio no fluxo de energias no seu coração – uma condição chamada *soglung*. *Soglung* é a energia que sustenta a vida (*lung*), ou *prana*, que se localiza no chacra do coração. Todos a possuem. Mas, quando os tibetanos dizem "você tem *soglung*", querem dizer que você está com um desequilíbrio de *soglung*. Você tem uma perturbação da energia vital no chacra do coração.

Quais são as consequências desse desequilíbrio? É claro que, de início, já não estamos funcionando bem. É por essa razão que as nossas mentes estão disfuncionais e os nossos sistemas de *prana* desequilibrados, e, por isso, é tão importante praticar shamatha. Quando a nossa mente está bastante desajustada, excepcionalmente desequilibrada, então, temos sintomas como sensações de abatimento, obscuridade, tristeza e medo, todas localizadas na região do coração. Você sente uma sensação geral de tensão, semelhante à sensação que temos no rosto quando usamos uma máscara: fica bem apertado. Você pode se sentir emocionalmente frágil, como se pudesse explodir em lágrimas a qualquer momento. Pode ter uma sensação geral de ansiedade, de desconforto. Pode ter insônia ou indigestão, porque se sente "pesado". É quase como se você estivesse andando por aí com um grande peso morto. Nós, ocidentais, resumiríamos isso a sintomas de um "colapso nervoso" ou de uma "depressão clínica". Os tibetanos chamam isso de desajuste ou desequilíbrio da energia sustentadora da vida no coração. Isso é algo a ser evitado.

Um meio bastante comum de provocar esse desequilíbrio de *soglung* é esforçar-se ao máximo na prática de shamatha – esquecendo-se completamente do relaxamento. Você diz "ou vai ou racha!" e tenta fazê-lo com pura coragem. Esse é o caminho para realmente desequilibrar o seu sistema. Portanto, note os sintomas iniciais. Se forem recorrentes – não apenas angústias ocasionais, normais quando se tem um dia ruim – e você perceber que parecem estar relacionados à sua meditação, pare de meditar e verifique isso com o seu mestre. Ou vá surfar ou assistir a algum filme realmente divertido. Torne-se mais leve, desfrute a vida, os seus amigos, música, uma boa refeição, vá a algum lugar amplo e agradável. Não continue meditando de uma maneira forçada. Você causará danos a si mesmo e o dano pode perdurar. Portanto, se fizer a prática de visualização do *bindu* no coração, faça com a mente alegre, relaxada e equilibrada. Se deseja fazer a visualização, mas não está muito seguro, faça por períodos curtos. Este é um conselho importante.

Quando ele fala: "aqueles com mentes instáveis, com uma constituição ligada ao elemento ar", no que nos diz respeito, o autor pode estar se referindo àqueles de nós que vivem nas cidades modernas, porque, culturalmente falando, nós temos mentes muito instáveis. Nós dirigimos a 120 quilômetros por hora na estrada, comemos com pressa, fazemos todo tipo de coisa que as pessoas do Tibete rural nem poderiam imaginar fazer. Quando o médico tibetano Lobsang Rapgay esteve aqui e examinou os pulsos dos ocidentais (o pulso é o principal recurso diagnóstico, na medicina tibetana), ele descobriu que todos nós sofremos de desequilíbrios do elemento ar. Do ponto de vista da medicina tibetana, toda a nossa civilização sofre desse mal. Pode ser que você se sinta mais confortável com o seu comentário sobre isso: "Considerando o quão doentes estão, vocês estão se saindo extremamente bem."

Dentro do esquema básico triplo da medicina tibetana – vento, bile e fleuma –, a constituição vento está associada ao elemento ar. Pessoas com predominância do elemento ar tendem a falar muito rapidamente e, geralmente, têm corpos leves e traços angulosos. Elas caminham com leveza. Adoram sorrir, são gregários e tudo é veloz. As suas mentes estão sempre agitadas.

Portanto, somos nós "aqueles com mentes instáveis, com uma constituição ligada ao elemento ar, ou com mentes grosseiras". Apenas olhem para os tipos de entretenimento que nós preferimos e para o nosso estilo de vida em geral. Somos bombardeados por estímulos brutais. Os conteúdos não são necessariamente rudes ou bárbaros, mas somos bombardeados por uma série de sensações grosseiras – tráfego barulhento, televisões estridentes, aviões a jato voando sobre as nossas cabeças. Comparem isso com o tempo em que meu mestre Geshe Rabten era jovem. Todos os verões, ele subia para as terras altas acima de sua casa, no Tibete oriental, e passava os dias inteiros pastoreando iaques e outros animais. Esse era o seu trabalho de verão, quando era um rapaz. Para se divertir, levava consigo a sua flauta. Agora, pense no que faz um jovem americano de 16 anos.

O estilo de vida tibetano tradicional é relativamente sutil; o estilo de vida aceito na modernidade é grosseiro. No caso tibetano, quando você tem todo aquele amplo espaço e poucas coisas acontecendo nele, você é obrigado a prestar atenção ao que está acontecendo. Como as coisas que estão acontecendo são relativamente sutis, as mentes que as observam tornam-se sutis. Por outro lado, quando você vai a um cinema com som *Dolby Digital* – com volume bem alto – e a todas as outras coisas que temos no Ocidente, isso só é grosseiro em termos relativos. Essa é a norma para nós. Portanto, eu diria que, de maneira geral, muitos de nós temos mentes grosseiras. Com essa frase, o autor parece ter acertado em cheio como as pessoas vivem no mundo moderno. Com as nossas mentes grosseiras, se nos retirarmos por sete dias e focarmos um *bindu* no coração, podemos muito bem "cair na inconsciência ou deslizar para um estado de transe".

Para aqueles com mentes estáveis, constituições equilibradas, mentes sutis, focar o *bindu* pode levá-los diretamente a atingir shamatha. Será uma shamatha bastante profunda, porque estarão direcionando toda a energia para o interior de seus chacras cardíacos, para um ponto bem pequeno, com cinco cores. Será perfeitamente adequado para eles. Mas, para muitos praticantes modernos, essa não é uma técnica apropriada.

Aqueles com mentes grosseiras "devem relaxar e permitir que os pensamentos sejam apenas o que são, observando-os continuamente com atenção mental plena firme e cuidadosa introspecção". Notem a ênfase em "devem relaxar". Ele coloca isso em primeiro lugar. Como muitos de nós estão esgotados, o primeiro passo é relaxar. Nossas mentes estão tão estressadas, confusas e instáveis – portanto, apenas relaxe. Permita que a sua consciência esteja espaçosa e quieta. Se deseja atingir shamatha, mas a sua mente está habitualmente instável e confusa com os pensamentos, a sua prática será imensamente frustrante. Você quer algo que não está conseguindo obter – essa é a natureza da frustração. A frustração o amarra com nós apertados. Ela o deixa tenso, contraído, infeliz, emocionalmente desequilibrado – o que não é uma boa plataforma para shamatha.

Isso significa que nós, pessoas normais, mentalmente hiperocidentais, não temos chance de atingir a iluminação? Deveríamos nos afastar da prática do Darma, e apenas nos divertir e rezar para renascermos em uma terra pura? Não! Há uma técnica que abre essa porta. E, se conseguirmos atravessar essa porta, poderemos avançar em direção ao Dzogchen. Mais uma vez: relaxe! "Relaxe e deixe os pensamentos serem como são", o que não quer dizer que você deva ter uma preferência por "não ter pensamentos". Memorize isso. Você não precisa suprimir os pensamentos (tentar fazer isso, é claro, levará à frustração). Permita que os pensamentos sejam apenas o que são. Isso significa que você não os interrompe. Você não tenta forçá-los a se calar. Você nem mesmo tenta criar espaço em torno deles ou torná-los menos densos. Você não tenta fazer absolutamente nada com os pensamentos. "Relaxe e permita que os pensamentos sejam apenas o que são."

Qual é a diferença entre esta abordagem e simplesmente permanecer desorientado, ficar ali sentado, com pensamentos vagueantes e sem fim? A resposta está no nosso texto: manter-se "continuamente observando-os". Você permite que todo e qualquer pensamento surja – pensamentos maldosos, pensamentos felizes, pensamentos longos, pensamentos curtos, pensamentos grosseiros, pensamentos sutis, imagens, emoções –, tudo. Seja completamente desinibido, deixando os seus pensamentos surgirem em livre associação. O pensamento mais maldoso que você já teve em toda a sua vida – se ele surgir, é tão bom quanto o pensamento de tomar refúgio nas Três Joias. "Permita que os pensamentos sejam apenas o que são." Mas, ao invés de apenas permanecer desorientado, deixando-os girar num processo sem fim, você os observa continuamente. Düdjom Lingpa sabe perfeitamente bem que você não fará isso sem falhas, então, faça o melhor que puder, "observando-os continuamente com atenção mental plena firme e cuidadosa introspecção", o que significa que, com a faculdade da introspecção, você está monitorando a qualidade da sua atenção mental plena.

O hábito normal de ser capturado por pensamentos que o distraem, ou pela ruminação, é o que eu chamo de distúrbio obsessivo compulsivo delusório. Os pensamentos surgem obsessivamente, mesmo quando queremos que eles se acalmem. Somos compulsivamente sequestrados por eles e a nossa atenção é absorvida por seus referentes, e, assim, a mente vaga sem rumo pelos três tempos e dez direções. E nós, deludidamente, consideramos os nossos pensamentos como sendo claras e precisas representações da realidade. Tendemos a achar que nossos pensamentos representam toda a verdade sobre o que quer que estejamos pensando, mas isso nunca é verdadeiro. Na melhor das hipóteses, os pensamentos captam apenas fragmentos da verdade e, na pior, eles consistem em pura ficção que tomamos como realidade.

Cada vez que ficamos presos nessas ruminações, é como se estivéssemos tendo um renascimento em um microcosmo do *samsara*. Não estávamos conscientes quando caímos nessa cadeia de pensamentos pela primeira vez, e, enquanto estamos imersos nesses pensamentos sem estarmos conscientes deles, somos arrastados pelos nossos antigos hábitos de desejo intenso e aversão. Toda noite, ocorre um padrão similar quando entramos em um sonho não lúcido – quando sonhamos sem ter consciência do que estamos sonhando. Não estávamos conscientes quando o sonho começou e, enquanto estamos imersos nesse microcosmo do *samsara* – obcecados, compulsivos e deludidos –, somos propelidos de uma situação de sonho para outra, pelas forças do desejo intenso e da hostilidade.

Esta prática de tomar a mente como caminho é um método para nos tornarmos lúcidos durante o estado de vigília, com respeito ao fluxo de pensamentos. Nós os reconhecemos pelo que são – como se nos tornássemos lúcidos em um sonho – e, ao fazer isso, rompemos a cadeia de obsessões, compulsões e delusões. Aqui está um caminho direto para a liberdade, que nos leva a uma liberdade cada vez maior, tanto durante a vigília quanto durante o sono, e essa liberdade pode nos levar à libertação infinitamente mais ampla quanto ao *samsara* como um todo.

> "A quietude sem pensar em coisa alguma é chamada de quietude no domínio da natureza essencial da mente. Os movimentos e surgimentos dos vários pensamentos são chamados de flutuações. Não permitir que quaisquer pensamentos surjam sem serem nota-

> dos, que nenhum pensamento passe despercebido, mas reconhecê-los com atenção plena e introspecção é chamado de 'consciência'. Com essa explicação, atinja a compreensão desses pontos."

Aqui, "natureza essencial" se refere à natureza convencional; não estamos falando da natureza última. Assim como os movimentos e aparências de vários pensamentos são chamados de "flutuações", aqui também há vários paralelos interessantes com a física geral. De acordo com uma moderna teoria, o vácuo do espaço contém flutuações – pensa-se que massa/energia consistem em flutuações do próprio espaço vazio. Aqui, de maneira similar, pensamentos, emoções – todos os conteúdos da mente – não têm existência separada da consciência substrato. Eles não são vistos como fenômenos isolados, que de alguma forma invadiram o espaço da mente. As aparências para a mente não são nada além de flutuações desse espaço. Elas são o espaço – "o vácuo" – tomando forma.

Reconhecer pensamentos "com atenção plena e introspecção é chamado de 'consciência'", mas isto não é *rigpa*. Isto é apenas, "estar consciente", de forma simples e direta. "Com essa explicação, atinja a compreensão desses pontos." Nós agora receberemos instruções práticas.

Estabelecendo a mente em seu estado natural

> "'Assim, para permanecer por um longo tempo no domínio da natureza essencial da mente, eu devo estar alerta, observar os movimentos, manter o meu corpo alinhado, e manter atenção plena vigilante.' Quando você diz e pratica isso, os pensamentos flutuantes não cessam. No entanto, sem perder-se neles como de hábito, a consciência plena os expõe. Dedicando-se a esta prática constantemente, em todos os momentos, tanto durante quanto entre as sessões de meditação, finalmente, todos os pensamentos sutis e grosseiros se acalmarão na expansão vazia da natureza essencial de sua mente. Você se aquietará em um estado sem flutuação, no qual experimentará alegria como o calor de uma fogueira, clareza como o nascer do Sol e ausência de conceitos como um oceano sem ondas. Ansiando por esse

estado e acreditando nele, você não suportará ter de se separar dele e se agarrará a ele."

Com a finalidade de "permanecer por um longo tempo no domínio da natureza essencial da mente, eu devo estar alerta, observar os movimentos, manter o meu corpo alinhado, e manter atenção plena vigilante". Repare que ele diz para manter o corpo alinhado. Não diz que deve estar ereto. Praticando desta forma, "finalmente, todos os pensamentos sutis e grosseiros se acalmarão na expansão vazia da natureza essencial de sua mente". Isso ocorre porque você está observando os pensamentos, mantendo atenção plena vigilante, sem ser carregado e sem se agarrar a eles. Resumindo, você não está se fixando. Não pode ser carregado por pensamentos se não está fixado a eles. Isso diz muito sobre a natureza da mente e de suas perturbações, ou flutuações. Portanto, observando sem distrações, sem fixações – simplesmente, permitindo que os processos mentais surjam e desapareçam por si mesmos – com o tempo, os pensamentos grosseiros e sutis se dissolvem, dissipam-se no espaço da mente e você se estabelece na base da mente, na consciência substrato. Aqui, não há nenhuma técnica especial envolvida. Pelo contrário, não se envolvendo com eles, os pensamentos com o tempo diminuirão. Eles perdem o poder sobre você e tornam-se mais e mais tênues. Se você não se fixar, a mente irá curar a si própria e se dissolverá em sua própria base.

O que acontecerá quando todos esses pensamentos grosseiros e sutis se acalmarem na expansão vazia da natureza essencial de sua mente? "Você se aquietará em um estado sem flutuação, no qual experimentará alegria como o calor de uma fogueira, clareza como o nascer do Sol e ausência de conceitos como um oceano sem ondas." Essa é uma descrição, em uma sentença, do repousar luminoso na consciência substrato, após ter atingido shamatha. A próxima frase, "ansiando por esse estado e acreditando nele, você não suportará ter de se separar dele e se agarrará a ele", descreve uma virtual intoxicação por shamatha. Por desconhecer algo melhor, você pode achar que este era o seu objetivo, agarrando-se fortemente a ele e dizendo: "Aleluia, estou em casa, livre pelo resto da minha vida – posso ativar essas três qualidades como se acionasse um interruptor. Não importa o que aconteça comigo, eu tenho a minha pequena cápsula de fuga." É bastante tentador acreditar nisso.

Por si mesma, no entanto, shamatha não leva a lugar nenhum. Não há liberação aqui. Não há uma transformação irreversível. Você apenas dá uma pausa no *samsara* – diz "tempo!" – e repousa nessa base eticamente neutra. Ao final, o poder de seu *samadhi* se dissipará e você voltará para a gangue de migrantes samsáricos. Düdjom Lingpa está dizendo que, uma vez que você tenha alcançado esse estado exaltado, será muito difícil não se agarrar firmemente a ele. Você desejará ardentemente permanecer ali.

> "Se você se fixar à bem-aventurança, isso o lançará ao reino do desejo; se você se fixar à clareza, isso o lançará ao reino da forma; e, se você se fixar à ausência de conceitos, será lançado ao ápice da existência mundana. Portanto, entenda que, embora esses sejam sinais indispensáveis de progresso para os indivíduos que ingressam no caminho, é um engano ficar preso a eles indefinidamente."

Três qualidades que você poderá identificar nitidamente – bem-aventurança, clareza e ausência de conceitos – se manifestarão em você. Tenha em mente que você pode se fixar não apenas a objetos mentais, mas também a estados mentais. Agora estamos olhando de forma mais ampla. O que acontece se, tendo atingido shamatha, você estimular a bem-aventurança da consciência substrato e, então, se agarrar a ela? Em termos cármicos, o que acontece a partir disso? Você será lançado de volta ao reino do desejo. Além disso, "se você se fixar à clareza" – à radiância, à luminosidade desse estado –, se você se fixar a ela, "isso o lançará ao reino da forma". Se você se fixar à ausência de conceitos – ao silêncio absoluto, à quietude, à ausência de perturbação, à espacialidade ampla –, se você se agarrar a isso, "será lançado ao ápice da existência mundana", ou seja, aos reinos da não forma. Em todos esses casos, você ainda estará no *samsara*.

Esses são, de fato, "sinais indispensáveis de progresso" – você não pode prosseguir sem eles. Por um lado, sem shamatha, você não irá além do *samsara* cíclico. Você realmente precisa experienciar a consciência substrato com essas três qualidades. Contudo, ao experienciá-las, se você se agarrar a qualquer uma delas, ficará preso. Você precisa experienciar cada uma dessas três qualidades e deve aprender a não se fixar a elas. Também não deve ter a seguinte atitude: "Bem, já que com certeza eu me fixaria a elas se as tivesse, irei evitá-las." Pensar dessa forma é como ficar preso na pré-escola.

Portanto, já que esses são "sinais indispensáveis de progresso para os indivíduos que ingressam no caminho", você pratica shamatha e, uma vez atingida, pode saboreá-la por um tempo. Permaneça ali por algumas horas, por alguns dias, talvez algumas semanas. Aprecie. Diz-se que, quando o Buda Shakyamuni atingiu a iluminação, ele permaneceu ali por 49 dias, sob a árvore *bodhi*. Ele não seguiu imediatamente para Sarnath e começou a dar ensinamentos. Por algum tempo, ele simplesmente assimilou a sua iluminação. Lembre-se, atingir shamatha é uma cópia imperfeita de atingir a iluminação. Portanto, quando atingir shamatha, tome algum tempo para apreciá-la. "Alegria como o calor de uma fogueira, clareza como o nascer do sol e ausência de conceitos como um oceano sem ondas" – aprecie, mas não se enamore ao ponto de cair no extremo da quietude.

> "Essa é a chamada quiescência comum do caminho e, se você alcançar estabilidade nela por um longo tempo, terá alcançado o aspecto crítico da estabilidade em seu fluxo mental. No entanto, saiba que entre as pessoas não refinadas desta era de degenerescência, muito poucas parecem atingir mais do que uma estabilidade transitória. Hoje em dia, as deidades surgem para algumas pessoas, que estabelecem a sua atenção sobre elas. Para alguns, surgem visões de terras puras de Buda, e eles estabilizam e repousam as suas mentes nelas. Alguns experimentam especialmente bem-aventurança, clareza e ausência de conceitos, e aí se estabelecem. Para outros, surgem imagens de seus gurus, arco-íris, luz e *bindus*, e, então, eles repousam sobre esses objetos e assim por diante. Entenda que, devido ao funcionamento dos canais e elementos de cada indivíduo, as experiências particulares não são as mesmas."

Atingir a estabilidade é descrito como um aspecto crítico – mais uma vez, algo indispensável. Sem ela, você não conseguirá avançar muito no caminho – "o aspecto crítico da estabilidade em seu fluxo mental". No entanto, ele faz a observação de que "muito poucas parecem atingir mais do que uma estabilidade transitória". Esta afirmação reflete o que Tsongkhapa disse no século XV e o que o contemporâneo de Düdjom Lingpa, Mipham Rinpoche, disse no século XIX. E, certamente, também é verdadeiro para os séculos XX e XXI. Para ilustrar, observe que há centenas de milhares de meditadores nos Estados Unidos e na Europa. Há um grande número de meditadores tibetanos, dentro e fora do Tibete. Muitas dessas pessoas estão praticando Vajrayana segundo a tradição tibetana. Elas estão meditando sobre *bodicita*, *vipashyana*, Vajrayana, Mahamudra e Dzogchen, algumas delas fazendo retiros de três anos sobre esses tópicos. Muitos outros participam de retiros de *vipashyana* por semanas ou meses a fio, enquanto outros se devotam a longos *sesshins* Zen. Quantos desses praticantes atingiram shamatha? É difícil dizer, mas como relativamente poucos estão se dedicando à prática de shamatha conforme descrita neste livro, parece provável que poucos tenham atingido os resultados aqui descritos.

"Muito poucas parecem atingir mais do que uma estabilidade transitória." As pessoas praticam um pouco de shamatha, ficam satisfeitas com isso e, então, pensam: "Agora, vamos em frente – *vipashyana*. Vamos ao que importa: *bodicita*, *vipashyana*, estágio da geração, estágio da completitude e Dzogchen." É como um músico afinando o seu instrumento com pressa e de maneira imperfeita, e, então, dizendo: "Isto é entediante. Eu posso fazer tantas coisas mais interessantes do que afinar o meu instrumento. Eu quero tocar Tchaikovsky, Brahms, Beethoven, Scott Joplin. Afinar é tão chato; vamos em frente com a música!" Eu realmente não acho que shamatha seja incrivelmente difícil. Acho que a maioria das pessoas é simplesmente impaciente, ansiosa para avançar em outras coisas, ao invés de se dedicar a manter uma prática unifocada para atingir níveis excepcionais de equilíbrio mental e atenção focada.

Tendo dito isso, é possível atingir shamatha por meio do estágio da geração? Sim, mas quantos realmente o fazem? A etapa de shamatha do estágio da geração acontece quando você está sentado calmamente, estabilizando a visão pura e o orgulho divino. Na tradição Gelug, em retiros de três anos, você passa a maior parte do tempo entoando mantras, centenas de milhares de mantras. Você alcançará shamatha enquanto entoa mantras? Provavelmente não. Os mantras não se destinam a isso. É semelhante nos retiros de três anos das tradições Kagyü e Nyingma, nos quais você passa bastante tempo se engajando em uma ampla variedade de práticas, começando por meses a fio dedicados às práticas preliminares. Ao longo dos três anos, você certamente se dedicará à prática do estágio da geração e a várias práticas do estágio da completitude, como o *tummo*. Mas quanto desse tempo você está dedicando a afinar a sua mente por meio da prática de shamatha? Não muito. Ainda assim, Düdjom Lingpa já nos disse duas vezes que shamatha é "indispensável" e "crítica". Portanto, se as pessoas estão se contentando com uma estabilidade transitória, elas não estão levando esse conselho muito a sério.

Voltando à nossa prática específica, o que acontece no decorrer de shamatha, especialmente nesta forma de shamatha, onde claramente estamos voltados à livre associação para estabilizar a nossa consciência em meio aos movimentos da mente? Todos os tipos de coisas surgem, porque a abordagem para a prática é livre, desimpedida. Quais são as possibilidades? "Hoje em dia, as deidades surgem para algumas pessoas, que estabelecem a sua atenção sobre elas." Então, elas estão seguindo os seus roteiros, estabelecendo a mente em seu estado natural e vejam! Lá está Manjushri ou Tara. Elas pensam: "Legal! Esperei por você por tanto tempo." Ao fazerem isso, elas estabelecem uma preferência. De repente, já estão se fixando: "Eu tive uma visão de Tara. Tenho que contar a alguém. Eu vi Tara! E o que você viu? Você não viu Tara? Ah, mas eu vi!" Fixação.

Você não adoraria ver um ser divino – Buda Shakyamuni ou Tara ou Manjushri ou Padmasambhava? Mas você se fixará quando isso acontecer? Budas aparecem para alguns, e eles podem estabilizar essa imagem e estabelecer a mente nela. Em outras palavras, fixam-se nisso. Eles atingem shamatha? Talvez sim, talvez não. Se você estiver se fixando, no entanto, não estará fazendo esta prática. Certamente, fixar-se a tais aparências seria enormemente tentador. "Para alguns, surgem visões de terras puras de Buda, e estabilizam e repousam as suas mentes nelas." Visões de terras puras de Buda – uau! "Alguns experimentam especialmente bem-aventurança, clareza e ausência de conceitos, e aí se estabelecem." Fixam-se imediatamente nelas. Isso pode acontecer bem antes de atingir shamatha.

Eu conheço uma pessoa que experimenta bem-aventurança imediatamente, quando se senta para meditar. O que você imagina que essa pessoa faz? Ela realmente gosta dessa bem-aventurança e, como isso acontece tão facilmente para ela, essa pessoa parece um beija-flor no seu alimentador. Ela está apegada à bem-aventurança. Infelizmente, quando você está fazendo isso, não está fazendo a prática. Para algumas pessoas, é a clareza que surge facilmente. Para outras, é a ausência de conceitos. Em qualquer desses casos, se você se fixa, não está fazendo a prática. A prática é não se fixar. Ah, mas ainda tem mais!

"Para outros, surgem imagens de seus gurus, arco-íris, luz e *bindus*, e, então, eles repousam sobre esses objetos e assim por diante." Não seria maravilhoso ter uma visão de Düdjom Rinpoche? Dilgo Khyentse Rinpoche? Tsongkhapa? Você escolhe. Imagens do guru se manifestam. Que tal um arco-íris surgindo ou outras aparências luminosas, como *bindus*? Isso parece uma experiência psicodélica, só que sem drogas. Quer você se fixe nelas ou não, as experiências variam: "Entenda que, devido ao funcionamento dos canais e elementos de cada indivíduo, as experiências particulares não são as mesmas."

Nyam – Sinais da experiência meditativa

Grande Vacuidade Ilimitada perguntou: "Ó Mestre, Bhagavan, por favor, explique como experiências meditativas surgem como resultado de tal prática."

> Ele respondeu: "Ó Vajra da Mente, a consciência é revelada de forma clara em todos os tantras, transmissões orais e instruções práticas do passado. Entre eles, eu não descreverei mais do que uma simples fração das formas como os sinais da experiência ocorrem. Pelo fato de as constituições e faculdades individuais serem inimaginavelmente complexas, e a variedade de experiências ser igualmente inimaginável, eu sei que não há uniformidade entre elas. Portanto, entenda que eu falarei apenas nos termos mais gerais.

A palavra em tibetano *nyam* é traduzida como "experiência" ou "experiência meditativa". Bem mais adiante no texto, ele descreve que é crucial distinguir *nyam* de realização (*togpa*). Há uma grande diferença entre as duas. Até agora, todas as coisas descritas – bem-aventurança, clareza, visões de terras puras de budas, gurus, arco-íris, *bindus* –, todas elas são *nyam*. Uma sensação de depressão, um sentimento generalizado de ansiedade e pavor também o são. E também de bem-aventurança, paranoia e insônia. *Nyam* compreende uma variedade de tipos de experiências transitórias anômalas, catalisadas pela prática meditativa autêntica. As experiências podem ser agradáveis, desagradáveis, amedrontadoras, eufóricas ou extasiantes. Podem ser interessantes ou entediantes. Podem ser exóticas, ou fascinantes, ou aterrorizantes, psicológicas ou somáticas. Elas são despertadas pela meditação, particularmente por esta forma de prática de associação luminosa livre – estabelecendo a mente em seu estado natural. Esses *nyam*, essas experiências meditativas – incluindo as mais gloriosas – não devem ser confundidas com realização.

O Mestre descreverá uma simples fração dos vários sinais de experiência que ocorrem, "pelo fato de as constituições e faculdades individuais serem inimaginavelmente complexas". "Constituição" se refere à formação dos humores, no corpo de vento, bile e fleuma. "Faculdades" significa o grau de inteligência, perspicácia, a estabilidade da atenção e assim por diante – suas faculdades mentais. Tenha em mente que quando você se senta para meditar, traz consigo marcas de incontáveis vidas passadas, acrescidas de todas as complexidades desta vida.

O Mestre diz que falará nos termos mais gerais. Grande Vacuidade Ilimitada pergunta: "Que tipo de coisa acontece quando você faz esta prática?" E o Mestre responde, dizendo: "A variedade é infinita – não há uma forma pela qual eu possa sintetizar. Mas posso lhe dar uma pequena amostra, algumas generalidades."

> "A variedade inconcebível e indeterminada de experiências é inexprimível. Mas mestres com grande experiência, com proficiência em explicar os estágios e caminhos, e com percepção extrassensorial, devido à força de sua grandiosa sabedoria, possuem conhecimento e clareza. Da mesma forma, embora os *vidyadharas*, desde os *vidyadharas* maduros até os *vidyadharas* com domínio sobre a vida, possam não ter conhecimento imediato da forma como as experiências ocorrem, eles as conhecem diretamente, por meio da percepção extrassensorial. Mesmo sem isso, eles podem liberar os outros de suas experiências, adaptando e interpretando as instruções."

"A variedade de experiências é inexprimível", "inconcebível", inimaginavelmente vasta, "indeterminada", isto é, imprevisível. No entanto, "mestres com grande experiência, com proficiência em explicar os estágios e caminhos, e com percepção extrassensorial", o que implica que eles atingiram shamatha e *vipashyana*, "devido à força de sua grandiosa sabedoria" – certamente, a sabedoria que surge de shamatha – "possuem conhecimento e clareza".

Portanto, se você atingiu shamatha, pode oferecer orientação experiencial a outros na prática de shamatha, por todo o caminho até a culminância. Por ter penetrado minuciosamente essa prática e acessado a consciência substrato, você poderá ter percepção extrassensorial, como um médico que é capaz de fazer um diagnóstico por compreender de forma direta o estado interno do corpo de outra pessoa. De maneira similar, por meio da percepção extrassensorial, você poderá acessar diretamente o estado interno da mente de outra pessoa.

A seguir, o texto fala de "*vidyadharas*", aqueles que atingiram a realização direta de *rigpa*, "desde os *vidyadharas* maduros até os *vidyadharas* com domínio sobre a vida". Há quatro estágios de realização havendo, aqui, uma referência aos dois primeiros estágios. "*Vidyadharas* maduros" estão no primeiro estágio e no segundo estágio estão os "*vidyadharas* com domínio sobre a vida", assim chamados por terem o poder de determinar quanto tempo irão viver. Esses *vidyadharas* podem não ter conhecimento em primeira mão sobre todas essas experiências, o que equivale a dizer que, se você estiver experimentando um *nyam* específico, é bem possível que o *vidyadhara* que você possa consultar não o tenha experimentado, porque a diversidade de *nyam* é muito vasta. Ainda assim, eles os "conhecem diretamente, por meio da percepção extrassensorial". Eles podem simplesmente olhar para dentro da sua mente e saber o que está acontecendo.

Assim como um animal é preso por uma armadilha e não consegue se mover, nós também podemos ficar presos em um *nyam* que vier a surgir no decorrer desta prática. Nesses casos, *vidyadharas* "podem liberar os outros de suas experiências, adaptando e interpretando as instruções". Eles podem encontrar os meios hábeis para nos liberar e, assim, nós, estudantes, podemos prosseguir no caminho para a sanidade excepcional.

> "Por exemplo, devas, rishis, brâmanes, acharyas e outros que praticam *samadhi* cultivam-no focando várias sílabas semente. Como resultado, seja qual for o propósito que tais sílabas tenham na meditação, ele pode ser realizado posteriormente, quando elas forem recitadas. E, seja qual for a doença que foquem, pela recitação das sílabas para tal doença eles podem posteriormente beneficiar homens e mulheres. Da mesma forma, *vidyadharas* podem intuitivamente identificar todas as doenças; ou, revelando técnicas de meditação e recitação com esse propósito, podem dissipar todas as doenças, exceto algumas poucas que são incuráveis devido a carmas do passado. Assim sendo, é desnecessário dizer que eles podem guiar as experiências de um iogue no caminho."

O Mestre agora está se referindo a diferentes tipos de seres sencientes, não apenas humanos, mas deuses, *rishis* (adeptos contemplativos), brâmanes (sacerdotes) e *acharyas* (mestres). Estes termos são amplamente utilizados na Índia, em várias tradições e não apenas no budismo. Deuses, neste contexto, são entidades não humanas proficientes em *samadhi*. O *samadhi* é praticado em uma vasta gama de religiões – por budistas, hinduístas, janistas e assim por diante. Aqueles que praticam *samadhi* "cultivam-no focando", por exemplo, "várias sílabas semente", como "*om*", "*ah*", "*hum*", "*hrih*" e muitas outras. Estas fazem parte da tradição mística da Índia clássica.

No cristianismo, encontramos uma noção semelhante. O Evangelho de João afirma que "no princípio era o Verbo... e o Verbo se fez carne". A noção da realidade emergindo do verbo, da realidade emergindo da sílaba, a sílaba semente, é culturalmente bastante comum, sugerindo que essa ideia deva estar em sintonia com algo bastante profundo. O judaísmo é diferente do budismo, que difere do cristianismo e este do hinduísmo, e assim por diante. E, ainda assim, essa ideia atravessa as fronteiras religiosas. Pode ser que o nosso reino, o reino do desejo, surja a partir dos *nimittas* (ou, "formas arquetípicas") do reino da forma – aqueles símbolos quintessenciais de terra, água, fogo, ar e assim por diante. Se esse for o caso, ao obter domínio sobre as sílabas semente, pode-se obter domínio sobre os fenômenos que emanam delas. Esta pode ser a fonte dos feitiços. Quando não se baseia no *samadhi*, isto não passa de um conto de fadas. No entanto, pelo poder do *samadhi*, tais efeitos são perfeitamente possíveis.

Em um tratado de medicina tibetana tradicional, há uma longa seção sobre mantras específicos para curar doenças específicas. As pílulas usadas na medicina tibetana consistem de compostos de ingredientes específicos, pertencentes a terra, fogo, água, ar – todos formulados para estarem em equilíbrio. Da mesma forma, um mantra é uma mistura de sílabas. Se você dominar essas sílabas semente, poderá juntá-las como "compostos" para curar. O *samadhi* é o ingrediente essencial. Sem ele, você não tem nada, embora a fé possa ter algum poder. "Como resultado, seja qual for o propósito que tais sílabas tenham na meditação", o motivo pelo qual você as escolheu "pode ser realizado posteriormente, quando elas forem recitadas". Isto é similar aos *nimitta*. Uma vez que você realize o *nimitta* do elemento terra, pode utilizá-lo mais tarde, no período pós-meditação, para "beneficiar homens e mulheres".

Da mesma forma, *vidyadharas* – seres muito além da simples shamatha ou do domínio do *samadhi* e de certas sílabas semente – "podem intuitivamente identificar todas as doenças". Tendo acessado *rigpa*, os seus poderes de intuição são extraordinários. Eles reconhecem os sintomas de doenças específicas de forma intuitiva, diretamente de *rigpa*. Ou, "revelando técnicas de meditação e recitação com esse propósito, podem dissipar todas as doenças, exceto algumas poucas que são incuráveis devido a carmas do passado". Assim sendo, nem é preciso dizer que eles podem guiar as experiências de outra pessoa no caminho. O poder de sua intuição é tão grande que podem perceber doenças comuns de maneira direta e detectar aflições específicas que estão impedindo que você avance no caminho de shamatha.

> "Se mestres tolos, sem quaisquer dessas qualidades, derem instruções aos alunos e disserem que todas essas experiências surgirão no fluxo mental de um único indivíduo, estarão enganando a si próprios e aos outros, e a força vital de seus alunos será vítima de *maras*. Por quê? Porque podem surgir distúrbios externos como exibições mágicas de deuses e demônios, distúrbios internos incluindo várias

doenças físicas, e distúrbios secretos por experiências imprevisíveis de alegria e pesar."

Agora, ao contrário, se mestres tolos a quem faltam todas essas qualidades essenciais derem instruções aos alunos e disserem que todas essas várias experiências ocorrerão para um único indivíduo, "estarão enganando a si próprios e aos outros, e a força vital de seus alunos será vítima de *maras*". Ou seja, eles cairão em aflições mentais. Esses mestres tolos aparecem com uma lista de coisas que acontecem por meio de shamatha e assumem que ela é verdadeira para todos. Tudo o que fazem é semear a confusão.

Por que esses alunos são vítimas de *maras*? Há três tipos de perturbações, que podem e provavelmente irão brotar ao longo da prática de shamatha, caso você a leve à culminância. Primeiramente, ele cita "distúrbios externos como exibições mágicas de deuses e demônios". O iogue tibetano Gen Lamrimpa, no início do retiro de um ano de shamatha para ocidentais que organizei em 1988, advertiu: "Como vocês estão aqui para praticar shamatha muitas horas por dia durante o ano inteiro, é bem possível que vocês encontrem aparições, imagens ou visões de demônios e deuses." Entre os 12 participantes, pelo que sei, nenhum relatou qualquer visão desse tipo. Simplesmente, elas não fazem parte dos nossos condicionamentos aqui no Ocidente. Nós não esperamos por isso. Nós acreditamos em campos eletromagnéticos que não têm existência material. Acreditamos em fótons que consistem de pequenos pacotes de energia, embora ninguém saiba exatamente o que é energia. No entanto, nós não acreditamos em fadas ou em espíritos da terra, espíritos das árvores, serpentes *naga* e deuses. A revolução científica pegou uma grande vassoura e varreu os demônios e afins para fora do nosso universo, deixando-nos com os quarks (alguns dos quais têm "charme"), elétrons (que não têm dimensão espacial), campos eletromagnéticos (que são físicos, mas não contêm matéria), neutrinos (que mal podem ser detectados) e supercordas (para as quais não há evidências empíricas) – sem mencionar a matéria negra e a energia negra, que são um completo mistério.

Para a maioria dos ocidentais, é mais possível dar de cara com uma supercorda do que ver um demônio. Mas, se você vem de uma sociedade tradicional como o Tibete, quando ocorrem distúrbios externos, você pode muito bem ser obstruído por exibições mágicas, aparições de deuses e demônios. Os nossos distúrbios externos provavelmente se manifestarão como aborrecimentos com vizinhos, formigas vermelhas, escorpiões e outras criaturas não muito bem-vindas em nosso ambiente. Em todo caso, distúrbios externos são uma possibilidade.

Então, há os "distúrbios internos incluindo várias doenças físicas". Elas podem vir de fora ou de dentro. Nem todas as doenças são causadas por estímulos externos. Elas podem surgir porque o seu corpo é constituído pelos quatro elementos e estes podem entrar em desarmonia. Utilizar a livre associação para vasculhar as profundezas de seu *samsara* pessoal pode trazer à tona várias coisas interessantes, que podem se manifestar como sintomas físicos, às vezes bizarros e outras vezes excepcionalmente desagradáveis. Uma vez mais, são apenas *nyam*.

Também há os "distúrbios secretos por experiências imprevisíveis de alegria e pesar". Todos eles podem surgir sem avisar. Você observa o seu corpo e vê quê está bem. Abre os olhos, tudo está bem. Então, repentinamente, você está na mais profunda depressão, sem nenhuma razão aparente, você não entende o que está acontecendo. Ou, de repente, você está simplesmente exultante, radiante, sem nenhuma razão óbvia. Aqui, é esse o sentido de "secreto": nem externo nem interno, mas misterioso – não facilmente determinável.

> "Ao dar instruções sobre a natureza da mente, mestres tolos e sem inteligência explicam as causas das experiências perturbadoras; ainda assim, quando elas ocorrem, tais mestres não as reconhecem como tal e as confundem com doenças. Em seguida, eles misturam tudo, culpando os demônios por tais experiências. Eles pensam que a ansiedade pressagia a morte, e insistem que seus alunos devem recorrer a adivinhações, astrologia e tratamento médico. Então, se os alunos veem as faces de demônios e seres malévolos, eles podem recorrer a rituais e outras defesas. Mas, o que quer que façam, acaba se tornando totalmente prejudicial, sem lhes trazer um mínimo de benefício e, ao final, a morte é a única saída. Desta forma, o mestre se torna um *mara* para os seus alunos, como se ele lhes tivesse dado um veneno mortal. Pondere sobre este ponto cuidadosamente e aplique meios hábeis!"

Aqui, o Mestre está tentando nos prevenir, para não sermos enganados por professores incompetentes cuja compreensão não vai além da teoria. Eles nos dão uma explicação genérica sobre *nyam*, mas "ainda assim, quando elas ocorrem, tais mestres não as reconhecem como tal e as confundem com doenças". Em outras palavras, eles assumem uma perspectiva mundana, ao invés de considerarem que talvez esse desequilíbrio surja porque você está praticando corretamente. Eles reduzem tudo a uma visão comum, dizendo: "Ah, isso é uma doença."

"Em seguida, eles misturam tudo, culpando os demônios por tais experiências." É claro que esta afirmação está relacionada ao Tibete do século XIX. Naquele contexto, o aluno meditador poderia adoecer e o mestre tolo diria: "Deve ser um demônio, um espírito da terra, um naga!" Eles acreditavam nessas entidades, tanto quanto nós acreditamos em vírus e bactérias. Embora a maioria das pessoas comuns nunca tenha visto um vírus ou uma bactéria, os biólogos os observaram por meio dos seus microscópios. Da mesma forma, a maioria dos tibetanos nunca viu demônios ou nagas, mas contemplativos avançados afirmam tê-los observado com o poder de seu *samadhi*. Mestres incompetentes colocam a culpa por tais experiências bizarras em seres não humanos, ao invés de reconhecerem o problema como simplesmente um *nyam* e o tratarem como tal.

"Eles pensam que a ansiedade pressagia a morte". Você está praticando e, de repente, sente esse pavor indescritível. Então, o mestre tolo diz: "Acho que talvez isto seja um presságio de que você morrerá em breve. Seria melhor realizarmos uma cerimônia especial de longa vida." "Então, se os alunos veem as faces de demônios e seres malévolos, eles podem recorrer a rituais e outras defesas." Todas essas manifestações são apenas manifestações da sua própria mente, mas, ao invés de simplesmente reconhecê-las pelo que são, você as projeta na realidade externa. Ao menos dentro do contexto tibetano tradicional, você organiza cerimônias religiosas, paga alguns monges para recitarem mantras e toma outras medidas de defesa. Você pode usar amuletos especiais, um chapéu especial, praticar mudras. É claro que, não querendo reconhecer que isso é tão somente uma emanação da sua mente, você acaba enlouquecendo.

Naturalmente, isso não traz benefício algum e é de fato prejudicial. "Desta forma, o mestre se torna um *mara* para os seus alunos." Um guru confiável é aquele que o conduz à iluminação. Um *mara* é aquele que o leva na direção oposta. Um mestre se torna um *mara* para os seus alunos quando os confunde, lançando-os de volta ao *samsara*, "como se ele lhes tivesse dado um veneno mortal. Pondere sobre este ponto cuidadosamente e aplique meios hábeis!"

No decorrer de um retiro longo ou qualquer tipo de prática séria, você pode ocasionalmente adoecer. O conselho dado acima implica que você não deveria tomar qualquer medicamento e simplesmente ter fé no Buda? Não. Estamos apenas sendo alertados para sermos sensatos. Durante um retiro, é sensato manter uma boa higiene. Da mesma forma, se você está ingerindo alimentos que podem ser de difícil digestão, uma vez que a mente e o corpo estão bastante sensíveis devido à prática intensa de meditação, então, coma alimentos de fácil digestão e tome uma grande quantidade de líquidos quentes. Da mesma maneira, se no decorrer da prática meditativa você começar a sentir medo, ansiedade, insônia e paranoia, seja sensato. Talvez você esteja meditando de forma desequilibrada; talvez esteja revelando algo que o está tirando dos eixos. Talvez seja uma boa ideia conversar sobre isso com um amigo em quem confie, ou um psicólogo clínico, ou um psiquiatra experiente que tenha prática ou familiaridade com a meditação. Consulte um profissional como um nutricionista, com quem possa discutir a alimentação caso esteja sentindo dores de estômago frequentes, ou um clínico, se estiver tendo azia, dor de cabeça ou algo do tipo.

Tendo tomado todas as precauções sensatas, o seu nutricionista pode lhe dizer: "Pelo que vejo, a sua dieta vai bem." O psiquiatra pode dizer: "Não acho que isso possa ser realmente perigoso; é apenas uma das coisas que podem surgir." O clínico pode dizer: "Você não tem nenhuma doença que eu possa identificar." Neste caso, deixe para lá e apenas diga: "Isto é *nyam*." Então, prossiga na sua prática. Acho que esta é a abordagem equilibrada. O Mestre está nos alertando que, quando esses tipos de *nyam* aparecem, podemos nos fixar apenas em causas externas – demônios externos, doenças externas, estrelas externas. Podemos perder completamente o controle da nossa prática, da questão fundamental de que tudo isto está surgindo como manifestação da nossa própria mente. Se liberarmos isso tudo, a mente tem uma extraordinária capacidade de se autocurar. É exatamente isso o que precisa acontecer – seguir sem fixação e deixar que a mente repouse.

> Quando a meditação é introduzida com terminologia especial como *insight* e assim por diante, existem muitas explicações sobre os estágios do caminho. Aqui, no nosso próprio caminho, a atenção plena é apresentada como sendo um vaqueiro e os pensamentos como sendo vacas. A sua manifestação vívida e estável, sem interrupção por variadas expressões de expectativa, medo, alegria ou tristeza é chamada atenção plena emaranhada.

"*Insight*", ou *vipashyana*, é, como comentado anteriormente, um termo técnico budista. "Atenção plena emaranhada" significa que você ainda se engaja com fenômenos mentais. Como uma exibição de fogos de artifício, eles surgem de forma luminosa, clara, vívida. Nos intervalos entre essas manifestações, você não deve introduzir expressões de fixação, tais como esperança, medo, alegria e pesar. Essas oscilações emocionais podem surgir muito facilmente em resposta a um *nyam*. Você pode ter uma excelente sessão e pensar: "Sou realmente bom nisso. Acho que posso atingir shamatha." Se a sua próxima sessão não corre bem, você pensa: "Duvido que alguém tenha atingido shamatha. Eles estão nos enganando – é apenas um mito." Quando essas emoções surgirem, seduzindo-o como sereias, seja apenas como o espaço. A prática é deliciosamente simples: "Estabeleça a sua mente sem distrações e sem fixações." Portanto, "atenção plena emaranhada" significa que ainda há fenômenos surgindo na mente. Não significa que você está se fixando ou se emaranhado a eles.

É de vital importância distinguir esta prática de shamatha da prática de "consciência livre de escolhas", que foi recentemente introduzida por promotores da meditação *vipassana*. Esta prática de shamatha implica manter atenção unifocada nos pensamentos e nos outros eventos mentais, ignorando, ao mesmo tempo e da melhor maneira possível, as aparências dos cinco sentidos físicos. Quando não conseguir mais detectar a ocorrência de qualquer pensamento, então, foque o espaço da mente, ainda sem voltar a sua atenção para os sentidos físicos. Já em relação à prática de "consciência livre de escolhas", não há referências a esse termo em nenhum dos ensinamentos do Buda registrados na língua páli ou em seus comentários reconhecidos. Portanto, é enganoso apresentá-la como uma prática de *vipassana*. Na verdade, "consciência livre de escolhas" é um termo cunhado e definido por Jiddu Krishnamurti (1895-1986), que a caracterizou como uma observação do que quer que surja no momento presente, sem qualquer reação, resistência, justificativa ou condenação.[23] Mesmo essa prática tendo se mostrado útil, conforme estudado dentro do contexto do Programa de Redução do Estresse com Base na Atenção Plena, ela não é nem uma prática de shamatha nem uma prática de *vipashyana* em nenhuma tradição budista.

Essa "consciência livre de escolhas" também apresenta uma forte semelhança com a "presença aberta", ensinada hoje em dia por muitos promotores do Dzogchen. Simplesmente, esta prática consiste em permitir que a sua consciência se mantenha aberta a todos os tipos de aparências, sensoriais e mentais, deixando-as ir e vir sem intervenções. "Presença aberta" é uma tradução bastante livre do termo tibetano *rigpa chog zhag*, que significa, literalmente, "repousar na consciência prístina" e se refere à fase do "atravessar" ("*breakthrough*") da prática do Dzogchen. Para se engajar nessa meditação de forma autêntica, você deve primeiro obter a realização experiencial de *rigpa* e, então, simplesmente repousar – sem distrações e sem fixações – no estado da base absoluta da consciência. Simplesmente, esta prática consiste em sustentar a visão Dzogchen: ver todos os fenômenos da perspectiva de *rigpa*. No entanto, sem ter tal realização de *rigpa*, você estará simplesmente repousando na mente dualista comum, como uma marmota tomando sol em uma pedra, e isso não se qualifica como shamatha, *vipashyana* ou Dzogchen. Düdjom Lingpa ridiculariza tal prática, citando o aforismo tibetano: "A marmota, ao aparentemente cultivar a estabilização meditativa, está, na verdade, hibernando."[24]

No cânone páli, o Buda de fato se refere a uma dimensão atemporal, "não manifesta" da consciência, que um *arhat* normalmente experimenta apenas após a morte, quando o continuum da consciência condicionada cessa: "Onde a consciência é livre de sinais, ilimitada, todo luminosa, onde terra, água, fogo e ar não encontram base... Onde 'nome e forma' são completamente destruídos."[25] Essa consciência não manifesta (isto é, invisível para a mente comum, dualista) parece ter as mesmas características de *rigpa*, conforme apresentada na tradição Dzogchen. De acordo com os sutras budistas, deve-se conhecer bem as práticas de shamatha e *vipashyana* para obter essa realização da consciência não nascida, e o mesmo é verdadeiro de acordo com os ensinamentos clássicos do Dzogchen. Padmasambhava declara: "Sem que a shamatha genuína tenha surgido no fluxo mental, mesmo que a consciência prístina seja apontada, ela pode se tornar nada mais do que um objeto de compreensão intelectual; pode-se ficar com uma visão apenas teórica da visão e há o perigo de se sucumbir ao dogmatismo. Desse modo, a raiz de todos os estados meditativos depende disso e, portanto, não seja introduzido à consciência prístina prematuramente, mas pratique até que ocorra uma experiência adequada de estabilidade."[26]

Sinais de progresso

"Em geral, há alguns sinais de progresso para os indivíduos que tomam as aparências e a consciência como caminho:"

Neste ponto, chegamos a uma extensa lista de *nyam* que podem ocorrer à medida que progredimos. Você medita por algum tempo e é natural querer saber: "Como estou indo? Quanto progredi? Há sinais de progresso ou estou apenas andando em círculos? Estou fazendo algo errado?" Tenha em mente que as instruções são tão simples que, de maneira geral, você deveria ser capaz de perceber por si mesmo se está fazendo algo errado. Tudo se resume à familiar frase: "Estabeleça a sua mente sem distrações, sem fixações." Se você está seguindo essa instrução com atenção unifocada no espaço da mente e de seus conteúdos, é basicamente isso. Se está se permitindo ser arrastado, isso implica distração e, portanto, esforce-se o máximo para manter a atenção plena estável.

Por outro lado, pode ser que, às vezes, você não seja arrastado, não esteja distraído, mas ainda assim esteja se fixando. Algo fascinante pode surgir, talvez imagens vívidas e muito interessantes. Você se pergunta: "O que acontecerá com elas?" Assim que surgir a preferência, assim que você se fixar a ela e, além disso, especialmente se você focar o referente da imagem e não apenas a imagem como simples imagem, é aí que a fixação se estabelece. Por exemplo, quando surge a imagem mental de um alimento delicioso, se você for arrastado, pensando em desfrutar tal prazer, você foi apanhado pela distração e pela fixação. Se focar a imagem mental do alimento e se agarrar a ela porque se sente atraído, isso é fixação. Se estiver simplesmente atento a essa imagem, sem ser atraído por ela e sem querer que ela desapareça, você está praticando corretamente. Quando se sentir atraído por um pensamento, por uma imagem ou mesmo por uma emoção, pode dizer para si mesmo: "Não estou distraído, estou bem aqui, no momento presente. Realmente gosto disso." Isso também é fixação. Portanto, simplesmente esteja presente, permitindo que a sua consciência permaneça tão imóvel e receptiva quanto o espaço. É muito importante que, a cada momento, você saiba claramente se está praticando correta ou incorretamente.

Nas práticas que se baseiam no modelo de desenvolvimento, nos movemos passo a passo em direção a algum objetivo definido e, portanto, automaticamente temos meios de medir o nosso progresso. No entanto, esta prática de *shamata* é tão simples que você pode facilmente se questionar se houve realmente algum progresso. Então, aqui está o primeiro sinal de progresso:

> "• A impressão de que todos os seus pensamentos estão causando prejuízos ao seu corpo, fala e mente, como pedras rolando montanha abaixo, esmagando e destruindo tudo em seu caminho;"

Se isso acontecer, então, você realmente está no caminho correto. Saiba, no entanto, que a lista de *nyam* apresentada aqui é genérica e reduzida. Não ter tido esta experiência não significa que precise exclamar: "Ah, puxa! Estou no caminho errado." Esse é apenas um dos inúmeros sinais possíveis de progresso. Se você de fato tem a sensação de que os seus pensamentos estão esmagando e destruindo o que veem pelo caminho em seu corpo, fala e mente, qual deve ser sua resposta? Simplesmente continue a praticar. Observe as pedras se chocando. Se você não se fixar a elas, reconhecerá que são apenas imagens, apenas aparências.

Aqui estão outros sinais de progresso listados em nosso texto:

> "• uma dor aguda em seu coração, como resultado de todos os seus pensamentos, como se você tivesse sido perfurado pela ponta de uma arma;

> • a sensação de bem-aventurança e êxtase de que a quietude mental é prazerosa, mas o movimento é doloroso;"

Isso pode desencadear a tentação de se fixar à quietude e rejeitar todos os movimentos da mente. Não prefira a quietude ao movimento. O que quer que surja, deixe para lá, sem se fixar a nenhum deles.

> "• a percepção de todos os fenômenos como sendo partículas coloridas brilhantes;
>
> • dor insuportável por todo o seu corpo, da ponta dos cabelos até a ponta das unhas dos pés;"

Se essa dor for um *nyam* e não um problema médico, o seu clínico dirá: "Essa é uma condição psicossomática, não vejo nada de errado com você."

> "• a sensação de que até mesmo alimento e bebida são prejudiciais, como resultado de ter sido atormentado por uma variedade dos quatrocentos e quatro tipos de distúrbios complexos e identificáveis de vento, bile, fleuma, e assim por diante;"

Essa é uma referência a uma classificação padronizada de doenças na medicina tibetana. Pode ser que você nem mesmo queira comer ou beber, porque simplesmente se sente desconfortável em colocar qualquer coisa para dentro do seu corpo. Você tem receio de que, se fizer isso, sentirá náusea.

> "• uma inexplicável sensação de paranoia ao encontrar outras pessoas, visitar as suas casas ou estar na cidade;"

Esse é um daqueles medos sem sentido. Você está meditando, a mente começa a se aquietar e, então, um intenso terror subitamente toma conta de você. Esse terror não tem um foco real. Você realmente não consegue apontar o que lhe dá medo. Gen Lamrimpa comentou, durante o retiro de um ano de shamatha que conduziu em 1988: "Quando isso acontecer, não se fixe ao medo. Dê um passo para trás e, simplesmente, olhe para ele. Assim, você o enfraquecerá. Mas, se você se agarrar a ele, sentirá muita tristeza e a situação irá de mal a pior."

> "• esperança compulsiva em tratamentos médicos, adivinhações e astrologia;"

Isto é, as coisas começam a ficar confusas no seu corpo, desencadeando uma paranoia, e você pensa: "Se ao menos eu encontrasse um médico melhor. Ouvi falar de um na Argentina. Talvez eu deva viajar para lá." Ou você se volta para adivinhações: "Ouvi falar de um lama que é muito bom em adivinhações. Aposto que ele saberia me dizer algo que me tiraria desta confusão." Ou: "Preciso de um mapa astral novo, mais preciso, para descobrir o que está acontecendo."

> "• infelicidade tão insuportável que você pensa que seu coração vai explodir;"

Às vezes, ondas de completa tristeza simplesmente cairão sobre você. Pode ser que saiba ou não o que as catalisou. Apenas observe-as vindo e depois indo embora. Veja se consegue observar a tristeza da perspectiva de uma consciência que não é triste. Isso é realmente útil, em especial, quando essa tristeza não foi claramente catalisada por um evento externo. Permita que tudo simplesmente se desenrole e desapareça de volta para o próprio espaço da mente.

> "• insônia à noite ou sono irregular como o de alguém que está gravemente doente;"

De fato, todos os tipos de coisas bizarras podem ocorrer à noite.

> "• tristeza e desorientação ao acordar, como um camelo que perdeu o seu amado filhote;"

Pode ser que você experimente apenas uma pequena desorientação passageira, mas ela também pode ser bastante forte. A tristeza de uma mãe camelo que perdeu o seu filhote é um exemplo tradicional.

> "• a convicção de que ainda há algum entendimento ou conhecimento decisivo que você precisa ter e o anseio por ele, como uma pessoa com sede desejando água;"

O que você está obtendo das práticas da *Essência Vajra* parece, de alguma maneira, inadequado. Desesperado, você pensa: "Deve haver algum lama por aí que possa me dar uma transmissão oral especial que resolveria tudo."

> "• o surgimento de todos os tipos de pensamentos decorrentes das aflições mentais dos cinco venenos, um após o outro, de modo que você tem que persegui-los, por mais doloroso que isso seja;"

Os cinco venenos são: delusão; desejo intenso; agressividade; inveja; orgulho. O que está descrito aqui pode ser comparado às experiências do *bardo* do pós-morte. Você se senta quieto, sem aflições, e, a partir do nada, as aflições começam a borbulhar. São como um redemoinho que o agarra e o puxa para dentro. Se você for capaz de fazer essa prática e não ser arrastado, ela é uma ótima preparação para o *bardo*.

> "• vários impedimentos da fala e doenças respiratórias."

> "Todos os tipos de experiências podem ocorrer – chamadas de 'experiências' porque todos os pensamentos são expressões da mente, onde todas as manifestações de alegrias e tristezas são experimentadas dessa forma e não podem ser articuladas –, no entanto, todas as experiências de alegrias e tristezas são simultaneamente esquecidas e desaparecem."

Há uma gama tão ampla – uma variedade infinita de experiências. Tudo isso surge devido ao peso de chumbo de sua consciência, que desce através das camadas sedimentares da sua psique agitando todas essas coisas. Não se fixe a elas, incluindo a tristeza, a angústia, a insônia e assim por diante. Não se fixe; apenas relaxe e esteja presente com elas, sem fixação e sem dissociação. Cada uma delas, alegrias e tristezas, as positivas e as negativas, pode confundi-lo completamente. "Eu realmente quero aquilo. Espero que isso aconteça. Espero que aquilo não aconteça. Gostaria que terminasse! Espero que nunca termine!" Sempre que isso acontece, a sua mente se torna distorcida (*klishta*). *Klesha*, uma palavra em sânscrito, significa "aflição mental" e *klishta* é um cognato da mesma palavra. *Klishta* significa "retorcido". Quando a mente está aflita, ela está retorcida. Todas essas perturbações, todas essas oscilações, todos esses desequilíbrios emocionais, cada um deles está distorcendo o espaço da sua mente. Confinam você a alegrias e esperanças, tristezas e medos. Em cada caso, se você simplesmente expirar, relaxar e desfizer as deformações, tudo se resolverá por si só.

Portanto, esta é uma prática para aprofundar o relaxamento, de forma tal que a estabilidade simplesmente emerja a partir de níveis cada vez mais profundos de relaxamento. Conforme a estabilidade se aprofunda porque o relaxamento está sendo aprofundado, a clareza e a vivacidade surgem a partir da estabilidade. Então, o relaxamento se aprofunda e, na medida em que você se torna mais e mais relaxado, a estabilidade da mente emerge naturalmente do relaxamento, como a nata que se forma a partir do leite. Então, por sua vez, à medida que o relaxamento se aprofunda, a estabilidade se aprofunda. Conforme a estabilidade se aprofunda, uma clareza adicional emerge da estabilidade. Comparando o desenvolvimento de shamatha com o crescimento de uma árvore, quanto mais profundamente as raízes do relaxamento se estenderem, mais forte será o tronco da estabilidade; quanto mais forte a estabilidade, mais altos serão os ramos e as folhagens da vivacidade. Todas essas três qualidades, relaxamento, estabilidade e vivacidade, emergem sinergicamente, da mesma forma que raízes, tronco e ramos crescem juntos, nutrindo uns aos outros.

Começam a surgir imagens tridimensionais e luminosamente claras, e você não fez nada para que isso acontecesse; tudo acontece espontaneamente. Dois tipos de vivacidade emergem, por meio deste processo. Uma delas podemos chamar de vivacidade temporal, pela qual você é capaz de detectar eventos cada vez mais breves – pensamentos, imagens, impulsos –, que antes passavam tão rapidamente que você nunca conseguiu notar. A outra é a vivacidade qualitativa. Esta permite que você detecte processos cada vez mais sutis, que perduram por vários segundos, mas tão quieta e discretamente que escaparam da sua atenção até agora. Com essas duas vivacidades intensificadas, os estados e processos mentais que antes eram inconscientes são agora iluminados pela clara luz da consciência. Este se torna realmente um caminho para o autoconhecimento, no sentido de sondar as profundezas da sua própria mente.

Tendo dito isso, nesta prática, como em qualquer outra prática de shamatha, há um equilíbrio para não cair na lassidão e não ser apanhado pela excitação. Há um equilíbrio entre esses dois extremos, ao longo de todo o caminho até os níveis mais sutis de excitação e lassidão. É uma questão de equilíbrio. Aqui estão mais algumas possibilidades de *nyam*:

> "• a convicção de que há algum significado especial em todos os sons externos que você ouve e nas formas que vê, pensando 'isso deve ser um sinal ou presságio para mim', e compulsivamente especulando sobre o cantar dos pássaros e sobre tudo mais que você vê e sente;"

Isso pode acontecer facilmente – sendo mais uma sereia para seduzi-lo.

> "• a sensação de sons externos, e vozes de seres humanos, cães, pássaros e assim por diante, todos perfurando o seu coração como espinhos;"

Neste processo, a mente pode e se tornará extremamente sensível. Quando você se sentar silenciosamente e começar a ouvir sons, mesmo sons sutis, eles podem ser lancinantes.

> "• raiva insuportável, devido à paranoia de pensar que todo mundo está fofocando sobre você e o rebaixando;"

Você poderá sentir essa raiva ridícula brotando. Se tem alguma propensão para esse tipo de paranoia, à medida que sondar as profundezas da sua mente, ela surgirá e parecerá muito real. Isso lhe traz a oportunidade de olhar para ela cuidadosamente e, então, liberá-la. Isso é realmente uma terapia profunda.

> "• reações negativas, ao ouvir e ver os outros fazendo piadas e rindo, achando que eles estão rindo de você e lhe retaliando verbalmente;
>
> • desejo compulsivo pela felicidade dos outros ao observá-los, devido à sua própria experiência de sofrimento;"

Você pode pensar naqueles bons e velhos tempos antes de ter ouvido falar sobre o Darma, e no quanto você se divertia. Você pensa em todas aquelas pessoas felizes que estão simplesmente curtindo a vida – apreciando filmes, música, TV em alta definição, boa comida e sexo, sem um pingo de culpa. Como estão se divertindo apenas passando o tempo! Você pode ansiar por isso e se arrepender de ter se conectado ao Darma.

> "• medo e terror de armas, e até mesmo de seus próprios amigos, pois a sua mente está tomada por um fluxo constante de ansiedades;

> • tudo ao seu redor levando a todos os tipos de esperanças e medos;"

Você está cercado por sereias, que o tentam de todas as maneiras. Tudo está catalisando esperanças e medos. Você os observa surgindo e permite que se vão.

> "• premonições sobre outras pessoas que virão no dia seguinte, ao ir para a cama à noite;
>
> • medo, raiva, apego obsessivo e ódio incontroláveis, quando surgem imagens – vendo os rostos, as formas, as mentes e as conversas dos outros, além de demônios e assim por diante, o que o impede de cair no sono;"

Conforme a mente se torna mais clara ou mais transparente, surgirão imagens luminosas, despertando todos os tipos de fortes respostas emocionais. Isso é especialmente comum quando você está caindo no sono e visualiza imagens hipnagógicas (padrões e imagens que surgem quando adormecemos conscientemente). Elas podem ser realmente fortes e ferozes. Apenas libere-as.

> "• choro, devido à reverência e devoção por seus gurus, à sua fé e devoção pelas Três Joias, ao seu sentido de renúncia e desilusão com o *samsara*, e à sua sincera compaixão pelos seres sencientes;"

Isso pode brotar do nada e atravessá-lo, fazendo-o chorar publicamente. Alguns podem interpretar isso como um sinal de dificuldade em sua meditação. Outros podem dizer que é um sinal de que você está se aprofundando bastante. Uma vez mais, não se fixe a isso. Apenas deixe passar. Seja como um turista que viaja da superfície da sua mente até as suas profundezas. Não fixe domicílio, até alcançar o seu destino – a consciência substrato.

> "• o desaparecimento de todo o seu sofrimento, e a saturação de sua mente com clareza radiante e êxtase, como no espaço prístino, apesar de experiências grosseiras poderem preceder essa clareza radiante;"

Não há nenhuma regra que diga que essas experiências serão, necessariamente, precedidas por "experiências grosseiras". Isso é diferente para cada um.

> "• o sentimento de que deuses ou demônios estão realmente carregando consigo sua cabeça, membros e órgãos vitais, deixando para trás apenas um rastro de vapor; ou, simplesmente, a sensação de que isso está acontecendo ou de que está ocorrendo em um sonho;"

Esse é um "*chö* involuntário" – a prática de oferecer o seu corpo como alimento para demônios –, de alguma forma acontecendo espontaneamente. Pode parecer que está acontecendo em um sonho. Ainda assim, pode parecer bem real. Você pode ter a sensação de que são, meramente, aparições oníricas, mas também pode ter a sensação de completo desmembramento. Esse é um bom sinal, um sinal de progresso, de que você realmente avançou muito.

> "Depois, toda a sua angústia desaparece, e você experimenta uma sensação de êxtase, como se o céu tivesse se tornado livre de nuvens. Em meio a isso, podem ocorrer os quatro tipos de atenção plena, e várias sensações agradáveis e desagradáveis."

Os quatro tipos de atenção plena são as quatro aplicações da atenção plena – atenção plena ao corpo, aos sentimentos, aos estados mentais e aos objetos mentais. Normalmente, você pratica essa estrutura de técnicas de *vipashyana* em sequência. Mas aqui, no decorrer desta prática, os *insights* das quatro aplicações da atenção plena podem surgir espontaneamente. Portanto, esta prática - que é claramente uma prática de shamatha, concebida para levá-lo à consciência substrato, como uma fundação para a realização da vacuidade e de *rigpa* – pode oferecer, como um dividendo inesperado, alguns *insights* bastante profundos sobre impermanência, sofrimento e ausência de identidade, *insights* que são característicos da prática de *vipashyana*.

> "Os amigos espirituais que ensinam este caminho apropriadamente devem saber e entender que essas experiências não são as mesmas para cada um, portanto, tenha isso em mente!"

Até este momento, nós recebemos uma lista de aparências que podem surgir conforme aprofundamos a nossa prática de shamatha. Você pode experimentar apenas algumas delas. A seguir, o Mestre irá fornecer mais detalhes, incluindo os tipos de experiências típicas de pessoas com certas constituições psicofísicas. Embora algumas destas experiências sejam apavorantes, o que é encorajador é que nenhuma delas é introduzida por fontes externas. Essas experiências não são inseridas em nossas mentes por budas, mestres ou por ninguém mais. Essas aflições estão ali desde o início. Elas são o produto de nossa existência cíclica sem princípio no *samsara*. Somos afortunados por agora poder lidar com elas em condições de laboratório. Em circunstâncias apropriadas, esta prática nos permite catalisar aquilo que repousa entre a nossa consciência comum e a consciência substrato. Ao contrário disso, a maioria das pessoas passa por esses tipos de experiência no decorrer de suas vidas cegamente – uma vida após a outra. Dessa forma, elas seguem continuamente fazendo o que é "natural": fixam-se a tudo que surge e, fazendo assim, perpetuam o *samsara*.

Nyam surgindo de diferentes constituições psicofísicas

> "Para uma pessoa com constituição de fogo, uma sensação de alegria é proeminente; para aqueles com constituição de terra, uma sensação de embotamento é proeminente; para aqueles com constituição de água, uma sensação de clareza é proeminente; para aqueles com constituição de ar, sensações desagradáveis são proeminentes; e para aqueles com constituição de espaço, uma sensação de vazio é proeminente."

É claro que todos nós temos cada um dos cinco elementos (os quatro elementos mencionados anteriormente, mais o espaço) como parte da nossa constituição psicofísica, mas quais são os tipos de *nyam* mais prováveis de ocorrer a cada tipo de elemento especificamente, para o elemento que predomina em uma determinada pessoa? Se você é uma pessoa em quem o elemento fogo é o mais forte, conforme progride na prática de shamatha, uma sensação de alegria pode ser proeminente. Com uma constituição de terra, "uma sensação de embotamento é proeminente". Isso significa que você tem que lidar com a lassidão e neutralizá-la. Para aqueles com constituição de água, "uma sensação de clareza é proeminente", o que implica que você pode se tornar hipersensível. Para aqueles cuja constituição é de ar, "sensações desagradáveis são proeminentes"

– não apenas sofrimentos e dores físicas, mas também sensações mentais desagradáveis, assim como raiva e ódio. E "para aqueles com constituição de espaço, uma sensação de vazio", isto é, de estar desorientado, é dominante. Sejam quais forem as cartas que você tenha tirado devido à sua herança de constituição, lide com elas. É apenas o seu carma. Além do mais, sensações desagradáveis não são necessariamente piores do que sentir alegria ou prazer, porque estes podem ser bem mais sedutores do que uma sensação desagradável. Portanto, não se apresse em invejar uma outra pessoa com outro tipo de constituição.

Agora, a visão essencial nos é dada:

Realizando a prática

> "Depois que todas as sensações agradáveis e desagradáveis tiverem desaparecido no espaço da consciência – simplesmente deixando os pensamentos livres, sem fazer nada com eles –, todas as aparências perdem a capacidade de ajudar ou causar dano, e você pode permanecer nesse estado."

O espaço da consciência não é outro que não o substrato. O termo em sânscrito é *dhatu*, "espaço". O espaço da consciência, dentro do contexto da mente comum, é apenas o espaço da base da mente comum, o substrato. Não tendo se fixado a todas essas sensações agradáveis e desagradáveis – e, portanto, não as revitalizando, não dando a elas mais substância e poder – você apenas permite que surjam, se desenrolem e se dissolvam por conta própria, e, então, elas desaparecem, retornando para o espaço da mente. Portanto, sejam quais forem as aparências específicas, elas são consideradas "apenas aparências". Elas perderam o seu poder e você assumiu o controle. Você reconquistou o seu direito inato, por assim dizer – como um rei ausente que finalmente retornou e retomou o seu próprio território, que antes estava perdido e havia sido arrastado por todas essas fixações.

Geralmente, no budismo, a autoapreensão está associada à nossa relação com os *skhandas*, os cinco agregados psicofísicos compreendidos por corpo, sensações, reconhecimento, fatores formativos e os seis tipos de consciência (consciência mental e os cinco modos de consciência sensorial). Enquanto a autoapreensão domina as nossas vidas, diz-se que esses cinco agregados são "firmemente mantidos". Por quê? Porque, quando observamos os nossos corpos e os dos outros, pensamos: "Meu corpo. Não é meu corpo. Meu corpo..." Sensações dão origem a "minhas sensações" e assim por diante. Eles não são nada mais do que fenômenos surgindo no espaço da sua mente. No entanto, por serem firmemente mantidos – "minhas sensações, meus reconhecimentos, meus pensamentos" –, surge uma abundância de fatores e processos mentais. Então, surge a própria consciência – "minha consciência". Como esses agregados são firmemente mantidos, eles podem e de fato nos brutalizam.

Nosso texto está nos direcionando para o agregado central – a mente. Estamos aprendendo como estar vividamente conscientes dela, ao invés de mantê-la com firmeza. Não há afastamento e respondemos sem repressão ou negação. Ao invés disso, estamos claramente conscientes do que quer que surja – não estamos nos fixando. Portanto, esses processos perdem a capacidade de nos causar dano. Atingindo *shamata*, podemos permanecer nesse estado. Atingimos o equilíbrio. Isto é sanidade; estamos emocionalmente equilibrados, cognitivamente equilibrados e a nossa atenção está equilibrada. Agora, temos uma mente que é funcional e está pronta para fazer o que desejarmos. Além disso, já que as aflições foram atenuadas, não há mais solo fértil para que as aflições continuem surgindo. Um dos pequenos dividendos é a bem-aventurança. Experimentamos uma sensação de bem-aventurança e alegria que é quieta e serena – a alegria de shamatha.

Quando você realmente atinge shamatha, ocorre um refinamento radical ou "sintonização" de todas as suas energias vitais. Considere isso como uma "reforma extrema" do corpo e da mente, se preferir. Nesse momento, ocorre uma fase temporária e transitória de êxtase, durante a qual você pode fazer pouco mais do que simplesmente seguir o fluxo. Então, isso diminui, é superado e o que permanece – como uma radiação de fundo do "*big bang* de shamatha" – é uma sensação radiante, penetrante e calma de serenidade e alegria, que é muito maleável. É maleável no sentido de que você não está tão dominado pela bem-aventurança ao ponto de não sentir compaixão e bondade amorosa. Isso se torna o seu novo estado de base, a sua nova base para subir às alturas das práticas autênticas de *vipashyana* e do Dzogchen.

> "Você também pode ter uma sensação extraordinária de bem-aventurança, clareza e ausência de conceitos, visões de deuses e demônios, e um pequeno grau de percepção extrassensorial. Os canais e elementos funcionam de forma diferente para cada pessoa, portanto, aqueles com predominância dos elementos terra e ar, normalmente não têm experiências de percepção extrassensorial ou visionárias.

> Principalmente as pessoas com elementos fogo e água proeminentes experimentam percepção extrassensorial e visões."

Essas sensações surgem diretamente como um dividendo de shamatha. São extraordinárias – fora do comum –, por não serem guiadas por estímulos. Elas resultam do equilíbrio mental que você atingiu. O fato de que percepções extrassensoriais e experiências visionárias sejam, em geral, percebidas por aqueles com constituição dos elementos fogo e água não significa que, se você tiver predominância de terra, ar e espaço, não poderá desenvolver percepção extrassensorial. Para as pessoas com predominância dos outros constituintes psicofísicos, isso fluirá diretamente de sua prática, mas pessoas com predominância de terra, ar e espaço, mesmo após terem atingido shamatha, ainda precisarão fazer um pouco de trabalho extra para desenvolver essas habilidades.[27]

Quando eu estava em retiro solitário de seis meses, focando esta prática da *Essência Vajra*, eu, ocasionalmente, percorria cerca de 16 quilômetros dirigindo para chegar ao telefone mais próximo e falar com o meu mestre, Gyatrul Rinpoche, quando questões surgiam. Ele fez alguns comentários que podem ser pertinentes para você em algum momento. Um deles foi: "Alan, quando você medita, está praticando com muito desejo. Quando estiver praticando, não deseje absolutamente nada. Apenas faça a prática – sem esperanças e sem medos." Ao que eu respondi: "Bem, Rinpoche, toda a questão de *bodicita* e renúncia é desenvolver esse forte anseio, esse profundo anseio de atingir a iluminação, e shamatha é um dos ingredientes críticos. Tenho praticado o Darma há mais de 25 anos, desenvolvendo esse anseio, essa aspiração, e agora você me diz para esquecer isso? Todas aquelas preces de súplica – 'Conceda-me bênçãos para que eu possa atingir...' – são expressões de desejo. Então, se eu devo praticar sem desejo, qual é o sentido de todas essas aspirações, incluindo a própria *bodicita*?"

Rinpoche respondeu: "Entre as sessões, traga à mente todas as aspirações e preces que quiser. Mas, quando estiver praticando, apenas faça a prática."

Outro ponto foi: "Alan, assegure-se de que esteja praticando mesmo quando estiver deitado." Esse é um conselho maravilhoso, já que o corpo pode ficar bem dolorido por permanecer sentado em meditação durante muitas horas a cada dia.

Um terceiro comentário feito por ele foi quintessencial: "Alan, quando estiver fazendo esta prática corretamente, sem fixações, mesmo que mil *maras* surjam para atacá-lo, eles não poderão lhe causar nenhum mal se você não se fixar. E mesmo que mil budas surjam para você, não poderão lhe fazer bem algum. Eles não precisam fazer nada. Você não precisa de nada dessas milhares de imagens de budas. Apenas continue praticando." Então, o que quer que surja, apenas continue praticando como antes.

A realização de shamatha

"Agora, classificando os diferentes níveis pelo nome, a visão superior com atenção plena unifocada, na qual movimento e atenção plena estão unificados, é chamada de '*insight*'. Se uma sensação de quietude predominar nesse momento, é chamada de 'união de quiescência e *insight*'. De que maneira essa visão é superior? Anteriormente, ainda que você observasse com grande diligência, a sua mente estava obscurecida por movimentos subconscientes e por lassidão e embotamento, e, então, era difícil ver os pensamentos. Mas, agora, mesmo sem grande esforço, todos os pensamentos que surgem se tornam aparentes e você os detecta muito bem."

Os diferentes níveis que ele nomeará são os estágios pelos quais você passará. O primeiro é o *insight*. Aqui, "*insight*" não deve ser confundido com *vipashyana* e não significa necessariamente *insight* sobre a natureza da vacuidade ou *rigpa*. Significa apenas o *insight* excepcional sobre qualquer aspecto da realidade. Neste caso, é a fusão de movimento e quietude. Aqui, o espaço da sua consciência está imóvel. Por quê? Porque você não está se fixando. Quando se fixa a objetos, você pode perceber a sua atenção em movimento, sendo arrastada de um lado para o outro, seja por desejo intenso ou por aversão. Neste caso, uma vez que libere a fixação, a sua consciência permanecerá imóvel, mesmo em meio a ou simultaneamente com os movimentos da sua mente. Isto é chamado de "fusão da quietude com o movimento", quando a sua consciência permanece imóvel mesmo enquanto os seus pensamentos se movem.

Em meio a esse *insight*, "se uma sensação de quietude predominar nesse momento, é chamada de 'união de quiescência e *insight*'". Há uma ausência de excitação. "De que maneira essa visão é superior? Anteriormente", antes de chegar a este estágio da prática, "ainda que você observasse com grande diligência, a sua mente estava obscurecida por movimentos subconscientes e por lassidão e embotamento, e, então, era difícil ver os pensamentos". Neste exato momento, a sua mente está obscurecida por "murmúrios" sutis e, é claro, por lassidão e embotamento. Essas perturbações sutis não lhe permitem ter clareza suficiente para ver o que está se passando e, então, é difícil ver alguns pensamentos, tais como esses murmúrios subliminares. Uma vez que você os vê, pode dizer: "Ah, isso estava vindo do subconsciente." Bem, eles antes estavam no "subconsciente", simplesmente porque você não tinha consciência deles. Intensifique a sua clareza e o subconsciente começa a entrar em cena. Continue a aprimorar a sua atenção, até sondar todo o caminho através do subconsciente rumo à consciência substrato, de onde mesmo os eventos mentais subconscientes emergem.

Então, você chega à unificação do movimento com a atenção plena. "Mas, agora, mesmo sem grande esforço, todos os pensamentos que surgem se tornam aparentes e você os detecta muito bem." Isso faz lembrar a afirmação do Buda: "Para aquele que se apega, o movimento existe; mas, para aquele que não se apega, não há movimento. Onde não há movimento, há quietude. Onde há quietude, não há desejo intenso. Onde não há desejo intenso, não há vir ou ir. Onde não há vir ou ir, não há surgimento ou morte. Onde não há surgimento ou morte, não há este mundo ou um mundo além, nem um estado entre os dois. Este é, realmente, o fim do sofrimento."[28] Esta prática de shamatha é um caminho direto para a liberação, que, no final, será realizada por meio da união de shamatha e *vipashyana*.

> "Em relação às visões experienciadas nesse estágio, alguns iogues veem tudo – para onde quer que olhem – como formas de deidades e como *bindus* vibrantes. Alguns veem diferentes sílabas semente, luzes e várias outras formas. Alguns veem terras puras de budas, terras desconhecidas, melodias, canções, falas de vários seres desconhecidos, e multidões de todos os tipos de *viras* e *dakinis* dançando e exibindo várias expressões. Para alguns, todas as visões, sons, cheiros, sabores e sensações táteis surgem como sinais e premonições. Alguns têm a sensação de observar muitas deidades com e sem forma, através da clarividência."

Novamente, essas visões experienciais indicam que a prática está, simplesmente, permeando e catalisando as camadas sedimentares da sua psique. Ao alcançar esse estágio, as experiências relacionadas naquela lista horrível dada acima estão praticamente encerradas. Ao invés disso, você pode ter visões, que não devem ser confundidas com realizações, e "alguns iogues veem tudo – para onde quer que olhem – como formas de deidades e como *bindus* vibrantes". Isso pode ocorrer espontaneamente. Você não está visualizando internamente, como na prática de deidades. Mas esses *bindus* simplesmente surgem de forma espontânea no seu campo visual.

Além disso, "alguns veem diferentes sílabas semente, luzes e várias outras formas. Alguns percebem terras puras de budas, terras desconhecidas, melodias, canções, falas de vários seres desconhecidos, e multidões de todos os tipos de *viras* e *dakinis*" – lembrando que *viras* são seres heroicos e bodisatvas iluminados, *dakinis* são essencialmente bodisatvas femininos. Muito provavelmente, eles surgirão no espaço da sua mente.

"Para alguns" – neste caso, ao olhar para o mundo à sua volta, entre as sessões de meditação – "todas as visões, sons, cheiros, sabores e sensações táteis surgem como sinais e premonições". O mundo parece estar prenhe de significados. "Alguns têm a sensação de observar muitas entidades com e sem forma, através da clarividência." Elas podem ser meras aparições ou, como ele afirmou anteriormente, as pessoas com constituições de fogo e água podem muito bem adquirir alguma clarividência, neste ponto de sua prática.

Como devemos entender a emergência desses *siddhis* mundanos? Essas visões de *viras*, *dakinis* e terras puras de budas estão vindo apenas do espaço básico da sua própria mente, do substrato? Esse espaço da mente é poroso? É claro que coisas como o carma podem submergir nele, provenientes de experiências pessoais desta vida e de vidas passadas, mas será que influências e experiências da base primordial podem se infiltrar através dele, a partir do nível mais profundo – a partir de *rigpa*? Será que algo pode estar fluindo da mente de seu guru, que está trazendo bênçãos ao seu fluxo mental, abençoando-o a partir de uma camada mais profunda e não só catalisando algo em sua própria consciência substrato? Quando vemos *viras* e *dakinis* ou terras puras de budas, talvez eles estejam emergindo de níveis mais profundos. Então, é bem possível que estejamos abrindo um canal de bênçãos, um canal para imagens e diversas coisas que estão, na verdade, vindo de algo mais profundo do que a consciência substrato. Este é o caso, de fato. A consciência substrato se tornou transparente, porosa e, portanto, as coisas podem fluir através dela mais facilmente, a partir de níveis mais profundos, a partir de *rigpa*.

Por exemplo, é claro que, ao atingir shamatha, você alcança a transparência da base da mente comum de tal forma que, com um pequeno esforço e com meios hábeis, pode desenvolver clarividência. Tendo alcançado a transparência dessa base, você pode experienciar visões remotas, clariaudiência ou acessar a mente de outras pessoas no momento presente. Isso não é como uma memória, algo vindo do passado. Ao contrário, você está conectado com algo que está acontecendo agora, espacialmente afastado de você, no fluxo mental de outra pessoa. É claro que habilidades como essa resultam em experiências que não estão limitadas à sua consciência substrato. Então, parece que, da plataforma de shamatha – mesmo que você ainda não tenha domínio sobre a consciência primordial, ou *rigpa*, a natureza de buda –, você pode ter essas "pré-estreias". Você é capaz de mergulhar a sua xícara dentro do oceano de *rigpa* e trazer um pouquinho. É isso que significam os *siddhis* mundanos. Este pode ser um modelo útil para entendermos algumas dessas experiências extraordinárias.

> "Após meditar profundamente desta forma, qualquer sensação de alegria ou tristeza pode disparar a unificação de atenção plena e da conceituação. Então, como os nós de uma cobra se desenrolando, tudo o que surge se dissolve no ambiente externo. Depois, tudo parece desaparecer por si só, resultando em uma liberação natural. Aparências e consciência tornam-se simultâneas, de forma que os eventos parecem ser liberados tão logo são testemunhados. Assim, surgimento e liberação são simultâneos. Quando as coisas surgem de seu próprio espaço, são liberadas de volta em seu próprio espaço, como relâmpagos cintilando no céu e desaparecendo de volta nele. Uma vez que isto aparece ao se olhar para o interior, é chamado de 'liberação na expansão'. Todas essas formas são, na verdade, a unificação da atenção plena e das aparências, implicando o foco único da atenção.

Normalmente, alegria e tristeza estimulam o apego. Neste caso, no entanto, ao invés de catalisar o apego, podem disparar a unificação de atenção plena e da conceituação. Você está ali, nessa união, repousando na espacialidade estática da sua consciência e vendo o movimento de alegrias e tristezas surgindo. "Então, como os nós de uma cobra se desenrolando, tudo o que surge se dissolve no ambiente externo." Como ocorre tão pouca fixação, mesmo entre as sessões, ao ver as aparências surgindo você estará completamente presente com elas e elas se dissolverão de volta no espaço da mente. Ao invés de coisas densas à sua volta, batendo umas nas outras, você verá aparências surgindo do espaço e, em seguida, dissolvendo-se de volta no espaço externo, até que "tudo parece desaparecer por si só..." À medida que se aprofunda na natureza da consciência, no *samadhi*, a sua mente é arrastada como se você estivesse adormecendo, porém, ela permanece luminosamente consciente. Assim, tudo parece desaparecer por si só, da mesma forma que o mundo inteiro parece desaparecer quando você cai no sono.

Aqui, você recolhe a sua consciência, o que resulta em uma "liberação natural". Por não haver fixação, aparências e consciência são liberadas assim que são observadas. Não são cristalizadas como sendo "coisas", devido à fixação, e "assim, todos os eventos parecem ser liberados tão logo são testemunhados". Eles simplesmente surgem e desaparecem. "Deste modo, surgimento e liberação", emergência e dissolução, "são simultâneos". Onde, normalmente, você se fixaria e reificaria, agora, você vê apenas um fluxo. Isso não indica a realização da vacuidade, mas a reificação se torna relativamente inativa. "Assim que as coisas surgem de seu próprio espaço", seja do espaço externo ou do espaço interno, "são liberadas de volta em seu próprio espaço, como relâmpagos cintilando no céu e desaparecendo de volta nele". Elas desaparecem instantaneamente.

"Uma vez que isto aparece ao se olhar para o interior, é chamado de 'liberação na expansão'." Expansão, é claro, da sua própria consciência. É por isso que, nesta prática, é crucial focar unicamente o espaço da mente e os seus conteúdos, e não ficar igualmente aberto às outras aparências dos sentidos. Se você continuar interessado em impressões sensoriais, a sua mente nunca se recolherá até o substrato. Além disso, uma vez que nessa presença aberta você está se envolvendo com aparências do reino do desejo, a sua consciência não se recolherá para o reino da forma, o que é uma característica que define a realização de shamatha, ou o acesso à primeira *dhyana*.

"Todas essas formas são, na verdade, a unificação da atenção plena e das aparências, implicando o foco único..." O autor usou diferentes termos ao longo do texto: tomar a mente como caminho, tomar as aparências e a consciência como caminho, tomar a atenção plena das aparências como caminho. Todos se referem à mesma coisa: a prática de estabelecer a mente em seu estado natural. Neste ponto, estão todos unificados – surgindo e desaparecendo, surgindo e desaparecendo, a cada momento –, sem fixação nem ao sujeito e nem ao objeto.

> Depois que todas as experiências de visões agradáveis e desagradáveis tiverem se dissolvido no espaço da consciência, esta repousará em sua própria clareza radiante e imaculada. Quaisquer pensamentos e memórias que surjam, não se fixe a essas experiências; não as modifique ou julgue, mas permita que elas surjam enquanto vagueiam para lá e para cá. Ao fazer isso, o esforço envolvido na apreensão

vívida e estável – como no caso dos pensamentos apreendidos pela atenção plena tensa – desaparece por si só. Tal esforço faz com que a mente insatisfeita busque objetos mentais compulsivamente. Algumas vezes, sentindo-se insatisfeito como se algo lhe faltasse, você pode se envolver compulsivamente com muitas atividades mentais implicando concentração tensa e assim por diante.

Quando o Mestre fala sobre a consciência repousar em "sua própria clareza radiante e imaculada", ele não se refere a *rigpa*. Neste contexto, os fenômenos estão ocorrendo no domínio da mente. Aqui, "espaço da consciência" significa o substrato. Precisamos ter cuidado com o termo "imaculada". No contexto do Dzogchen, o darmakaya é imaculado, a vacuidade é imaculada, a natureza de buda é imaculada. Uma vez que tenha realizado completamente a base absoluta, você é um buda – trabalho concluído! No entanto, neste contexto ele se refere ao substrato, que é imaculado em um sentido mais limitado, de que nenhuma das aflições mentais grosseiras está se manifestando neste momento; na verdade, elas estão apenas inativas. Ainda assim, é maravilhoso. Tendo experienciado muitos dos fenômenos mentais agradáveis e desagradáveis mencionados anteriormente, você basicamente cobriu toda a amplitude da sua mente – desde o nível superficial dos processos mentais facilmente detectáveis passando por todo o caminho até a consciência substrato. Agora esses fenômenos se dissolvem novamente no espaço da mente e a consciência repousa em sua própria clareza imaculada – a própria natureza da consciência.

"Quaisquer pensamentos e memórias que surjam, não se fixe a estas experiências; não as modifique ou julgue, mas permita que surjam enquanto vagueiam para lá e para cá." Embora você ainda não tenha atingido shamatha, está realmente na direção correta. Às vezes, agora, você pode ter intervalos significativos onde nada se manifesta – nem visões ou emoções agradáveis ou desagradáveis – permitindo que se estabeleça com serenidade, num estado muito próximo da consciência substrato. As coisas se tornam realmente muito calmas depois do sexto dos nove estágios mentais anteriores a shamatha.

"Ao fazer isso", praticando corretamente, "o esforço envolvido na apreensão vívida e estável – como no caso dos pensamentos apreendidos pela atenção plena tensa – desaparece por si só". Uma vez que, agora, você está bastante avançado no caminho, quando observa bem atentamente, ou seja, quando intensifica a sua atenção, o esforço daquela apreensão estável e vívida simplesmente evapora.

Nesta prática, o maior esforço se dá no início. Nos estágios finais, não há esforço algum. Tendo dito isto, por favor, não pense que você precisa fazer o máximo de esforço no início. Isso seria um exagero. "Fazer o seu melhor" não quer dizer "se esforçar ao máximo". Sendo necessário o equilíbrio entre relaxamento, estabilidade e vivacidade, esforçar-se ao máximo é um esforço demasiado. Assim, ao longo da prática de shamatha, seja qual for a técnica que esteja seguindo, o grau de esforço de que necessita para praticar corretamente se reduz à medida que você se aproxima da realização, até que simplesmente desaparece. Você terá muito mais estabilidade e vivacidade do que tinha no início, mas o esforço para manter e estabelecer essa apreensão estável e vívida desaparece por si só. "Tal esforço" – tentar demasiadamente – "faz com que a mente insatisfeita busque objetos mentais compulsivamente". Você chega a um ponto na prática em que, se continuar exercendo esforço, continuar aplicando a introspecção para tentar consertar algo, na verdade, estará atrapalhando a própria prática.

De muitas maneiras, este caminho de shamatha parece um microcosmo do caminho do Dzogchen para a iluminação em si. O fato de que você poderia facilmente confundir shamatha com a iluminação ou com o estágio mais avançado do Dzogchen é compreensível. Nos estágios finais do Mahamudra ou do Dzogchen, você precisa apenas relaxar. Você está em uma esteira rolante para a iluminação, da mesma forma que, nos estágios avançados de shamatha, você está em uma esteira rolante para a consciência substrato. Não é mais necessário esforço para atingir essa realização menor, porém muito significativa.

Armadilhas

Às vezes, no decorrer desta prática, você pode se perguntar: "O que está acontecendo? Eu realmente não estou fazendo nada. Estou fazendo a prática corretamente, mas estou apenas aqui sentado. Talvez eu devesse parar e procurar um emprego, ou cultivar bondade amorosa, ou escrever um livro – é disso que o mundo precisa." Tais pensamentos podem surgir facilmente, porque de fato você está *fazendo* muito pouco. Como Gyatrul Rinpoche uma vez comentou: "O problema com vocês, alunos ocidentais, não é que não tenham fé suficiente no budismo, é que não têm fé suficiente em si mesmos." O próprio fato de não estar fazendo nada, de forma tão luminosa e clara, está facilitando processos subconscientes – um equilíbrio, uma cura, uma iluminação, uma abertura, uma purificação. Você simplesmente, não confia na enorme capacidade de cura de sua própria consciência.

Neste ponto, é crucial compreender a natureza de buda como uma realidade, ao invés de um mero potencial. Da perspectiva de um ser senciente não iluminado, possuímos uma natureza de buda, no sentido de ter o potencial para atingir o estado búdico, que precisa ser cultivada ou desenvolvida para que alguém se torne iluminado. Mas, da perspectiva de um praticante realizado do Dzogchen (ou um *vidyadhara*), você é a sua natureza de buda e apenas precisa parar de se identificar com o seu corpo, sua fala e sua mente comuns (em conjunto com todas as suas aflições e obscurecimentos mentais) e passar a reconhecer quem você já é para se iluminar. Da perspectiva do Dzogchen, a principal diferença entre seres senciente não iluminados e budas é que os primeiros não sabem quem são e os budas sabem. A antiga máxima "conhece-te a ti mesmo" assume agora um significado sem limites.

Riscos nos estágios avançados da prática de shamatha

"Nesta fase, a consciência repousa em seu próprio estado; a atenção plena surge, e por haver menor fixação às experiências, a consciência se estabelece em seu próprio estado natural, inalterado. Desta forma, você chega a um estado de atenção plena naturalmente estabelecida. Essa experiência é suave e tranquilizadora, na qual a consciência clara e límpida não é beneficiada e nem prejudicada por pensamentos, e você experimenta uma extraordinária sensação de quietude, sem a necessidade de modificar, rejeitar ou adotar coisa alguma."

Aqui, Düdjom Lingpa está descrevendo as fases finais de shamatha. "Desta forma, você chega a um estado de atenção plena naturalmente estabelecida." Lembre-se de como ele descreveu uma fase anterior, quando uma abundância de fenômenos mentais surgia. Ele advertiu que, ao iniciar esta prática, você não deveria ter a expectativa de que seus pensamentos desaparecessem. O que você poderia esperar era manter-se presente com eles, sem distrações, sem fixações. Isto foi chamado de "atenção plena emaranhada" – não porque tudo está confuso e misturado, mas porque você está se engajando com os fenômenos que surgem na sua mente.

Mais adiante, você passa para os estágios provisórios já comentados, onde surgimento e dissolução ocorrem simultaneamente. Devido ao poder da atenção plena, há uma unificação da atenção plena e das aparências. Isto ocorre em algum momento durante a fase intermediária desta prática. Ainda mais adiante, a prática se torna mais ampla, e há períodos de clareza imaculada, pura e radiante. À medida que você progride em direção à reta final, há apenas a atenção plena naturalmente estabelecida. Sem demandar nenhum artifício de sua parte, a atenção plena se estabeleceu por si só, por conta própria. Você trouxe sanidade a si mesmo, à sua consciência, à sua mente. Isso significa que você chegou à integração, à coerência – você atingiu a atenção plena naturalmente estabelecida. A âncora alcançou o fundo.

Com uma experiência que é "suave e tranquilizadora, onde a consciência clara e límpida não é beneficiada e nem prejudicada por pensamentos", e que traz consigo "uma extraordinária sensação de quietude, sem a necessidade de modificar, rejeitar ou adotar coisa alguma", se ainda não atingiu shamatha, você está bem perto.

"Se, nesse momento, você não for aconselhado por um bom professor espiritual, poderá pensar: 'Agora, uma visão e um estado meditativo extraordinários e incomparáveis surgiram no meu fluxo mental, que são difíceis de compreender e que não podem ser compartilhados com mais ninguém.' Ao depositar

> sua confiança e convicção nisso sem discutir com ninguém, você poderá se deludir por um tempo. Ainda que discuta a sua situação com um amigo espiritual, a menos que essa pessoa saiba como ouvir criticamente e responder de forma persuasiva, você se desviará muito do caminho. Se ficar aprisionado aí pelo resto de sua vida, isso irá amarrá-lo e impedir que você transcenda o reino da existência mundana. Portanto, tenha cuidado!"

Agora, uma nota de advertência. Ao atingir esse ponto de sua meditação, você pode pensar: "Cheguei à bonança – isto é o *darmakaya*! É tão transcendental e sagrado que eu duvido que alguém tenha experienciado isto antes. Se eu contasse para alguém, essa pessoa jamais seria capaz de compreender. Por isso, é melhor guardar só para mim."

"Ao depositar sua confiança e convicção nisso sem discutir com ninguém, você poderá se deludir por um tempo. Ainda que discuta a sua situação com um amigo espiritual, a menos que essa pessoa saiba como ouvir criticamente..." Ter essa habilidade significa que o seu amigo espiritual realmente compreende o contexto, vê como você chegou onde está. Aqui, o contexto é de vital importância, porque essa descrição poderia se referir ao Dzogchen ou a tornar-se um *vidyadhara*. Um amigo espiritual sábio verá o contexto, observará a sutileza naquilo que está ocorrendo e será capaz de lhe dar um bom conselho. Portanto, "a menos que essa pessoa saiba como ouvir criticamente e responder de forma persuasiva, você se desviará muito do caminho."

Ao alcançar esse nível, chegou a um ponto admirável, mas se você se agarrar a ele e acreditar que isso é absoluto, então, você se desviará muito do caminho. "Se ficar aprisionado aí pelo resto de sua vida, isso irá amarrá-lo e impedir que você transcenda o reino da existência mundana. Portanto, tenha cuidado!" Esta advertência também está presente nos ensinamentos de Tsongkhapa, Karma Chagmé Rinpoche e muitos outros grandes lamas. Deve ter acontecido muitas e muitas vezes, para que eles sigam repetindo e repetindo isso até que todos ouçam: "Vocês pensarão muito, muito facilmente que estão iluminados!" É aqui que a tradição, a linhagem – ter pessoas verdadeiramente sábias que estão mais avançadas no caminho do que nós – é de fato importante. Então, seja muito cuidadoso.

> "Particularmente, a experiência de clareza pode resultar em visões de deuses e demônios, e você pode pensar que está sendo subitamente atacado por de-

mônios. Às vezes, isso pode até ser verdade; mas, ao pensar que é clarividente e repetidamente fixar-se a deuses e demônios, no final, você se sentirá como se tivesse sido tomado por eles. Então, por mentalmente evocar deuses e demônios e espalhar que você é clarividente, no final, a sua meditação será toda sobre demônios e a sua mente será possuída por eles. Então, seus votos e compromissos sagrados se deteriorarão, você se afastará muito do Darma, se perderá nas atividades mundanas desta vida e se confundirá com rituais mágicos. Ao buscar alimento e riqueza sem nem mesmo um traço de contentamento, a sua mente será capturada pela fixação, pelo apego e pelo desejo intenso. Se morrer nessa situação, você renascerá como um demônio malévolo. Tendo acumulado as causas para experimentar o ambiente e o sofrimento de um fantasma faminto que vagueia pelo céu, sua visão e meditação se desviarão, e você permanecerá deludido para sempre no *samsara*."

Como é que essa "experiência de clareza" – luminosidade – "pode resultar em visões de deuses e demônios"? Os nossos olhos são projetados para detectar uma faixa muito estreita do espectro total de radiações eletromagnéticas. Deste, vemos as cores do espectro visível, mas não podemos ver infravermelho nem ultravioleta. De maneira geral, shamatha é projetada para ampliar a nossa faixa de percepção mental. Por um lado, quando atinge shamatha, você pode acessar experiencialmente dimensões de existência que estavam anteriormente escondidas da visão. Você acessou a sua consciência substrato, que é transparente, e, agora, você tem acesso ao reino da forma, onde pode encontrar alguns de seus habitantes. Esse tipo de acesso pode permitir que você veja diferentes tipos de seres sencientes, deuses e assim por diante. Como a sua mente não está mais trancada no estado puramente humano e nos fenômenos do reino do desejo, você pode se tornar um visionário.

Enquanto a sua base de operações for os cinco sentidos físicos e a mente comum, você estará preso a uma psique humana, limitando a sua percepção às coisas a que estamos todos acostumados. Se você for um tibetano, poderá ver um fantasma de vez em quando. Ao acessar shamatha, você acessa algo que é não humano. A consciência substrato não é um estado humano de consciência nem pertence a alguma outra classe de seres sencientes dentro do *samsara*. Ela abrange todos eles. Todos os estados mentais das diferentes classes de seres sencientes emergem da consciência substrato. Isso significa que potencialmente, se você acessar essa base comum – essa "consciência tronco" –, é concebível que possa ver seres sencientes dos seis reinos de existência. Poderá até acessar memórias de você mesmo em diferentes encarnações. Portanto, as portas da percepção estão abertas e você pode começar a ver algumas criaturas que pessoas comuns, com as suas faixas limitadas de percepção mental, não podem ver.

Portanto, "a experiência de clareza pode resultar em visões de deuses e demônios, e você pode pensar que está sendo subitamente atacado por demônios. Às vezes, isso pode até ser verdade". Assim como vírus, bactérias e radiação existem mesmo que a maioria das pessoas não possa vê-los, existem outras entidades que não são normalmente visíveis para pessoas que não desenvolveram altos graus de *samadhi* e algumas delas podem ser malévolas. Então, é hora de aprender a vestir alguma armadura. É por isso que, nas práticas do estágio da geração e nas práticas Vajrayana, em geral, há as "rodas de proteção", dispositivos protetores, mantras e assim por diante. De fato, seções inteiras deste texto destinam-se a ajudá-lo a desenvolver o seu próprio campo de defesa contra forças malévolas.

Os demônios que o incomodam podem ser entidades alienígenas ou até mesmo seres humanos. Quando Gen Lamrimpa estava em retiro solitário nos Himalayas, um lenhador, sem nenhuma razão aparente, passou a odiá-lo e a atacá-lo verbalmente, ainda que Gen Lamrimpa não estivesse fazendo nada além de meditar em silêncio em sua cabana. Estranhamente, pouco antes de morrer, o lenhador se confessou a Gen Lamrimpa, pediu pelo seu perdão e faleceu. O que os reuniu nessa estranha relação foi o carma. Portanto, seja um demônio real como na visão asiática tradicional ou apenas uma pessoa difícil atacando-o ou difamando-o sem razão aparente, você com certeza se perguntará: "O que significa tudo isso?" Bem, isso é apenas parte do caminho, acontece. Seja um mau jeito nas costas ou uma dor de estômago – ou uma pessoa que estava cortando lenha vindo atacá-lo –, isso é carma.

"Ao pensar que é clarividente e fixar-se a deuses e demônios repetidas vezes, no final, você se sentirá como se tivesse sido tomado por eles". Mesmo quando estiver próximo da realização de shamatha, coisas desse tipo ainda poderão acontecer. Lembre-se do aforismo de William James: "Neste momento, aquilo em que prestamos atenção é a realidade." Quando começar a ver aparições – sejam elas provenientes de alguma fonte externa ou puramente do seu substrato –, se começar a se fixar a elas, a apreendê-las, obcecado por elas, dessa forma, você as alimenta e acaba invadido por elas. Então, um conselho bastante familiar nos é oferecido: "Não se torne obcecado. Não se fixe. Não apreenda."

Quando você se aproxima do substrato, a sua imaginação se torna extremamente poderosa. Se quiser visualizar algo, pode visualizar tão bem quanto se estivesse vendo. Os seus sonhos se tornam muito vívidos. Portanto, as imagens que surgem, deuses e demônios e assim por diante, podem ser completas, tridimensionais, invenções "Tecnicolor com som Dolby" de seu próprio substrato. Ser "imaginárias" significa que elas não podem prejudicá-lo? Afinal, são apenas alucinações. Acredite em mim, se você se fixar a elas, podem, de fato, causar danos. Observe a terrível angústia sofrida por um esquizofrênico. Ao atingir esses níveis de *samadhi*, com a sua imaginação se tornando muito potente, você deve tratá-la com grande inteligência. Se não o fizer, se você evocar esses deuses e demônios, se permitir que o invadam, "então, por mentalmente evocar deuses e demônios e espalhar que você é clarividente, no final, a sua meditação será toda sobre demônios e a sua mente será possuída por eles".

"Então, seus votos e compromissos sagrados se deteriorarão, você se afastará muito do Darma, se perderá nas atividades mundanas desta vida e se confundirá com rituais mágicos." Como vimos em uma descrição anterior de uma situação semelhante, uma vez que esteja possuído por demônios, você se sentirá compelido a encontrar algum feiticeiro ou mágico a quem possa perguntar: "Como saio disso?" Você receberá mantras para recitar, poções para beber e cerimônias para realizar. Dessa maneira, você desliza para o reino do oculto. Algumas pessoas passam um longo tempo, às vezes toda uma vida, nessa situação. Isso tem bem pouca, se é que alguma, relação com a iluminação, mas por ser algo paranormal, muitas pessoas sentem-se seduzidas. Ao agirem assim, confundem-se com rituais mágicos. Não façamos isso – temos coisas melhores a fazer.

"Ao buscar alimento e riqueza", porque, a esta altura, você pode se considerar uma espécie de feiticeiro ou xamã, "sem nem mesmo um traço de contentamento, a sua mente será capturada pela fixação, pelo apego e pelo desejo intenso. Se morrer nessa situação, você renascerá como um demônio malévolo". Afinal, a esta altura, é só com isso que você realmente se preocupa, é a isso que está fixado. "Tendo acumulado as causas para experimentar o ambiente e o sofrimento de um fantasma faminto que vagueia pelo céu, sua visão e meditação se desviarão, e você permanecerá deludido." Eu diria que esta é uma advertência bem forte – "Tenha cuidado! Perigo de morte!" Ao invés de embarcar em uma viagem para shamatha e para a iluminação, você está se reunindo aos piratas – ao oculto e à magia. Definitivamente, isso pode acontecer, especialmente quando você começa a desenvolver o *samadhi*. Com isso, pode acessar todo um reino de experiências paranormais, a vidência, o oculto e assim por diante. Pode ser uma enorme armadilha, levando-o a absolutamente lugar nenhum. Portanto, vamos deixar isso de lado e continuar praticando como antes, mantendo a essência do nosso refúgio – *bodicita*.

> "Quando pessoas de faculdades medianas ou inferiores entram neste caminho, os sinais do caminho certamente ocorrerão, mas, se elas se fixarem a qualquer coisa, serão novamente aprisionadas por essa fixação. Sabendo que tais experiências são altamente enganosas e não confiáveis, estabeleça a sua consciência em seu estado natural, sem fixações, expectativas, medos, rejeição ou afirmação. Ao fazer isso, essas experiências serão espontaneamente liberadas em sua própria natureza, como névoa desaparecendo no céu. Saiba que isso é verdade!"

Ao ler os textos sobre as tantas práticas às quais fui introduzido, às vezes, sinto-me um pouco intimidado – simplesmente não estou à altura. Não sou como aqueles meditadores profissionais, os "praticantes de verdade". Por isso, acho essas palavras revigorantes: "Quando pessoas de faculdades medianas ou inferiores entram neste caminho, os sinais do caminho certamente ocorrerão..." Esta prática não é apenas para aqueles de faculdades superiores. Düdjom Lingpa não está nos liberando da tarefa. Não podemos nos afugentar com frases autodepreciativas, como: "Ah, puxa, eu não dou conta disso."

No entanto, embora os sinais do caminho apareçam para as pessoas de faculdades medianas ou inferiores, "se elas se fixarem a qualquer coisa, serão novamente aprisionadas por essa fixação". É claro que não somos propensos a nos fixar aos fenômenos mais negativos – insônia, depressão, paranoia e assim por diante. É mais provável que nos fixemos à bem-aventurança, luminosidade, ausência de conceitos e às visões. Animados com isso, a tendência geral é sentirmos uma compulsão de contar para alguém. É como uma cabaça preenchida com pouca água – ao ser sacudida, faz um grande barulho. Em contraste, ao sacudir uma cabaça totalmente preenchida com água – aqueles com profunda realização –, não há barulho algum. Os verdadeiramente realizados tendem a ser mais reservados, em relação a revelar as suas experiências internas a outros. Ocasionalmente, há, felizmente, os grandes seres verdadeiramente realizados que divulgam as suas experiências de maneira aberta. Isso é o que Düdjom Lingpa fez, para o nosso benefício. Ele nos disse que era um *vidyadhara* completamente maduro. Milarepa e poucos outros falaram com a mesma franqueza, e isso deveria nos inspirar.

"Sabendo que tais experiências são altamente enganosas e não confiáveis" – referindo-se aos *nyam* – "deixe a sua consciência em seu estado natural..." O autor revelou todas essas armadilhas e nos forneceu um antídoto simples: com todos esses *nyam*, essas coisas inebriantes e "muito legais" que vão de *bindus* a terras puras de budas – assim como no caso de suas contrapartidas negativas e horríveis – "estabeleça a sua consciência em seu estado natural, sem fixações, expectativas, medos, rejeição ou afirmação". Quando os demônios vierem, não lhes ofereça um alvo. Deixe que a sua consciência seja como o espaço. "Ao fazer isso, essas experiências serão espontaneamente liberadas em sua própria natureza, como névoa desaparecendo no céu. Saiba que é verdade!"

> "Ó Vajra da Mente, não há como dizer quais tipos específicos de experiências boas ou más podem surgir. Todas as técnicas, desde a realização da quiescência até a manifestação da consciência lúcida, simplesmente levam a experiências e, assim, qualquer coisa pode acontecer. Portanto, entenda que identificar tudo isso como experiências é um ponto crucial e a quintessência do conselho prático. Então, tenha isso em mente e realize!"

O Mestre, dirigindo-se ao Bodisatva Grande Vacuidade Ilimitada, retornou ao seu comentário inicial sobre este tópico, como forma de terminar esta discussão. A variação entre as psiques, consciências substrato e carma dos indivíduos é imensamente complexa. É impossível dizer a uma pessoa exatamente o que irá acontecer entre o início da prática de shamatha e a sua realização. "Todas as técnicas, desde a realização da quiescência [shamatha] até a manifestação da consciência lúcida [*rigpa*], simplesmente levam a experiências [*nyam*] e, assim, qualquer coisa pode acontecer. Portanto, entenda que identificar tudo isso como experiências [simplesmente, como *nyam*] é um ponto crucial e a quintessência do conselho prático."

Sublinhe isso! Identifique todas essas experiências como "apenas *nyam*". Elas oscilam como o placar de um jogo de basquete, indo e vindo como sol e chuva, como bronquite, como dores nas costas e como qualquer outra coisa. "São apenas *nyam*" – coisas que aparecem no decorrer do caminho. Todos aqueles *siddhis* sedutores e experiências horríveis – apenas deixe-os para lá. Na manhã de sua iluminação, todos os *maras* surgiram para o Buda, o que pode ser compreendido como manifestações externas de *nyam* perturbadores. De acordo com antigos relatos no cânone páli sobre a vida do Buda, mesmo após a sua iluminação, os *maras* ainda o visitavam. Embora alguns divulgadores modernos do budismo prefiram interpretar isso apenas como expressões metafóricas das próprias neuroses, a visão budista tradicional é de que eles são, de fato, seres sencientes, o que para mim sugere que não estão vindo meramente do substrato. Os *maras* apareciam para o Buda, testando-o, dizendo: "Ei, Gautama! Você não está realmente iluminado, está apenas se enganando." Tentavam fazê-lo tropeçar. Ele tinha apenas uma resposta para eles: "*Mara, eu vejo você.*" Então, segundo alguns relatos, os *maras* se desapontavam e desapareciam.

Esta prática apresenta tanto enormes possibilidades quanto enormes armadilhas, e, felizmente, Düdjom Lingpa as expôs com transparência. Quando de fato ocorrem, elas tendem a ser avassaladoras. Pelo menos memorize o que fazer quando acontecerem. Entenda que são apenas *nyam*. "Então, realize isto e tenha-o em mente!" Em outras palavras, lembre-se disso, quando estiver realmente praticando. É aqui que o cultivo da atenção plena implica muito mais do que meramente estar presente com quaisquer aparências que surjam aqui e agora. Na prática budista, a atenção plena também significa lembrar-se dos ensinamentos que você recebeu, de forma a poder aplicá-los quando surgir a situação apropriada. Ao meramente ouvir sobre depressão ou sobre um pavor absoluto e desconhecido, aparições surgindo, pesadelos, insônia, pedras que esmagam ou dores terríveis por todo o corpo, você pode sorrir e dizer: "Puxa, isso parece muito horroroso." Quando, no entanto, começa a acontecer conosco, podemos facilmente nos fixar e reificar – não porque queremos, mas porque parece esmagador. O mesmo se dá com os tipos mais agradáveis de *nyam*. E, ainda assim, a prática é muito simples.

Os *nyam* podem também complicar a avaliação do nosso progresso. Suponha que esteja praticando consistentemente, três horas por dia, com um estilo de vida relativamente sereno, e a prática parece estar caminhando bem. Então, de repente, você pode se sentir como se tivesse regredido ao ponto em que estava há seis meses. Você pode se perguntar: "Cometi algum erro?" Essa é uma possibilidade, e você pode checar o seu texto e as suas anotações para ver se errou – se você se lembrou de praticar de acordo com as instruções autênticas. Você também pode conversar com o seu Mestre ou com um amigo do Darma. Pergunte: "Será que deslizei para alguma fixação? Será que caí em lassidão ou excitação e nem mesmo as reconheci?" Questionar-se desta forma é o que faz um bom estudante do Darma.

Se, ao checar isso, você concluir que não cometeu tais erros, pode ser que tenha encontrado uma outra camada de sedimentação da sua psique. O lastro da sua atenção focada o conduziu ao contato com camadas mais profundas da sua mente e com os seus *nyam* associados. Há algumas camadas que são bastante límpidas e o lastro as atravessa diretamente – você parece ter chegado ao fundo –, mas pode ser que você esteja agora no início de outra camada. Não é a mesma camada em que estava anteriormente. Pode parecer que sim, mas não é. Agora, você terá que lidar com essa nova camada. Então, passará pelos *nyam*, as experiências meditativas dessa nova camada. Mesmo as camadas serenas e claras são *nyam*. Não as confunda com realização.

Do momento em que comece a praticar "até que a consciência lúcida se manifeste..." – embora haja diferentes maneiras de interpretar isso, aqui, consciência lúcida se refere a *rigpa*. Portanto, ele está dizendo "de agora até a realização de *rigpa*, tudo é *nyam*". Sob o ponto de vista comum ou relativo, devemos praticar a fim de purificarmos as nossas mentes das influências cármicas pessoais, que, em geral, se expressam como *nyam*. Esta é uma perspectiva legítima, mas também podemos ver isso a partir da perspectiva da visão pura. Tomemos o exemplo do lenhador que atacou Gen Lamrimpa. Poderíamos dizer que essa situação derivou do carma, porém, parafraseando Shantideva, se não houver ninguém para aborrecê-lo, como você poderá atingir a perfeição da paciência? Da mesma maneira, se não houver ninguém para quem doar, ninguém que esteja precisando de algo que você possa oferecer, como irá desenvolver a perfeição da generosidade? Você precisa desenvolver as seis perfeições. Portanto, poderíamos dizer que, naquela fase particular de sua prática, Gen Lamrimpa precisava desesperadamente de alguém que estivesse furioso com ele. Ele não havia irritado ninguém. No entanto, o lenhador surgiu, conforme era necessário. Desta perspectiva, o lenhador surgiu como uma bênção pura do Buda, para que Gen Lamrimpa pudesse lidar com a raiva e o ressentimento e, então, desenvolvesse paciência, tolerância, equanimidade e compaixão mais profundas. Portanto, juntamente com todo o material que emana da sua mente e com o qual você precisa lidar, podem surgir situações externas que intensificarão a sua prática.

Da perspectiva da visão pura, lidar com todos esses árduos desafios lhe dará uma confiança nascida da maturidade, da sabedoria e da virtude. Você se tornará menos suscetível a fixações e à instabilidade, e será capaz de lidar com as suas novas habilidades, tais como os *siddhis* mencionados acima, sem ser surpreendido. Alcançar este ponto requer que você aprenda em etapas, atravessando a mente nível a nível, e lide com as situações externas que devem surgir – tudo pode ser considerado bênçãos do Buda.

Então, a cada desafio que surge, se for insônia, ótimo! Deixe a sua consciência se tornar mais ampla do que o espaço mental ocupado pela insônia. Se for paranoia, deixe a sua consciência ser mais ampla do que a paranoia. Se for uma dor no corpo, deixe a sua consciência ser mais ampla do que a dor. Cada vez que você fizer isso, descobrirá que não está apenas superando um obstáculo, mas que uma transformação está ocorrendo, necessária para que você avance na sua prática. É por isso que tenho tanta confiança em shamatha. Se esta prática o levará a adquirir habilidades paranormais, é melhor para todos que você tenha equilíbrio e maturidade. De fato, como veremos diretamente, essas transformações são o portal para a prática mais profunda.

O PAPEL E O SIGNIFICADO DE SHAMATHA

> Então, Grande Vacuidade Ilimitada perguntou: "Ó Bhagavan, se todas as experiências, quer sejam agradáveis ou grosseiras, estão longe de serem o caminho para a onisciência e não trazem tal benefício, por que deveríamos praticar a meditação? Mestre, por favor, explique!"

Se essas experiências meditativas resultantes da prática de shamatha não são *rigpa* – não têm o benefício da iluminação –, para que praticar shamatha, afinal? Não poderíamos simplesmente pular shamatha e ir direto ao Dzogchen, ir diretamente ao ponto último?

> O Bhagavan respondeu: "Ó Vajra da Mente, quando indivíduos com mentes grosseiras e disfuncionais, agitadas por pensamentos discursivos, entram neste caminho, ao reduzirem o poder de seus pensamentos compulsivos, as suas mentes se tornam cada vez mais estáveis e eles atingem uma estabilidade inabalável. Por outro lado, mesmo se as pessoas identificarem a consciência lúcida, mas não continuarem praticando, elas sucumbirão às falhas da indolência espiritual e da distração. Então, mesmo que pratiquem, devido à distração, elas se perderão na delusão sem fim.

Nós entramos na prática de shamatha com uma mente disfuncional e saímos com uma mente funcional – entramos com desequilíbrio e saímos com equilíbrio. Essa é a importância desta prática. Atingir um alto grau de sanidade pode ser realmente uma boa ideia, no caminho para a onisciência.

"Por outro lado, mesmo se as pessoas identificarem a consciência lúcida" – *rigpa* –, mesmo que encontrem um grande lama, recebam instruções diretas e tenham um vislumbre autêntico de *rigpa* ou mesmo se algum *insight*, o sabor de *rigpa*, surgir para elas do nada – "mas não continuarem praticando, elas sucumbirão às falhas da indolência espiritual e da distração". Então, ainda que você experimente o sabor de *rigpa*, a menos que seja capaz de tomar a base como caminho e de sustentá-la, é muito fácil perdê-la. Você facilmente sucumbirá "às falhas da indolência espiritual e da distração". A propósito, acredito que a nossa civilização seja aquela que oferece a maior abundância de distrações em toda a história humana.

"Indolência espiritual" é um termo facilmente mal compreendido. A tradição contemplativa medieval do cristianismo tem um conceito correspondente, que, em latim, se chama *acedia*, também frequentemente traduzido como "indolência espiritual". Acredito que este conceito se aproxime mais do significado do termo budista. O termo tibetano, no entanto, frequentemente é traduzido como "preguiça". De fato, a indolência espiritual pode se manifestar quando alguém "fica jogado no sofá". Você poderia chamar isso de preguiça, onde se está verdadeiramente letárgico, lento – a sensação de peso do elemento terra. Mas nem toda indolência espiritual se expressa como preguiça. Para pessoas de fogo e ar, a indolência espiritual se manifesta quando elas se envolvem em um projeto atrás do outro – quando sempre há alguma coisa acontecendo com elas, quando estão continuamente enredadas por uma atividade mundana após a outra. Sempre que são arrastadas por tantas ocupações, têm uma rápida resposta: "Ah, mas isso é realmente importante, porque é pelo o bem dos seres sencientes, além de ser algo virtuoso."

Portanto, a indolência espiritual pode se manifestar de uma forma preguiçosa e lenta ou como uma hiperatividade – disparar por aí fazendo o bem – que dissipa a sua energia. Você acumula méritos – mas acaba girando pelo *samsara*. Em outras palavras, você pode ter uma experiência meditativa bastante profunda no Zen, no Dzogchen, no Mahamudra ou no Vedanta, mas não lhe restará nada mais do que uma lembrança. E, então, você passa o resto da sua vida indo de um projeto para o outro, sempre envolvido nos pequenos assuntos da vida, conscientemente cumprindo os seus prazos, até que, finalmente, o último prazo que encontra é a sua própria morte.

"Então, mesmo que façam práticas, devido à distração, elas se perderão na delusão sem fim." Ao praticar o Dzogchen sem ter uma forte fundação na prática de shamatha, você pode experimentar o sabor de *rigpa*. Entretanto, para a continuidade e crescimento verdadeiros, você precisa de um barco que não vire tão facilmente com as distrações e os desequilíbrios emocionais. Se a sua mente for disfuncional e você experimentar uma pequena gota de *rigpa*, passados alguns anos, pode não restar nada mais do que uma lembrança: "Puxa, isso me faz lembrar – você tinha que estar lá, 27 anos atrás. Eu tive uma experiência realmente brilhante!" Você se perde em uma delusão sem fim.

Experienciando a consciência substrato

> "A mente, que é como um paralítico, e a energia vital, que é como um garanhão cego e selvagem, são domadas amarrando-as com a corda da experiência meditativa e da atenção firmemente mantida. Uma vez que as pessoas de faculdades mentais embotadas reconhecem a mente, elas a controlam com as rédeas da atenção plena e da introspecção. Consequentemente, como resultado de sua experiência e meditação, elas têm a sensação de todos os pensamentos grosseiros e sutis terem desaparecido. Por fim, experimentam um estado de consciência não estruturada, desprovida de qualquer coisa sobre a qual meditar. Então, quando a sua consciência atinge o estado da grandiosa não meditação, o seu mestre o aponta e, assim, as pessoas não se perdem."

A mente disfuncional e a energia vital – que é "como um garanhão cego e selvagem" – são domadas, não amarradas, com a corda da experiência meditativa de bem-aventurança, luminosidade e ausência de conceitos, e com a atenção focada contínua. Continuidade não significa explosões de frenesi, de entusiasmo, ou se dedicar à meditação intensamente, por intervalos curtos, e depois se acomodar. Continuidade é "atenção firmemente mantida".

"Uma vez que as pessoas de faculdades mentais embotadas reconhecem a mente, elas a controlam com as rédeas da atenção plena e da introspecção." Isso é tomar a mente como caminho.

"Consequentemente, como resultado de suas experiências" – *nyam* – "e meditação, elas têm a sensação de todos os pensamentos grosseiros e sutis terem desaparecido". Com o tempo, em seu próprio ritmo, a densidade de pensamentos obsessivos diminui. Tornam-se progressivamente mais sutis, à medida que você simplesmente os deixa, permitindo que se dissolvam, sem se envolver compulsivamente e ser arrastado por eles. Ao final, você atinge um equilíbrio, uma estabilidade, onde pensamentos grosseiros e até mesmo sutis desapareceram. "Por fim, elas experimentam um estado de consciência não estruturada", onde não há nada elaborado.

Mais uma vez, não estamos falando de *rigpa*. Estamos falando da consciência substrato – não fabricada, não estruturada, pré-humana, mais básica do que o humano, mais básica do que qualquer outra forma de vida –, a partir da qual emergem todos os tipos de estados e processos mentais mundanos. Dessa forma, a consciência substrato pode ser considerada a "consciência tronco", análoga a uma célula tronco, que pode se transformar em uma ampla variedade de células altamente especializadas, dependendo do ambiente biológico em que se desenvolva. Da mesma forma, no momento da concepção humana, a consciência substrato começa a emergir como uma mente e percepções sensoriais humanas, na dependência da formação gradual de um cérebro e um sistema nervoso humanos. A mente e as várias formas de consciência mentais e sensoriais não emergem do cérebro (como é amplamente assumido, mas o que nunca foi comprovado pela ciência moderna), mas da consciência substrato. Na morte, essas funções mentais humanas não desaparecem simplesmente, como os materialistas acreditam (outra vez, sem nenhuma evidência convincente), mas se dissolvem novamente na consciência substrato, que segue para o *bardo* e as vidas subsequentes.

Normalmente, nós configuramos a consciência pela linguagem, experiência, identidade pessoal, história pessoal, esperanças e medos, alegrias e tristezas, e assim por diante, mas, agora, nós "experimentamos um estado de consciência não estruturada, desprovida de qualquer coisa sobre a qual meditar". A esta altura, não há um objeto de meditação bem definido. Novamente, é isso o que torna tão fácil confundir esta experiência tanto com a realização da vacuidade quanto com *rigpa*. Nos textos Dzogchen, "não modificada" refere-se, usualmente, a *rigpa*. Mas isso não é *rigpa*. Isso ainda está em um nível mais grosseiro.

"Então, quando a sua consciência atinge o estado da grandiosa não meditação, o seu mestre o aponta e, assim, as pessoas não se perdem." Agora, ele está se referindo à profunda realização do Mahamudra ou do Dzogchen. O termo "grandiosa não meditação" é bem específico – você atingiu a base da consciência. Aqui, você está definitivamente acessando *rigpa* e, a partir deste ponto, como ele disse anteriormente, você simplesmente toma a base da consciência, *rigpa*, como caminho.

> "Para que isso ocorra, primeiro você se submete a grandes esforços na busca pelo caminho, toma o movimento dos pensamentos como caminho e, por fim, quando a consciência se estabelece em si própria, isso é identificado como o caminho. Até que a atenção ou consciência não estruturada do caminho se manifeste e repouse em si mesma, devido

> às perturbações de sua mente aflita, você deve atravessar, gradualmente, experiências difíceis como as que foram discutidas."

Mais uma vez, o Bhagavan sumariza o caminho: "Para que isso ocorra, primeiro você se submete a grandes esforços na busca pelo caminho." Podemos ler isso de muitas formas. Pode sugerir que ter encontrado este ensinamento é uma indicação de que você tem uma enorme quantidade de carma positivo por já ter progredido no caminho espiritual em vidas passadas. Você deve ter se esforçado bastante no passado para encontrar um caminho adequado. Sem dúvida, você se esforçou muito para chegar ao ponto de pelo menos considerar atingir shamatha ou de pensar que valeria mesmo a pena, sem falar em ter adquirido a motivação para a prática. Praticar também significa sacrificar outras coisas, o que, sem dúvida, é um esforço. Ainda por cima, há todos aqueles males que surgem, como dores nas costas, doenças e assim por diante.

"Primeiro você se submete a grandes esforços na busca pelo caminho, toma o movimento dos pensamentos como caminho" – a prática de shamatha – "e, por fim, quando a consciência se estabelece em si própria, isto é identificado como o caminho". Nesse ponto, você toma a mente como caminho para a iluminação. "Até que a atenção ou consciência não estruturada do caminho se manifeste e repouse em si mesma" – aqui, ele ainda parece estar falando sobre shamatha. Ele usa "não estruturada" no contexto da mente e de sua base. Aqui, "repousar em si mesma" significa "até que ela se estabeleça na consciência substrato". Até lá, "devido às perturbações da sua mente aflita, você deve atravessar, gradualmente, experiências difíceis como as que foram discutidas". Por quê? Novamente, isso é devido aos problemas que já estão lá. Você não pode ignorar a sua mente, para chegar à iluminação; precisa atravessá-la. Também não pode ignorar o seu carma. Você precisa partir de onde está, não há caminho para a Grande Perfeição que não seja por meio da sua própria mente.

> O Bodisatva Grande Vacuidade Ilimitada então perguntou: "Ó Bhagavan, os pensamentos devem ser removidos ou não? Se sim, a consciência deve surgir novamente, após a mente ter sido purificada? Mestre, por favor, explique!"
>
> O Mestre respondeu: "Ó Vajra da Mente, a corda da atenção plena e da atenção firmemente mantida é dissolvida pelo poder das experiências me-

ditativas, até que, finalmente, a mente comum de um ser comum desaparece, por assim dizer. Consequentemente, o pensamento compulsivo cessa e pensamentos errantes desaparecem no espaço da consciência. Então, você desliza para o vazio do substrato, no qual o próprio ser, os outros e os objetos desaparecem. Fixando-se às experiências de vazio e clareza enquanto olha para dentro, as aparências de si mesmo, dos outros e dos objetos desaparecem. Essa é a consciência substrato. Alguns mestres dizem que o substrato ao qual você desce é a liberação das elaborações conceituais, ou o sabor único, enquanto outros dizem que ele é eticamente neutro. Seja qual for a denominação, na verdade, você alcançou a natureza essencial da mente."

A mente comum está confusa com pensamentos obsessivos. O Bodisatva Grande Vacuidade Ilimitada quer saber se, após removê-los, surge um novo nível de consciência.

O Mestre respondeu que a atenção plena e a atenção firmemente mantida são "dissolvidas pelo poder das experiências meditativas, até que, finalmente, a mente comum de um ser comum desaparece, por assim dizer". Lembre-se de que "atenção plena" é a faculdade de sustentar continuamente a atenção sobre um objeto familiar. Aqui, "corda da atenção plena" sugere que há um sujeito aqui e um objeto ali, mantidos no lugar, atados pela atenção plena. No entanto, quando shamatha é atingida, a mente comum de um ser comum desaparece, por assim dizer, na consciência substrato. Asanga, o grande erudito contemplativo budista indiano do século V, também disse que a atenção plena é liberada após a realização de shamatha.[29] Você atinge um ponto em que a atenção plena que cultivou e sustentou anteriormente não requer mais esforço e é liberada, deixando-o simplesmente presente na consciência substrato. Então, você não está mais seguindo com atenção plena – você não está mais sustentando um objeto sem esquecê-lo. Isso acontece pelo poder das experiências meditativas, incluindo tanto as desagradáveis quanto as realmente belas. Elas servem para desembaraçar e desmontar a estrutura fabricada da sua mente, e trazê-la à base.

Em geral, nós passamos um bom tempo mentalmente aflitos, dominados por desejos intensos e hostilidade. O nosso lar, o nosso lugar habitual de repouso é lá embaixo, no pântano das aflições. A realização de shamatha reverte isso. De vez em quando, você será atacado por aflições mentais, mas se manterá acima disso, sustentando um estado de consciência flexível e leve que é altamente resistente aos desequilíbrios da mente. Nas raras ocasiões em que deslizar, você se levantará rapidamente de volta. Com shamatha, é muito fácil se elevar e muito difícil cair. Por exemplo, quando o seu coração se abre para a bondade amorosa, você pode, inicialmente, trazer à mente a pessoa mais querida de toda a sua vida e, em seguida, a pessoa que tem sido a mais difícil para você, e não há absolutamente nenhuma diferença entre elas. Você não precisa mais fazer um grande esforço para envolver o seu "pior inimigo" com uma bondade amorosa igual àquela dirigida ao seu melhor amigo. É aqui que as classificações de "amado", "amigo", "pessoa neutra" e "pessoas de quem eu não gosto" ou "que não gostam de mim" – essas demarcações artificiais de seres sencientes – dissolvem-se completamente. A experiência de bondade amorosa se torna ilimitada – se abre incomensuravelmente. Isso é chamado de "atingir shamatha na bondade amorosa".

Uma vez feito isso, por que não atingir esse equilíbrio novamente, agora na compaixão e no restante das quatro incomensuráveis – alegria empática e equanimidade? Com shamatha como plataforma, torna-se possível quebrar completamente todas as barreiras. Há muitos eruditos contemplativos no budismo tibetano que dizem não ser possível atingir *bodicita* – tornar-se um bodisatva de forma que sua *bodicita* surja espontaneamente e flua sem esforço – sem primeiro realizar shamatha. Você realmente precisa ter shamatha para florescer como um bodisatva, porque, se não tiver, a sua mente será disfuncional. Devido a hábitos antigos, essa mente disfuncional oscila entre excitação e lassidão, o que é uma base pobre para o desenvolvimento da *bodicita* – algo que permanecerá com você deste momento até a iluminação. Portanto, a sublime sanidade de shamatha é a base para *vipashyana*, para *bodicita*, para os estágios da geração e da completitude, e para o Dzogchen.

Assim, as experiências meditativas possibilitam que a mente comum de um ser comum desapareça – se desembarace e se dissolva na consciência substrato. "Consequentemente, o pensamento compulsivo cessa e pensamentos errantes desaparecem no espaço da consciência." Aqui, "espaço da consciência" se refere ao espaço da mente, o substrato. Perceba que ele não está dizendo que você deve removê-los voluntariamente. Ele nos diz que isso acontece naturalmente, sem esforço.

"Então, você desliza para o vazio do substrato, no qual o próprio ser, os outros e os objetos desaparecem." Escolhi a palavra "vazio" ao invés de "vacuidade" porque isto não deve ser confundido com a realização de que todos os fenômenos são destituídos de natureza inerente. É apenas vazio, um vácuo. Não há nada nele. O substrato é *alaya*; a consciência substrato é *alayavijñana*. Quando você desliza para dentro da consciência substrato, o que está percebendo, experienciando, o que está surgindo para a sua mente, para a sua consciência substrato, é o substrato, *alaya*. *Alaya* é um vazio onde o eu, os outros e os objetos desaparecem. Não há aparências, exceto uma "bolha" ocasional. O substrato, *alaya*, é luminoso, porém vazio.

O "espaço da consciência", como vimos, é a tradução da palavra em sânscrito *dhatu*. Neste contexto, o espaço da consciência, ou *dhatu*, nada mais é do que substrato. O que você está percebendo é o puro vazio; esse é o espaço da mente que é vazio. Certamente, *dhatu* é um termo capcioso, que tem diferentes sentidos em diferentes contextos. Por exemplo, *dhatu* é, frequentemente, uma contração de *dharmadhatu*, que eu traduzo como "espaço absoluto dos fenômenos". No contexto do Dzogchen, *dharmadhatu* se refere à base absoluta – a base de todo o *samsara* e nirvana, que é não dual em relação à consciência primordial. Se há múltiplos universos possíveis e ainda o nirvana, a realidade convencional, a realidade última, todo o complexo sistema – *rigpa* é a base de tudo, não dual em relação ao espaço absoluto dos fenômenos, o *dharmadhatu*. Não é apenas a base a partir da qual tudo surge. É a base que é o sabor único de todos eles, do *samsara* e do nirvana.

Definitivamente, isso não é verdadeiro em relação ao substrato. O substrato não é a base do nirvana. É a base do *samsara*, do seu próprio *samsara* particular. Você pode chegar a esse espaço retraindo-se dos sentidos e da conceituação – simplificando e indo para dentro do cubículo do seu substrato. Embora não seja *rigpa*, Düdjom Lingpa diz que essa experiência de bem-aventurança, luminosidade e vazio é indispensável no caminho. Podemos postergar a realização de shamatha o tanto quanto quisermos, enquanto nos aventuramos em meditações muito mais esotéricas. Mas, se quisermos chegar à culminância do cultivo da *bodicita*, de *vipashyana*, dos estágios da geração e da completude, e do Dzogchen, mais cedo ou mais tarde, teremos que focar unicamente a prática de shamatha e seguir com ela até que as nossas mentes se dissolvam na consciência substrato, como Düdjom Lingpa descreve. Isso pode levar meses ou até mesmo anos de prática de shamatha em tempo integral, e demanda um sacrifício verdadeiro. Mas, se nos recusarmos a aceitar esse desafio, todas as outras práticas mais avançadas que explorarmos estarão fadadas a atingir um teto que não conseguiremos transcender, devido aos desequilíbrios de excitação e lassidão que ainda teremos que superar.

Como tudo isso se relaciona à *Essência Vajra*, ao ponto em que chegamos agora, dentro desse texto em particular? Neste contexto, ao realizar shamatha, todos os pensamentos errantes se dissolveram. A sua mente se dissolve, por assim dizer, a sua mente enquanto mente comum de um ser humano comum. Tudo isso se dissolveu na consciência substrato, essa dimensão da consciência que é a base luminosa, vazia, da mente comum.

"Fixando-se às experiências de vazio e clareza...": o vazio ainda pode ser considerado como um sinal ou um objeto. Se você pode se fixar a ele, ele é um sinal e, portanto, isso ainda é mente relativa. Lembre-se de que essas experiências são *nyam* e que teremos *nyam* durante todo o caminho, até a realização de *rigpa*. "Fixando-se às experiências de vazio e clareza enquanto olha para dentro, as aparências de si mesmo, dos outros e dos objetos desaparecem." Toda a noção de olhar para dentro, retraindo-se do mundo dos sentidos, retraindo-se da conceituação, os sentidos se desligando – tudo isso é característico de shamatha e não de uma prática Dzogchen autêntica. Então, você desliza para o vazio da consciência substrato, no qual as aparências de "si mesmo, outros e objetos desaparecem". Isso é exatamente o que Asanga diz, portanto, há aqui uma segunda confirmação.[30] Você está experimentando a consciência substrato, também conhecida como o continuum da consciência mental sutil. É a isso que a sua mente grosseira foi reduzida. A base da sua mente comum é a consciência substrato. Agora, o que a consciência substrato está percebendo? O que está surgindo para ela? É o substrato – aquele vazio, um vácuo. O que a faz ser luminosa? A sua própria consciência, que é vazia e, ainda assim, luminosa, mas não é luminosa por sua própria natureza independente de *rigpa*. Em última instância, como vimos anteriormente, ela é iluminada pela consciência primordial.

"Alguns mestres dizem que o substrato ao qual você desce" - note a palavra "desce", você está se estabelecendo nele – "é a liberação das elaborações conceituais ou o sabor único". "Liberação das elaborações conceituais" é um dos estágios das quatro iogas do Mahamudra,[31] uma realização profunda, muito profunda da consciência primordial. Assim, algumas pessoas chegam ao substrato e lhe dão esse elevado título, que se aplica a um estágio avançado do Mahamudra. "Sabor único" é outro nível ainda mais profundo de ioga do Mahamudra.

O que ele está dizendo, muito claramente, é que alguns mestres confundem o substrato com estados de realização do Mahamudra, conhecidos como "liberação de elaborações conceituais" e o "sabor único", enquanto "outros dizem que ele é eticamente neutro". Esta última caracterização está correta. Esse estado é, de fato, eticamente neutro. Repousar nele não é profundamente transformador, sem dúvida não de maneira irreversível, e repousando ali você não acumula méritos. Você não faz progressos, relaxando nessa neutralidade. "Seja qual for a denominação, na verdade, você alcançou a natureza essencial da mente." Você chegou à culminância desta prática e realiza a natureza da mente, a natureza convencional da mente, a natureza relativa da mente. Quando ele fala da "natureza essencial", não está se referindo à vacuidade de natureza inerente da mente ou a *rigpa*. Ele está se referindo à consciência livre de adornos, da maneira como

Armadilhas • 187

se apresenta antes de ser configurada por influências biológicas e ambientais. Aqui, a consciência foi desnudada até a sua natureza essencial de luminosidade e cognição. Portanto, agora você sabe o que é a mente em um sentido bastante profundo, porque ela não é apenas a sua psique. Ela é a base a partir da qual sua psique emerge.

Possibilidades mais profundas da prática de shamatha

> Por outro lado, alguém com entusiástica perseverança pode reconhecer que este não é o caminho autêntico e, prosseguindo na meditação, todas as experiências corrompidas pelo apego a um estado de apagamento, de vazio e de luminosidade desaparecem no espaço da consciência, como se você estivesse despertando. Depois disso, as aparências externas não são impedidas, e a corda da atenção plena interna e da atenção firmemente mantida é cortada. Então, você não está mais limitado pelas restrições da boa meditação nem cai de volta em um estado comum, devido à ignorância perniciosa. Pelo contrário, a consciência luminosa, translúcida e sempre presente brilha, transcendendo as convenções de visão, meditação e conduta. Sem dicotomizar a identidade e o objeto, de forma que você pode dizer "isto é consciência" e "isto é objeto da consciência", a mente auto-originada, primordial, é liberada da fixação às experiências.

Um aluno "com entusiástica perseverança pode reconhecer que este não é o caminho autêntico" – pode até compreender isso em uma fase inicial. Este não é o meio direto para realizar *rigpa*. "Prosseguindo na meditação, todas as experiências corrompidas pelo apego a um estado de apagamento, de vazio e de luminosidade desaparecem no espaço da consciência, como se você estivesse despertando." Ele está mostrando que esta prática tem possibilidades mais elevadas. Se você inicia esta prática com inteligência e perseverança, reconhece as limitações de deslizar para a consciência substrato e vê os problemas de se apegar a qualquer um de seus sinais – apego às experiências de bem-aventurança, luminosidade e ausência de conceitos –, essas experiências "desaparecem no espaço da consciência". Assim, até mesmo essas três qualidades distintas do substrato desaparecem, "como se você estivesse despertando".

Tenha em mente que a consciência substrato é a dimensão da consciência na qual entramos quando caímos em sono profundo, no sono sem sonhos. Então, você desperta desse sono profundo luminoso, desperta da consciência substrato. "Depois disso, as aparências externas não são impedidas", como eram no substrato, "e a corda da atenção plena interna e da atenção firmemente mantida é cortada". Portanto, não há cordas atando-o ao substrato ou a qualquer sinal e nem a atenção firmemente mantida, nenhuma luta com esforço e diligência. Essa corda é cortada.

"Então, você não está mais limitado pelas restrições da boa meditação nem cai de volta em um estado comum, devido à ignorância perniciosa. Pelo contrário, a consciência luminosa, translúcida e sempre presente brilha, transcendendo as convenções de visão, meditação e conduta. Sem dicotomizar a identidade e o objeto, de forma a você poder dizer 'isto é consciência' e 'isto é objeto da consciência', a mente auto-originada, primordial, é liberada da fixação às experiências."

É aqui que transcendemos shamatha e a consciência substrato, atravessando para a consciência prístina. Perceba como isso pode acontecer de forma simples e tranquila.

> Quando você se estabelece em uma espacialidade na qual não há cogitações ou referentes para a atenção, todos os fenômenos se tornam manifestos, pois o poder da consciência está desimpedido. Os pensamentos se fundem com os seus objetos, desaparecendo ao se tornarem não duais em relação aos objetos, e se dissolvem. Uma vez que nem um único pensamento tem um referente objetivo, eles não são pensamentos de seres sencientes; em vez disso, a mente é transformada em sabedoria, o poder da consciência é transformado e a estabilidade é alcançada. Entenda que isso é como a água que está livre de sedimentos."

"Quando você se estabelece em uma espacialidade na qual não há cogitações ou referentes para a atenção" – sem sinais, isto é, você não está mais recolhido dentro da consciência substrato –, "todos os fenômenos se tornam manifestos, pois o poder da consciência está desimpedido". Recolher-se de todas as aparências e simplesmente repousar em um completo vazio é relativamente fácil. Você pode até imaginar isso. Certamente, fixar-se a sinais e reificá-los é algo familiar para nós. *Rigpa*, no entanto, é inconcebível e inefável. Aqui, Düdjom Lingpa está dizendo que não há referentes para a atenção e, ainda assim, todos os fenômenos continuam se manifestando. "O poder da consciência está desimpedido." A consciência não está recolhida em si mesma. Está livre. "Os pensamentos se fundem com os seus objetos" – acredito que aqui ele está estendendo a linguagem, tanto quanto é possível sem gerar uma ruptura –, "desaparecendo ao se tornarem não duais em relação aos objetos, e se dissolvem. Uma vez que nem um único" – daqueles pensamentos – "tem um referente objetivo, eles não são pensamentos de seres sencientes; em vez disso, a mente é transformada em sabedoria, o poder da consciência é transformado e a estabilidade é alcançada. Entenda que isso é como a água que está livre de sedimentos."

Nesta seção de abertura da *Essência Vajra*, Düdjom Lingpa revela a natureza da mente e, então, nos mostra como tomar as nossas próprias mentes, com todas as suas aflições e obscurecimentos, como o nosso caminho para realizar o estado da base relativa da consciência, a consciência substrato. E, uma vez que a mente tenha se dissolvido nesse vazio luminoso e de bem-aventurança, ele nos mostra como atravessar os nossos fluxos mentais individualizados e realizar a nossa verdadeira natureza – a natureza prístina, que nunca foi maculada por nenhum obscurecimento. Ele tornou esse caminho claro, acessível e convidativo. Sem a realização de shamatha, nenhuma de nossas meditações nos trará uma transformação irreversível e liberação. Mas, uma vez que tenhamos estabelecido as nossas mentes em seu estado natural, o caminho completo para a Grande Perfeição está diante de nós, acenando para que realizemos a nossa verdadeira natureza nesta mesma vida. Não pode haver aventura maior, nenhuma fronteira maior para explorar e nenhuma liberdade maior a ser realizada do que esta Grande Perfeição, o sabor único de *samsara* e nirvana.

Glossário

aflições/aflições mentais (sânscr. *Klesha*) – aversão, desejo intenso, delusão e assim por diante, perturbações mentais que nos impelem a cometer ações negativas e que perpetuam o *samsara*.

alaya (sânscr.) – *Ver* substrato.

alayavijñana (sânscr.) – *Ver* consciência substrato.

arhat (sânscr.) – Alguém que atingiu o nirvana, a cessação completa das causas do sofrimento e de seus efeitos.

arya (sânscr.) – Alguém que conquistou uma realização não conceitual, sem intermediação, da vacuidade no caminho da visão.

atenção mental plena (sânscr. *smriti*; páli *sati*) – A faculdade de sustentar a atenção continuamente sobre um objeto familiar.

auto-originada (tib. *rang 'byung*) – Surgindo espontaneamente do espaço absoluto dos fenômenos.

bardo (tib. *bar do*) – O estado intermediário entre uma vida e a próxima.

base primordial (tib. *gdod ma'i gzhi*) – O espaço absoluto dos fenômenos, não dual em relação à consciência primordial.

bindu (Sânscr.) – Neste livro, uma pequena esfera luminosa visualizada, do tamanho de uma ervilha ou menor.

bodicita (Sânscr.) – "*Bodicita* relativa" é o desejo do coração de alcançar a iluminação para o benefício de todos os seres. "*Bodicita* absoluta", no budismo Mahayana em geral, é a realização da vacuidade; no Dzogchen, é *rigpa*.

caminhos – O budismo cita cinco níveis progressivos de realização no caminho para a iluminação, os caminhos da acumulação, preparação, visão, meditação e não mais treinamento.

campo búdico – Uma terra pura, criada a partir da aspiração positiva de um buda enquanto ainda era um bodisatva. Sinônimo de "terra pura".

chö (tib. *gcod*) – Uma ioga para cortar a autoapreensão e o nome de uma linhagem tibetana de ensinamentos centrados nessa ioga.

clara luz – *Ver* luminosidade.

clareza – *Ver* luminosidade.

consciência (*awareness*) (sânscr. *vidya*) – Neste livro, em geral, "*rigpa*", mas às vezes "consciência" de forma mais ampla.

consciência básica (tib. *gzhi rig pa*) – Um sinônimo para consciência primordial. *Ver rigpa*.

consciência primordial (sânscr. *jñana*) – Ver *rigpa*.

consciência prístina (sânscr. *vidya*) – Sinônimo de consciência primordial. Ver *rigpa*.

consciência substrato (sânscr. *alayavijñana*) – A base da mente comum, um continuum que migra de uma vida para outra e do qual brota toda a atividade mental comum.

dakini (sânscr.) – Ser iluminado feminino que apoia iogues tântricos.

delusão (sânscr. *avidya*) – A aflição mental que projeta existência inerente aos fenômenos, a aflição raiz que produz todas as outras e é a causa raiz do *samsara*.

dharmadhatu (sânscr.) – Espaço absoluto dos fenômenos.

dharmakaya (sânscr.) – O "corpo da verdade", a realidade para um buda, que é a realidade absoluta. Sinônimo de mente búdica e natureza búdica.

dharmata – Ver realidade absoluta.

dhyana (sânscr.; páli *jhana*) – Estados avançados de concentração meditativa, geralmente apresentados em quatro níveis progressivamente mais profundos.

Dzogchen (tib. *rdzogs chen*) – A ioga de topo do budismo tibetano, especialmente para a escola Nyingma, na qual se repousa na consciência primordial.

elaboração conceitual (sânscr. *prapancha*) – A proliferação de conceitos.

energia vital – Ver *prana*.

equilíbrio meditativo (sânscr. *samahita*) – Um estado meditativo caracterizado por profundo silêncio e clareza.

espaço da consciência (sânscr. *dhatu*) – Ver substrato.

estabelecendo a mente em seu estado natural (tib. *sems rnal du babs pa*) – Permitir que a mente grosseira se dissolva em seu continuum subjacente de consciência sutil, conhecido na tradição Dzogchen como consciência substrato.

estágio da completitude – O segundo dos dois estágios principais do tantra, no qual o praticante manipula as energias do corpo sutil para gerar o *samadhi* da realidade última.

estágio da geração – O primeiro dos dois estágios principais do tantra, no qual o praticante constrói a visualização da deidade e da mandala, faz oferendas e pratica a visão pura.

excitação (sânscr. *auddhatya*) – Hiperatividade mental que impede o foco. Um dos dois desequilíbrios para os quais a mente normalmente tende e que são superados através da prática de shamatha.

existência inerente (sânscr. *svabhavasiddhi*) – Uma qualidade projetada sobre os fenômenos pela mente deludida. Existência inerente é uma essência autossuficiente que as coisas parecem possuir e que faz com que elas pareçam existir independentemente da mente que as concebe.

existência verdadeira (sânscr. *satyasat*) – O mesmo que existência inerente.

flexibilidade (sânscr. *prasrabdhi*) – A maleabilidade e leveza da mente, cultivada através da prática de shamatha.

Gelug – Uma das quatro principais escolas do budismo tibetano, com uma ênfase distintiva em relação ao monasticismo e um rigoroso treinamento escolástico.

Grande Perfeição – *Ver* Dzogchen.

insight – Na maior parte das vezes, refere-se a *vipashyana*, mas também pode se referir à realização de outros fenômenos além da vacuidade.

instruções diretas – A ocasião em que um mestre transmite a natureza da mente (ou, *rigpa*) para um aluno.

introspecção (sânscr. *samprajanya*) – A faculdade de monitorar a qualidade do corpo, da fala e da mente. Na prática de shamatha, isso se refere especialmente ao monitoramento do fluxo da atenção, permanecendo alerta para a ocorrência de lassidão e excitação.

Jigmé Lingpa (1729-1798) – Um famoso revelador de termas e mestre Nyingma bastante influente.

jñana (sânscr.) – Literalmente, "conhecimento", mas frequentemente se refere à consciência primordial.

Kagyü – Uma das quatro escolas principais do budismo tibetano, com uma ênfase distintiva na meditação Mahamudra e nos seis Darmas de Naropa.

Karma Chagmé Rinpoche (1613-1678) – Um mestre que combinou os ensinamentos de meditação das tradições Nyingma e Kagyü.

klesha (sânscr.) – *Ver* aflições/aflições mentais.

lassidão (sânscr. *laya*) – Um dos dois desequilíbrios para os quais a mente tende por hábito, combatido através do cultivo da vivacidade na prática de shamatha.

luminosidade (sânscr. *prabhasvara*) – A natural clareza da consciência que torna manifestas todas as aparências.

Glossário • 195

Madhyamaka (sânscr.)- Uma escola filosófica originada na Índia do século II com Nagarjuna, tornou-se a corrente dominante de filosofia no budismo tibetano. Enfatiza a vacuidade de todos os fenômenos, e a liberação dos extremos do niilismo e do realismo, por isso o seu nome, que significa "Caminho do Meio".

Mahamudra (sânscr.) – Meditação da natureza última da mente, especialmente importante na escola Kagyü.

mantra secreto – Tantra.

mara (sânscr.) – Uma aflição mental, frequentemente personificada como um ser externo.

marca cármica (sânscr. *vasana*) – A semente plantada na consciência substrato, devido às ações e intenções passadas, que amadurecerá como uma experiência ao encontrar condições adequadas. *Ver também* propensões.

meios hábeis (sânscr. *upaya*) – A capacidade de um Buda de adequar as instruções à estrutura mental de cada indivíduo. Também pode significar simplesmente o método pelo qual cada um avança no caminho.

mérito (sânscr. *punya*) – Potencial cármico gerado através da realização de ações positivas com uma motivação virtuosa.

Milarepa (1040-1123) – Famoso iogue do século XI, conhecido por seus feitos ascéticos e suas canções de realização.

Mipham Rinpoche (1846-1912) – Importante mestre Nyingma do século XIX, que participou intensamente do movimento ecumênico (*rimé*) e cujas obras escolásticas se tornaram centrais no currículo monástico Nyingma.

natureza búdica (sânscr. *tathagatagarbha*) – No contexto do Dzogchen é um sinônimo para o *dharmakaya* (ou, "consciência primordial"). É a natureza última da mente.

nimitta (sânscr.) – Uma forma arquetípica ou sinal que aparece para o meditador, para indicar a passagem por uma fase específica.

nirmanakaya (sânscr.) – O corpo de um buda visível aos seres comuns, que se manifesta para guiar aqueles que possuem mérito suficiente ao longo do caminho.

Nyingma – A mais antiga das quatro principais escolas do budismo tibetano.

orgulho divino – A prática Vajrayana de primeiro reconhecer a nossa própria natureza convencional, a nossa identidade comum, e, então, substituí-la por uma sensação de ser idêntico a um buda.

Padmasambhava – Mestre tântrico de Bengali do século VIII, que ajudou a introduzir o budismo no Tibete e é reverenciado como um segundo Buda, aos olhos de muitos budistas tibetanos.

phowa (tib. *'pho ba*) – *Ver* transferência de consciência.

pós-meditação – O período entre sessões formais de meditação.

prana (sânscr.) – As energias vitais que fluem pelo corpo, intimamente relacionadas ao sistema nervoso central.

pratyekabuda (sânscr.) – Um "realizador solitário", praticante Hinayana que se esforça para alcançar o nirvana e se tornar um *arhat* sem o apoio de um mestre na vida atual.

propensões (sânscr. *vasana*) – Tendências ou hábitos carmicamente condicionados. As sementes das ações passadas armazenadas na consciência substrato que amadurecerão como experiências futuras.

quatro aplicações da atenção plena – Um conjunto padrão de objetos para a meditação de atenção plena: atenção plena do corpo, das sensações, dos estados mentais e dos objetos mentais.

quatro incomensuráveis – Bondade amorosa, compaixão, alegria empática e equanimidade.

quatro pensamentos que transformam a mente (tib. *blo ldog rnam bzhi*) – Meditações sobre a preciosidade e a raridade da vida humana com todas as suas qualidades, sobre a impermanência e a morte, sobre a realidade do sofrimento e sobre a natureza do carma.

quiescência meditativa – *Ver* shamatha.

realidade absoluta (sânscr. *dharmata*) – O modo absoluto de existência de todos os darmas, ou seja, a vacuidade.

realidade convencional (sânscr. *samvritisatya*) – O mundo das aparências, em oposição à realidade absoluta, que é a vacuidade dessas aparências.

realização (tib. *rtogs pa*) – Insight direto sobre as características fundamentais da realidade, que libera a mente das aflições e dos obscurecimentos.

reificação (tib. *bden 'dzin*) – Fixação à existência inerente, projeção de existência verdadeira sobre fenômenos vazios.

reino do desejo (sânscr. *kamadhatu*) – O nível de existência que inclui os seres infernais, fantasmas famintos, animais, humanos, semideuses e deuses menores.

reino da forma (sânscr. *rupadhatu*) – Nível samsárico de existência, que inclui os deuses extremamente longevos de Akanishta e que é caracterizado pela permanência em absorção extática.

reino da não forma (sânscr. *arupa-dhatu*) – O pico da existência samsárica, onde os seres não possuem formas físicas e permanecem em meditação unifocada.

rigpa (sânscr. *vidya*) – Consciência prístina, o estado da base absoluta da consciência, mais profundo que a consciência substrato, pois permeia toda a realidade e não apenas a própria mente.

sabedoria (sânscr. *prajña*) – A sexta das seis perfeições que caracterizam o modo de vida de um bodisatva, fase culminante dos três treinamentos superiores em ética, *samadhi* e sabedoria.

sabor único – A terceira das quatro iogas da tradição Mahamudra, na qual tudo o que é experienciado é reconhecido como sendo a mente.

samadhi (sânscr.) – Em um sentido mais estrito, significa a concentração focada (alcançada através da prática de shamatha), mas, em um sentido mais amplo, é um dos três "treinamentos superiores", assim como ética e sabedoria. Naquele contexto, refere-se a estados excepcionais de equilíbrio mental e bem-estar.

sambhogakaya (sânscr.) – O "corpo de deleite" de um buda, uma forma rarefeita, perceptível apenas para seres altamente realizados, completa com as marcas e sinais, e adornada com joias elaboradas e elegantes vestimentas.

samsara (sânscr.) – Existência cíclica, a migração de um ser pelos seis reinos a partir da força do carma e das aflições mentais.

seis reinos da existência – As moradas dos seres infernais, fantasmas famintos, animais, humanos, semideuses e deuses.

seis perfeições – Os esforços quintessenciais de um bodisatva, as perfeições da generosidade, da ética, da paciência, do entusiasmo, da meditação e da sabedoria.

shamatha (sânscr.) – Práticas meditativas, projetadas para refinar a atenção e equilibrar a mente como preparação para a prática de *vipashyana*.

shravaka (sânscr.) – Um praticante budista que se dedica a alcançar a liberação individual, baseando-se em ouvir e seguir os ensinamentos do Buda.

siddhis (sânscr.) – Capacidades obtidas quando avançamos na meditação. Incluem poderes sobrenaturais como clarividência, caminhar sobre a água, voar e uma variedade de outras habilidades.

substrato (sânscr. *alaya*) – O espaço da mente que aparece para a consciência substrato, um vazio luminoso no qual a própria identidade, os outros e os objetos desaparecem.

terma (tib. *gter ma*) – Um "tesouro", texto ou objeto escondido, que pode estar escondido no solo, na água, no espaço ou mesmo no fluxo mental de um adepto, esperando para ser descoberto por um "revelador de tesouros" (*tertön*), quando o momento for o mais adequado.

tesouro do espaço (tib. *nam mkha'i mdzod*) – Intercambiável com realidade absoluta.

tögal (tib. *thod rgal*) – "Cruzar diretamente". O segundo dos dois estágios do Dzogchen, no qual os potenciais dinâmicos da consciência primordial se manifestam completamente, resultando na realização do estado búdico.

tonglen (tib. *gtong len*) – A prática meditativa de "dar e receber", na qual você se imagina oferecendo todas as suas virtudes e felicidade para outros seres sencientes, enquanto recebe para si mesmo todas as não virtudes e a miséria do mundo.

transferência de consciência (sânscr. *Samkranti*; tib. *'pho ba*) – Uma ioga para ejetar a consciência, no momento da morte, para um corpo em um reino puro.

tregchö (tib. *khregs chod*) – "Atravessar". O primeiro dos dois estágios do Dzogchen, projetado para atravessar a consciência substrato até a realização direta da consciência prístina, que é um sinônimo da própria natureza búdica.

três reinos – Os reinos do desejo, da forma e da não forma. A existência samsárica.

Tsongkhapa (1357-1419) – Fundador da escola Gelugpa, professor do Primeiro Dalai Lama e um dos maiores eruditos e contemplativos do Tibete.

tulku (tib. *sprul sku*) – O termo tibetano para *nirmanakaya*, frequentemente usado para se referir àqueles que são reconhecidos formalmente como encarnações de seres iluminados, em geral, lamas.

tummo (tib. *gtum mo*; sânscr. *chandali*) – Uma ioga para gerar estados de bem-aventurança e *insight* a partir da geração de calor no chacra do umbigo, fazendo com que essências sutis no topo da cabeça derretam e desçam para os chacras inferiores.

vacuidade (sânscr. *shunyata*) – A ausência de existência inerente de todos os fenômenos.

vajra (sânscr.) – Diamantino, imutável. Frequentemente usado como abreviação para Vajrayana ou tantra.

Vajradhara – A forma do Buda, quando introduziu os tantras.

vazio (tib. *stong pa*) – Uma ausência. Isto é, "uma vacuidade" em contraste com a "vacuidade como realidade absoluta de todos os fenômenos".

vidyadhara (sânscr.) – Aquele que conquistou uma realização sem intermediação de conceitos e não dual de *rigpa*, da natureza búdica.

vipashyana (sânscr.) – *Insight* contemplativo de aspectos fundamentais da realidade, incluindo a vacuidade de natureza inerente de todos os fenômenos.

visão pura – A prática tântrica de visualizar todos os seres e fenômenos como manifestações do Buda.

ioga dos sonhos – Realizar práticas do Darma durante o sono, através dos sonhos lúcidos.

Yogachara – Uma das duas escolas filosóficas dominantes do budismo Mahayana, originada na Índia, a outra sendo a escola Madhyamaka. Também conhecida como escola Mente Apenas (Chittamatra), por ensinar que os fenômenos externos não possuem realidade separada da mente que os apreende.

Notas

1 O título completo é *A Essência Vajra: da matriz das aparências puras e da consciência primordial, um tantra sobre a natureza auto-originada da existência* (*Dag snang ye shes drva pa las gnas lugs rang byung gi rgyud rdo rje'i snying po*; em sânscrito, o título é *Vajrahṛdayasuddhadhutijñānahāresrīlaṃjātiyātisma*).
2 Um *terma* (ou "tesouro") é um texto ou objeto escondido, que pode estar no solo, na água, no espaço ou mesmo no fluxo mental de um praticante, esperando para ser descoberto por um "revelador de tesouros" (*tertön*), quando o momento for o mais adequado.
3 O reino da forma, o reino da não forma e o reino do desejo. Os humanos e os outros cinco tipos de existência estão no reino do desejo. Os reinos celestiais mais elevados compõem o reino da forma. Deuses não corpóreos em absorção meditativa integram o reino da não forma.
4 *Uma lâmpada para o caminho da iluminação*, verso 35.
5 As *dhyanas* são estados avançados de concentração meditativa.
6 Ver: Marvin Minsky, *The society of mind*, Nova York: Simon & Schuster, 1986.
7 *A guide to the bodhisattva way of life*, 10:55.
8 É suficiente dizer que um "éon incontável" é um período imensamente longo, mas ainda finito, de tempo.
9 *A guide to the bodhisattva way of life*, 1:21.
10 *Samadhi*, no sentido limitado do termo, significa concentração focada, mas, no sentido mais amplo implicado nesta tríade, refere-se a estados excepcionais de equilíbrio mental e bem-estar.
11 De acordo com o filósofo Martin Buber, uma relação "eu-isto" desumaniza a pessoa, que é vista como "isto". Uma relação "eu-você" reconhece a realidade subjetiva da outra pessoa como "você", e transcende a distinção polarizada de "eu" e "outro", abarcando-os em uma grande e abrangente completude.
12 *Dhammapada* 3:33-34.
13 *A guide to the bodhisattva way of life*, 1:14
14 *A guide to the bodhisattva way of life*, 1:18
15 *Dhammapada* 1:1.
16 Ven. Weragoda Sarada Maha Thero, *Treasury of truth: illustrated Dhammapada*. Taipei, Taiwan: The Corporate Body of the Buddha Education Foundation, 1993, p. 61.

17 Stephen W. Hawking e Thomas Hertog, "Populating the landscape: a top-down approach". *Physical review D 73*, 123527, 2006; Martin Bojowald, "Unique or not unique?". *Nature* 442, pp. 988–990, 31 ago. 2006.

18 Bruce Greyson, "Implications of near-death experiences for a postmaterialist Psychology". *Psychology of religion and spirituality* v. 2, n. 1, pp. 37–45, 2010; Ian Stevenson, *Where reincarnation and biology intersect*. Nova Iorque: Praeger, 1997.

19 Francisco J. Varela (editor), *Sleeping, dreaming and dying: an exploration of consciousness with the Dalai Lama*, traduzido por Thupten Jinpa e B. Alan Wallace. Boston: Wisdom Publications, 1997, pp. 204–213.

20 *Ratnameghasūtra*, citado em Shantideva, *Sikṣāsamuccaya*, traduzido por Cecil Bendall e W. H. D. Rouse. Deli: Motilal Banarsidass, 1981, p. 121.

21 William James, *The principles of Psychology*. Nova Iorque: Dover Publications, 1950, vol. 2, p. 322.

22 Padmasambhava, *Natural liberation: Padmasambhava teachings on the Six Bardos*, comentário por Gyatrul Rinpoche, traduzido por B. Alan Wallace. Boston: Wisdom Publications, 2008, pp. 105–116.

23 Jiddu Krishnamurti e David Bohm, *The Ending of Time*. Madras: Krishnamurti Foundation India, 1992, p. 85.

24 Düdjom Lingpa e Düdjom Rinpoche, *The vajra quintessence: a compilation of three texts on the Great Perfection*, com comentários do Venerável Gyatrul Rinpoche, traduzido por B. Alan Wallace e Chandra Easton. Ashland, Oregon: Vimala Publishing, 2011, p. 46.

25 *Kevaddha Sutra*, DN I 223; compare com Maurice Walshe, *The long discourses of the Buddha: a translation of the Dīgha Nikāya*. Boston: Wisdom Publications, 1995, pp. 179–180.

26 Padmasambhava, *Natural liberation*, p. 114 (com pequenas modificações).

27 Para maiores descrições sobre os cinco elementos na estrutura dos indivíduos, ver Tenzin Wangyal Rinpoche, *Healing with form, energy and light*. Ithaca, Nova Iorque: Snow Lion Publications, 2002.

28 *Udāna* 8:3.

29 Compare com B. Alan Wallace, *Balancing the mind: a tibetan buddhist approach to refining attention*. Ithaca, Nova Iorque: Snow Lion Publications, 2005, p. 205.

30 Compare com Wallace, *Balancing the mind*, p. 206.

31 Os quatro estágios, ou iogas do Mahamudra, que culminam no estado búdico são: (1) *samadhi* de foco único, onde se alcança pela primeira vez o acesso – a união de shamatha e *vipashyana*; (2) liberação das elaborações conceituais; (3) sabor único; (4) não meditação.

Sobre o autor

B. Alan Wallace iniciou seus estudos de budismo, língua e cultura tibetanos em 1970, na Universidade de Göttingen, Alemanha. Continuou os seus estudos durante os catorze anos seguintes, na Índia, na Suíça e nos Estados Unidos. Ordenado monge budista por S.S. Dalai Lama, em 1975, ele vem ensinando meditação e filosofia budistas por todo o mundo desde 1976, e serviu como intérprete para diversos eruditos e contemplativos tibetanos, incluindo o Dalai Lama. Depois de se graduar summa cum laude no Amherst College, onde estudou Física e Filosofia da Ciência, ele devolveu os seus votos monásticos e prosseguiu para obter o seu Ph.D. em estudos religiosos, na Universidade de Stanford. Lecionou por quatro anos no Departamento de Estudos Religiosos da Universidade da Califórnia, em Santa Barbara, e hoje é o fundador e presidente do Instituto Santa Barbara para Estudos da Consciência (http://sbinstitute.com). Ele também é diretor e presidente da Academia Internacional de Phuket, um Centro de Pesquisas da Mente (thanyapura.com/mind-centre) na Tailândia, onde conduz retiros de meditação. Editou, traduziu, escreveu e contribuiu para mais de 40 livros sobre budismo tibetano, medicina, linguagem, cultura e as trocas entre ciência e religião.

Que muitos seres sejam beneficiados.

Para maiores informações sobre lançamentos do selo Lúcida Letra, cadastre-se em www.lucidaletra.com.br

Impresso em novembro de 2023, na gráfica psi7, utilizando-se a fonte DGP, Cambria e Source Sans sobre papel Avena 80g/m²